# Festas com Propósito

Lançando fundamento para o discipulado e evangelismo

CPAD

Marlene LeFever

Traduzido por Alan Ricardo Reis Araújo

# Festas com Propósito

## Lançando fundamento para o discipulado e evangelismo

1ª edição

Rio de Janeiro
2006

Título do original em inglês: *Parties with a Purpose*
*Cook Ministry Resources* Colorado Springs, CO 46987
Primeira edição em inglês: 1998
Tradução: Alan Ricardo Reis Araújo

Capa, projeto gráfico e editoração: Alexander D. R. da Silva

CDD: 248-Vida Cristã
ISBN: 978-85-263-0788-6

As citações bíblicas foram extraídas da versão Almeida Revista e Corrigida, edição de 1995 da Sociedade Bíblica do Brasil, salvo indicação em contrário.

Para maiores informações sobre livros, revistas, periódicos e os últimos lançamentos da CPAD, visite nosso site: http://www.cpad.com.br

Serviço de Atendimento ao Cliente: 0800-21-7373

**Casa Publicadora das Assembléias de Deus**
Caixa Postal 331
20001-970, Rio de Janeiro, RJ, Brasil

1ª edição/2006

# Dedicatória

*Dedicado a*
*cinco de nossos convidados favoritos:*
Gaile & Jim
Rosemary & Gary
e Marc

*Receitas de*
Jack Richard Risley

*Com apreço especial por*
*algumas de suas cozinheiras favoritas*
Carol Risley
Sandra Fenton
e Sue Barr

*Agradecimentos especiais a*
Doug Schmidt, Isabel Anders, Sonya Lucia
e Lisa Barnes por organizar e editar este livro.

Estas idéias de festas funcionaram para mim e meu marido — algumas antes de nos casar e outras depois. Nosso objetivo em compartilhar nossa coleção é que cada uma dessas idéias seja reproduzida em outros lares cristãos. Se uma idéia funciona, por que deveria ser exclusiva? De forma distinta das grandes obras de arte quanto mais reproduções de uma festa forem feitas, maior o valor. Que os novos anfitriões dentre nós utilizem essas idéias e as explorem criativamente em nossos lares e igrejas, até que nossas comunidades saibam que Jesus pode ser encontrado ali.

**Partes deste livro foram publicadas previamente sob o título**
*Creative Hospitality* [*Hospitalidade criativa*]

# Sumário

As idéias para a hospitalidade neste livro não têm apenas a intenção de encorajar um grupo de amigos a passar um tempo agradável juntos.

Elas são planejadas para alcançar um dos seguintes objetivos:

Fornecer ferramentas aos cristãos para que alcancem os amigos e vizinhos incrédulos, para abrir a possibilidade de Jesus Cristo a eles por meio de eventos hospitaleiros planejados em nossos lares e igrejas.

Fomentar a amizade entre o povo da igreja por meio de eventos hospitaleiros em nossos lares e igrejas, a fim de estruturar a família de Deus.

# 1 Capítulo
## Minha Igreja, minha Família

*Esteja próximo o suficiente das pessoas para ver Deus transformar vidas.*
— Cynthia Herald

A doxologia terminou. Houve um momento de reflexão silenciosa, enquanto o órgão tocava. E, a seguir, o pastor anunciou:

"Gostaria de desculpar-me pela quantidade de pessoas no saguão durante a transição do segundo para o terceiro culto", disse ele. "Tentaremos um novo padrão de movimentação. Aqueles que estão deste lado devem sair para o estacionamento pelas portas laterais, enquanto aqueles que vêm para o próximo culto utilizarão as portas do fundo". Seu planejamento fazia sentido. Em domingos recentes, a reunião e a saudação da multidão que ia para duas direções distintas causara uma tremenda aglomeração. No entanto, senti-me incompleta enquanto seguia os outros em fila, como patinhos atrás da pata, para sair pela porta lateral. Por quê? *Não havia espaço para que as amizades acontecessem.* Assim que passávamos pela porta e deparávamos com o frio, corríamos para nossos carros. O plano de saída salientava um problema mais profundo em muitas congregações. Podemos roçar os ombros em nossos bancos apertados, mas não estamos tocando vidas. Nos cultos, podemos ter um relacionamento com Deus de uma forma especial, mas a experiência cristã não está completa, a não ser que estejamos aprofundando as amizades e criando oportunidades para fazer novos amigos.

A comunhão cristã tem de significar que estou crescendo em minha compreensão do Senhor, ficando mais sintonizada com seus pensamentos em relação à vida. A comunhão com Deus também significa que estou demonstrando e recebendo amor de outros cristãos em minha família — a família de Deus.

Quando era criança, o período da família cristã era o domingo à tarde. A conversa do almoço usualmente centrava-se em torno da questão: "Quem nós visitaremos esta tarde?" Aquela questão, com freqüência, respondia a si mesma quando escutávamos um carro estacionar à entrada de casa e saíamos correndo para ver que amigos decidiram gastar o domingo conosco.

Minha família favorita, para aquelas visitas, era os Gehmans. Eles tinham crianças da idade certa e tinham um celeiro onde podíamos construir túneis no feno. Quando estávamos cansados podíamos sentar-nos na sala de estar ou na varanda e escutar nossos pais relembrarem histórias, compartilharem receitas ou conversarem sobre os efeitos do clima na colheita.

Ao olhar em retrospectiva percebo que assumi como fato consumado os aspectos singulares daquelas visitas — as pessoas pareciam ficar sempre contentes quando as visitávamos. Visitar e compartilhar nossa vida era a coisa certa a ser feita. Todos se visitavam — famílias com crianças, solteiros, casais idosos. De que outra forma as pessoas passariam a tarde de domingo?

A comunhão cristã era mais fácil lá no condado de Lancaster. Todos nós éramos menonitas. Por muitas gerações, nossas vidas estiveram entrelaçadas umas com as outras. As atividades da fazenda e todas as ocupações que a sustentavam faziam com que fosse fácil encontrar tópicos em comum e, é claro, havia sempre as lembranças da época de namoro.

Aos domingos, em um canto quieto, sentava-me e permitia que minha história me alcançasse e me permeasse. Sabia como Ira, o chefe dos bombeiros do vilarejo Bird-in-Hand, foi queimado. E havia também o dia em que meu pai apareceu à porta da casa de minha mãe usando bermudas, e ela terminou o namoro. E as histórias de Jake e Nellie e suas desventuras com seu cavalo e charrete. Agora, estou há muitas décadas e milhares de quilômetros distante de minha comunidade homogênea. A igreja parece mais uma palavra para designar prédio, em especial um que freqüento no centro de uma pequena comunidade no Colorado, do que para designar família.

Na verdade, sei que nunca reproduzirei o tipo de relacionamento na igreja que minha família teve — amizades que duraram do berço até o túmulo. Hoje, a maioria das pessoas se muda a cada três anos. A igreja transitória matou a possibilidade de ter a igreja como uma família? Eu me envolvo com alguns amigos próximos, mas e quanto às outras cem pessoas que sentam nos bancos da igreja?

Você já teve uma experiência, como a minha, de caminhar até alguém após o culto e dizer: "Bom dia, o sermão foi muito instigante, não é mesmo?".

"Foi mesmo."

"Você é nova aqui?" E eu prossigo com minha tagarelice: "Espero que volte no domingo que vem".

Risos nervosos: "Já venho aqui há três meses".

Agora é minha vez de rir nervosamente.

Isso lhe soa familiar? Como podemos conhecer a fisionomia uns dos outros e o mínimo necessário sobre cada um para nos sentir confortável enquanto conversamos — ou, até mesmo, desapontadas quando percebemos que sentimos a falta de alguém no culto?

Abracei essa questão, e decidi iniciar com as festas — ocasiões planejadas em nosso lar cujo objetivo é ajudar as pessoas da igreja a sentir-se como uma família.

Na verdade, as festas das igrejas foram a razão primeira pela qual meu marido, Jack, e eu decidimos nos casar! Estávamos felizes solteiros há mais de trinta anos, portanto, lidamos com nossa união de uma forma menos emocional do que se fôssemos mais jovens. Fizemos listas! É sério! Enumeramos todos os benefícios de nosso possível casamento e todos os benefícios de continuar solteiros. Depois de priorizar a lista, tivemos uma boa idéia de como o casamento era importante para nós. No topo de nossa lista estava a hospitalidade na igreja. Nós dois gostávamos de reuniões e sentíamo-nos talentosos na área da hospitalidade. Jack admite: "Quando era solteiro não encarava a recepção de convidados tanto como um dom, mas como necessidade. Administro a casa tão mal que organizava reuniões em meu apartamento, pelo menos, duas vezes ao mês para forçar-me a limpar toda a bagunça".

Como solteiros, Jack e eu participamos com outros solteiros de muitas atividades de hospitalidade na igreja, pois a divisão de trabalho diminuía o fardo. Em nossa lista de casamento, nós dois dissemos que apreciávamos a idéia de ter um parceiro regular para nossos eventos. Não me entenda mal. Dar festas juntos certamente não era a única razão para nos casarmos. Amamos um ao outro e sorrimos muito em nossa aceitação da escolha de Deus para nós.

Ao longo das últimas décadas de nossa vida, Jack e eu tivemos dezenas de festas, algumas para solteiros, outras para casais e outras ainda como "solteiros", quando nosso cônjuge estava fora da cidade.

Tanto Jack quanto eu viajamos muito a negócios, e habitualmente planejamos eventos quando o outro está fora. Jack ficou sozinho por duas semanas, enquanto estive no Alasca liderando eventos de educação cristã. Fiquei tão entusiasmada com o convite que o aceitei sem me dar conta de que estaria fora durante o aniversário dele. Ele fez-me sentir culpada por um tempo, mas depois enviou convites de aniversário para todos os homens da igreja, convidando-os para um "espaguete". Cerca de vinte deles vieram. A maioria deles jamais estivera em uma festa de aniversário de um camarada que a planejara e preparara ele mesmo. Todo ano, desde essa ocasião, tenho ouvido sobre o que aquela grande noite representou para aqueles que compareceram. "Você viajará este ano?", perguntam eles. "Por que você não esquece o aniversário dele novamente?"

Os eventos de hospitalidade acontecem em todos os formatos. Já planejei desde pequenos eventos para três ou quatro pessoas até grandes festas de Natal para cinqüenta ou setenta convidados (em que há muitas crianças!). Não, não alugamos o centro cívico para a festa de Natal. Na época, vivíamos em um apartamento de quatro cômodos. Quando nossa vizinha de frente viu que as pessoas estavam espremidas, ela abriu as portas de seu apartamento e aumentou nossa capacidade para oito cômodos. A seguir, a mulher do andar de cima abriu seu apartamento, e o número de cômodos cresceu para doze. Mas falaremos mais disso daqui a pouco.

# 2 Capítulo
# Minha Comunidade, minha Família

*Este "mundo dos de dentro" não é nosso lar.*
— Eugene Peterson

Miyoko, de um dia para o outro, agendou uma experiência "americana" em minha casa como parte de sua primeira viagem pelos Estados Unidos. Procurei programar o máximo que pude no tempo que ela tinha: passeios por áreas pitorescas, uma visita à festa do *chili* na vizinhança, um jantar com uma família americana que falava um pouco de japonês e a igreja. "Sou americana", expliquei eu, "mas também sou cristã. Você gostaria de vir à igreja comigo".

Ela ficou empolgada. "Isso é fabuloso... Sempre imaginei o que as pessoas faziam nesses prédios". Domingo de manhã, escutei tudo com novos ouvidos — ouvidos que procuravam compreender nossas canções, testemunhos e sermões sem absolutamente qualquer conhecimento. Havia tantas coisas que soavam totalmente estrangeiras para qualquer um que jamais tivesse ido a uma igreja. Tanto para japoneses quanto para americanos, grande parte do culto poderia muito bem ter sido em grego. Depois que acabou, perguntei a Miyoko se havia algo que poderia lhe explicar melhor. "Não", disse ela. Ela procurou a palavra certa para identificar a mulher que ficou de pé na frente e deu seu testemunho. "Aquela igreja... aquela igreja... bem, aquela igreja *mãe*. Ela certamente empolgou-se com a pessoa de Jesus".

Muito mais pessoas do que imaginamos não têm mais experiência do que Miyoko com a mensagem de Jesus. Ao contrário dela, a maioria não ficaria empolgada com uma oportunidade para visitar sua igreja. Elas podem, porém, responder à hospitalidade em seu lar. Você já escutou o gracejo: "Muitos cristãos sabem mais sobre as árvores que crescem em sua vizinhança do que sobre as pessoas que moram detrás dessas árvores".

Vamos seccionar essas árvores e visitar as pessoas seculares que moram detrás delas.

Para fazer isso, dividirei as pessoas de acordo com suas experiências de vida ao separá-las, mais ou menos, em grupos demográficos. Essas são fronteiras artificiais, mas iniciarão a discussão sobre alcançar distintos grupos de pessoas que moram em nossa vizinhança.

## Grupos demográficos

1. Primeiro, as pessoas que estão próximas de se aposentar ou acabaram de fazê-lo — a Geração Silenciosa.
2. Segundo, as pessoas pertencentes à Geração da Prosperidade Econômica, geralmente aqueles nascidos entre 1946 e 1964.
3. Terceiro, as pessoas que estão começando sua vida sozinha — a Geração X.
4. Finalmente, voltaremos nosso olhar para os adolescentes de hoje — a Próxima Geração, também denominada de A Geração do Milênio.

Estarei usando uma coletânea de pesquisa sobre cada geração e apresentarei essa informação por meio de um grupo *secular* representativo daquele grupo de pessoas. De acordo com George Barna, proeminente evangélico e pesquisador da opinião pública: obviamente, ninguém se ajustará ao perfil exato que designamos para um grupo específico de geração. Rótulos de geração costumam ser mais convenientes do que acurados e tentar definir uma geração inteira é uma ciência inexata. Barna sugere que os indivíduos de uma geração usualmente se ajustam em algum ponto de um *continuum* de algumas características.

A compilação a seguir pode ajudar você a compreender melhor as pessoas reais de sua vizinhança e deixá-lo livre para interagir com eles. Precisamos aceitar o desafio de ir ao encontro das pessoas, em vez de esperar que elas venham ao encontro dos membros de nossa igreja. Gosto da paráfrase de Hebreus 13, de Eugene Peterson, sobre a necessidade de alcançar os outros.

> *No antigo sistema, os animais são mortos e os corpos são dispostos no campo exterior. O sangue é depois trazido para dentro, para o altar, como um sacrifício pelo pecado. O mesmo aconteceu com Jesus. Ele foi crucificado fora dos muros da cidade — foi ali que ele derramou o sangue sacrificial e foi trazido ao altar de Deus para limpar seu povo.*
>
> *Portanto, temos de sair, ir onde Jesus está, onde a ação acontece — em vez de tentarmos ser membros privilegiados, mas assumir nossa parte no sacrifício de Jesus. Este "mundo dos de dentro" não é nosso lar.*

Estaremos fazendo o que John Stott chama de "ouvir duas vezes" — ouvir a voz baixa e suave de Deus enquanto ouvimos as vozes do mundo. Stott diz: "Ouvimos a Deus para obedecê-lo; ouvimos o mundo para compreender sua dor e seu questionamento e a maneira que devemos apresentar o Evangelho. O ouvir duas vezes leva à comunicação relevante".

No fim deste capítulo, você encontrará uma lista de fontes utilizada para escrever esses monólogos, junto com sugestões de leituras adicionais.

Billy Graham disse: "Toda geração é estratégica. Não somos responsáveis pela geração anterior e não podemos carregar toda responsabilidade pela próxima; mas temos a nossa geração. Deus nos responsabilizará pela forma como cumprimos nossa responsabilidade com essa era e como aproveitamos nossas oportunidades.

## Um membro secular da Geração Silenciosa fala

(idade: 55 ou mais)

"Cheguei à idade em que posso apropriar-me totalmente dos sentimentos do humorista Dave Barry em relação ao voar. 'Se tiver de arriscar minha vida e os valiosos pertences que carrego em uma máquina extremamente pesada que viaja absurdamente rápida no ar, acima de um local como Arkansas, onde não conheço ninguém, então desejo que quem opere essa máquina seja mais velho do que eu. Bem, agora eu viajo rotineiramente de avião, onde parece que todo o pessoal de vôo está recolhendo dinheiro para uma viagem da escola'.

"Estou ficando mais velho e penso muito sobre Deus e, também — admitirei isso , sobre a morte. Toda minha vida estive na religião... com moderação, é claro. Não perdi nenhuma Páscoa nesses anos. Fiz o que se esperava de mim. Dôo uma boa quantidade de dinheiro para minha igreja apenas para mantê-la em funcionamento. Isto é o que a minha geração faz — impede que as coisas que nossos pais construíram colapsem. Meu pai fazia parte da geração que construiu os grandes negócios, os grandes sindicatos, os grandes governos, as grandes guerras frias, a AARP (American Association of Retired Persons [Associação Americana de Aposentados]) e as grandes denominações. Estou fazendo o melhor para impedir que o que a geração dele construiu colapse.

"Sinto-me preso entre a geração de meu pai que construiu este mundo, e a Geração da Prosperidade que insiste em reconstruí-lo. O mundo de meu pai era vermelho, branco e azul e eu o remodelei para salmão, cinza e cor-de-malva. Números! Faço parte da primeira geração que jamais elegeu um presidente para a Casa Branca. Digo tantas coisas: 'Bem é um pouco tarde agora'.

"Estou desapontado e um pouco bravo com a vida — e com Deus também. O mundo está caminhando rapidamente para frente e deixando-me para trás. Eu tive um grande início. Aos vinte, superei o nível de escolaridade de meu pai; aos vinte e cinco a condição de moradia de meus pais; aos trinta o salário deles. Agora à medida que a aposentadoria se aproxima, sinto como se tivesse perdido algo. Meu ser interior, quem sabe. Tive boa sorte no exterior, mas apenas turbilhões no interior. Perdi todas as grandes marcas na vida. Agora, com uma vida toda para trás, suspeito que Deus também seja uma grande marca que perdi. Minha vida é irrelevante.

"Conheço o velho adágio: 'Você pode ensinar coisas novas a um burro velho', mas eu discordo. Estou aprendendo todo tipo de coisas novas — como me aposentar, como lidar com a morte das pessoas que amo, como observar meus filhos saírem de casa — e retornar quando a vida deles se esfacela. Há muito estresse em minha vida, e o estresse faz com que as pessoas se abram para as mudanças. Estou aberto para mudar.

"Gostaria de partilhar quem eu sou, minhas dúvidas e medos com um pequeno grupo de pessoas — mas não tenho ânimo. Meus netos acham que tenho tudo, e tenho medo de desapontá-los. Eles acham que sou o grande mediador, pois ajudo-lhes e a seus pais a compreenderem uns aos outros. Brigas familiares, qualquer tipo de briga, me enervam. Essa é uma razão por que não me sinto bem em relação à igreja. As pessoas estão sempre brigando sobre detalhes que certamente não são assim tão importantes. Tenho um monte de piadas sobre a igreja que costumava contar para divertir meus parceiros de golfe. É verdade, bem sei; prefiro rir da religião do que desistir dela totalmente.

"Segui as regras toda minha vida. Sou uma boa pessoa. Trabalhei para que a sociedade funcionasse bem. Ajudo a igreja a pagar suas contas. Portanto, por que me sinto tão culpado — como se houvesse algo na vida que foi desfeito e não posso envolver com meus braços o que quer que isso seja? O mundo em que iniciei minha vida não é o mundo que tenho que enfrentar hoje. Posso dizer a mesma coisa sobre Deus. Achava que sabia o que Ele exigia. O compartimento destinado a Deus em minha vida estava repleto. No entanto, quando abro a porta desse compartimento não há nada lá — apenas um eco vazio. Tenho medo. A vida não tem sentido."

## Questões dirigidas à Geração Silenciosa

**Um membro da Geração Silenciosa caiu no fosso.**

Um fariseu aproximou-se e disse: "Apenas uma pessoa ruim cairia no fosso".

Um homem sem amor aproximou-se e disse: "Você merece seu fosso".

Um membro da Nova Era disse: "Talvez você deva estabelecer uma rede de contatos com outros habitantes do fosso".

Uma mulher com autocomiseração disse: "Você ainda não viu nada. Precisa ver meu fosso".

Um realista disse: "Isto é um fosso".

Um fiscal ambientalista disse: "Você tem permissão para estar neste fosso?".

Um idealista disse: "As coisas poderiam ser piores".

Um pessimista disse: "As coisas ficarão piores".

Depois, um cristão aproximou se, tomou o homem pela mão e puxou-o para fora do fosso.

(Adaptado do sermão de Henry Brinton, "Sanctify the congregation" [Santifique a congregação], *The Christian Ministry* [*O ministério cristão*], janeiro-fevereiro, 1997.)

- Se essa pessoa fosse seu vizinho quais são algumas formas que você poderia iniciar uma conversa sobre Deus?
- Que tipos de eventos hospitaleiros em sua igreja e casa poderiam ajudar essa pessoa a encher aquele compartimento destinado a Deus que está vazio?
- Que outras pessoas seculares você conhece que pertencem à Geração Silenciosa? Que cristãos você conhece que poderiam ajudar a expandir a visão de Cristianismo desses da Geração Silenciosa sem os desestimular?

Considere os seguintes eventos hospitaleiros como aqueles que poderiam ser facilmente adaptados para a Geração Silenciosa:

Feno, pessoal (p. 75);
Visitas informais na vizinhança (p. 83);
Momentos agradáveis — queria que você estivesse aqui (p. 98);
Passando à frente suas habilidades (p. 123);
Projeto: consciência da missão (p. 152)
Páscoa (p. 202).

(Este é apenas um exemplo, algumas dessas atividades são apropriadas para grupos seculares. Outras são objetivadas para a família da igreja.)

## Um membro secular da Geração da Prosperidade fala

(Idade: 35 a 54 anos)

"Já visitei uma boa quantidade de igrejas, e as minhas favoritas são aquelas que têm cultos em horários decentes da semana, como quinta ou sábado à noite. Habitualmente a música é muito boa, e eles não deixam as pessoas que aparecem por ali envergonhadas — tudo bem, admitirei isso , apareço ali apenas de vez em quando. Francamente, acho que as igrejas são como *shopping centers*, há muitas delas. Elas oferecem produtos que tenho a liberdade de comprar ou não. Eu apenas vou de uma loja para outra. Ainda não encontrei nenhuma 'loja', igreja, que tenha um produto que desejo levar para casa.

"Ah, gostaria que meus filhos fossem para a igreja. Eles precisam da educação moral e do caráter que a igreja afirma que pode ensiná-los. Mas, ao mesmo tempo, não quero que a igreja impinja uma doutrina a eles, com todas as coisas estranhas e todo aquele material da Bíblia. Que cilada!

"Minha família é muito, muito importante para mim. Minha comunidade também. Essa é a razão pela qual treino a liga dos pequenos, embora meus filhos já estejam crescidos para esse programa de treinamento. Eu atravessei as eras da geração *hippie* cheia de flores, daqueles que se opuseram ao alistamento militar, dos admiradores de Jesus e a dos *yuppies*, os jovens executivos. Já tive bastante aventura. Agora prefiro ficar em casa. Passo bastante tempo com meus filhos, embora não tenha nenhum modelo de como fazer isso. Por Deus, meus pais não eram um bom modelo. Tive dois pais, no entanto, as pessoas costumavam perguntar: 'O que seu pai faz?' Agora as pessoas perguntam a meus filhos: 'Seu pai mora com você?'"

"Estou cansado de escutar as pessoas dizendo, que observar a Geração da Prosperidade envelhecer é como observar um porco se mover dentro de uma sucuri. Há setenta e seis milhões de pessoas de minha geração, e somos muito mais importantes do que digerir um porco. Somos o grupo mais importante no mundo hoje e deixaremos um legado positivo. Faremos o melhor para pôr este país de novo nos trilhos. Minha geração está fazendo com que a moralidade retorne à ordem pública. Remodelaremos o governo para que se ajuste a nossas crenças. Já vimos como não deve ser feito — a guerra fria, o assassinato de John Kennedy, Martin Luther King, Robert Kennedy, a guerra do Vietnã, o estado de Kent e Watergate. Agora faremos as coisas do modo certo. Você pode até me chamar de idealista. Ou até mesmo um moralista desvairado. Cresci com a imagem ideal do que nosso mundo deveria ser, e em minha arrogância da juventude, assumi que iria alcançar aquela imagem. Não conseguimos, mas ainda sou um visionário. Ainda não acabamos.

"Quero remodelar a religião também. Sinto a necessidade do olhar para dentro — ter uma vida interior bem organizada. Sou centrado em mim mesmo. Admito isso. Se isso me torna egoísta, que assim seja. Estou procurando pessoas boas que sejam boas para mim. Pessoas que me ajudarão a atravessar as fases de minha vida, pessoas que fazem sentido e contribuem positivamente sobre o que sinto sobre mim mesmo. Bem no fundo, acho que tenho potencial de ser como Deus. (Não diria isso para qualquer um.) A religião da Nova Era faz sentido para mim. Ela apresenta uma realidade última — sabe como é, o mundo todo, inclusive nós, é um todo orgânico. Não tem partes independentes. Tudo é um, e Deus está em tudo e é tudo. Isso não faz sentido para você?

"Acho que nós, seres humanos, precisamos nos ver como expressão de Deus. O pecado é qualquer ofensa contra nós mesmos. Ouvi um palestrante da Nova Era dizer: 'Você tem uma alma, e ela continua a viver após esta vida — muitas vezes. Você viverá para sempre e terá controle sobre sua vida. Deus não está morto, você é Deus'. Bem, *isto* me atrai muito mais do que eu já escutei de alguns pregadores cristãos. Isso se ajusta melhor a mim do que o conceito cristão de Deus, que fica acima do que Ele criou. Isso é melhor do que a crença dos cristãos de que há uma única verdade objetiva sobre Deus e de que há apenas um Deus, que é a fonte da verdade suprema."

## Questões dirigidas à Geração da Prosperidade

*A ignorância daqueles que enterram a cabeça na areia, sobre nossa missão para o mundo é uma coisa. Outra bem diferente é não tratar o assunto com a seriedade devida. Com as percepções que Deus está nos dando sobre os campos de colheita do mundo, ficamos sujeitos a prestar contas quando não respondemos aos necessitados.*

— Bill Stearns

- Você tem um grupo de vizinhos sentado em seu quintal e alguém compartilha alguns ensinamentos da Nova Era. Como cristã, como responderia às afirmações da mesma forma como acha que Cristo responderia se estivesse fisicamente em seu quintal?
- Que tipo de eventos sua igreja promoveu no ano passado que seriam apreciados por esses da Geração da Prosperidade?
- Que pessoas seculares você conhece que pertencem a essa Geração da Prosperidade? Que cristãos você conhece que

poderiam ajudar a expandir a visão de cristianismo desses da Geração da Prosperidade, sem os desestimular?

Considere os seguintes eventos hospitaleiros como aqueles que podem ser facilmente adaptados aos da Geração da Prosperidade:

"Todos sob o mesmo teto" (p. 35);
"Raízes" (p. 40);
"Visitas informais na vizinhança" (p. 83);
"A caça do escarafunchador ao retrato perfeito" (p. 117);
"Comunhão familiar" (p. 178);
"Páscoa" (p. 202);
"Festa de Natal com reciclados" (p. 208);
"Dia de Ação de Graças" (p. 237).

(Este é apenas um exemplo, algumas dessas atividades são apropriadas para grupos seculares. Outras são objetivadas para a família da igreja.)

## Um membro secular da Geração X fala

(idade: 20 a 34 anos)

"A igreja não é meu mundo. Meus pais nunca a freqüentaram e acho que meus avós também não. A igreja é apenas um palco para apresentações — grandes corais, grandes bandas, grandes prédios, grandes orçamentos. Não gosto de balangandãs nem espetáculos altamente produzidos. Não gosto da embalagem 'Deus'. Mostre-me autenticidade. Mostre-me o real! Já tive minha cota desses motoristas hipócritas que me fecham e andam em alta velocidade, permitindo que eu tenha uma bela visão dos peixes cristãos em seus carros. Francamente, o que vi do povo de Deus não vale um tostão furado. A coisa toda pode ser contida no adesivo para pára-choques: 'Jesus está voltando. Ocupe-se!' Bem, eu estou ocupado, tentando fazer o melhor com o que sobrou da Geração da Prosperidade e não tenho tempo para pessoas que não passam das aparências.

"Não quero ser muito duro. Respeitaria os cristãos, acho eu, se fossem honestos e expusessem seus erros e falhas. Tenho muitas questões e dúvidas, e partes de minha vida são bastante confusas. Como posso me relacionar com líderes cristãos que não têm questões nem dúvidas? Li alguma coisa que Ralph Waldo Emerson escreveu e concordo com alguns de seus sentimentos negativos em relação aos pastores. As coisas não mudaram desde que ele fez uma palestra na Harvard Divinity School, em 1939. Ele disse que para a maioria dos pastores não havia o 'menor indício em nada que dissessem que haviam arado, plantado, conversado, comprado e vendido; não havia uma suposição nem uma alusão em nada que diziam, de que já, de alguma forma, tivessem vivido'. Os ministros que já escutei parecem especializar-se naquilo que Emerson chamou de 'clamor irrefletido'; preciso de alguém que possa entender o que enfrento todos os dias — a vida real.

"Algo dentro de mim ecoa como as canções da banda 'Soul Asylum'. Em uma de suas canções, eles dizem: 'Tenho saudade do lar que nunca tive'. Eu também. Estou buscando relacionamentos genuínos — no lar, na família, com os amigos. Não me pare na rua e entregue um tratado. Não me dê seis passos para que a alegria entre em minha vida. Sei que a vida não é fácil. Tenho consciência da decadência de todo meu planeta — lixo nuclear, a destruição da camada de ozônio, políticos mentirosos, pastores que foram presos, AIDS e o aquecimento global. Este é o mundo que herdei. O débito nacional que herdei é tão grande que mesmo se toda semente de gergelim em todos os hambúrgueres vendidos valessem um dólar essa quantia não pagaria a dívida de 4,4 trilhões de dólares. Sei que os cristãos querem que eu pergunte: 'O que preciso fazer para ser salvo?' Antes, devido aos empregos provisórios de minha geração, sem segurança nem benefícios, eu pergunto: 'O que preciso fazer para sobreviver?'

"Meus pais brigaram com a questão: 'Deus existe?' Minha questão é: 'Que Deus?'. Orgulho-me de ser pluralista e não ser desrespeitoso em relação ao que as outras pessoas acreditam. A história de Jesus é uma grande história, mas o que dizer das histórias sobre todos os outros grandes líderes religiosos?

"Se você quer me falar sobre seu Deus, convide-me para uma 'novela mexicana' em sua casa. Procure conhecer-me. Escute minha história. Conte-me a sua. Estou buscando algo em que possa acreditar, apenas não tenho certeza do que. Estou aberto ao Budismo, Cristianismo e Nova Era — qualquer coisa que tenha algumas respostas. Bem, quando o assunto é Deus, quem é que sabe? Todas as religiões são igualmente válidas. 'Todos os caminhos levam ao mesmo destino' — este é meu credo.

"Gosto de Douglas Coupland que fala para muitos de nós que estamos na faixa dos vinte anos. Ele escreveu: 'Deus está morto, mas se você sente saudade dEle — bem, pelo menos você sabe que está meio vivo'. Admito isso: 'Estou buscando a outra metade'."

## Questões dirigidas à Geração X

*Há esperança para um novo sucesso no evangelismo se os crentes de hoje aprenderem a escutar antes de falar, se eles aprenderem a escutar as questões que a sociedade contemporânea nos faz.*

— Jerry Harvill

- Se esta pessoa morasse no apartamento vizinho ao seu, que formas tradicionais de testemunhar você não usaria?
- Faça uma lista de como a forma de pensar dessa pessoa difere da de um cristão. Represente a maneira como você pode envolver essa pessoa nessas áreas.
- Que pessoas seculares você conhece que pertencem à faixa etária dos vinte aos trinta e cinco anos? Que cristãos

que você conhece que podem ajudar a expandir a visão sobre Cristianismo dessa Geração X sem os desestimular?

Pense nas pessoas que fazem parte da Geração Silenciosa. Muitos da Geração X relacionam-se melhor com este grupo do que com os da Geração da Prosperidade.

Considere os seguintes eventos hospitaleiros como aqueles que podem ser facilmente adaptados aos da Geração X:

"Todos sob o mesmo teto" (p. 35);
"Raízes" (p. 40);
"Maratona de palavras cruzadas" (p. 70);
"A noite do faça você mesmo" (p. 89);
"Levante os estandartes" (p. 134);
"Visão e som — a Escritura viva" (p. 140);
"A apresentação de uma casa" (p. 166);
"Comunhão familiar" (p. 178);
"Jantar e adoração no Ano Novo" (p. 194);
"Chá de tangrama" (p. 255).

(Este é apenas um exemplo, algumas dessas atividades são apropriadas para grupos seculares. Outras são objetivadas para a família da igreja.)

## Um membro secular da Próxima Geração fala

(idade: 11 a 19 anos)

"Você acredita que somos mais de 34 milhões? Bem-vindo a meu mundo, a primeira geração a alcançar a maioridade na década de 1990. Isso não é brincadeira, bem posso lhe dizer. A Geração da Prosperidade temia a bomba e o serviço militar. A Geração X teme os trabalhos sem futuro. Eu, bem, eu temo as balas perdidas e a AIDS.

"Sou uma boa criança, como todas as que eu conheço, pelo menos quando você nos compara com a Geração X e a Geração da Prosperidade, quando eles tinham minha idade. Meus amigos são voluntários. Compramos de marqueteiros que anunciam que estão fazendo um mundo melhor. Não somos rebeldes como as crianças da década de 1970, nem materialistas como as da década de 1980. Bem, se formos comparados com as outras gerações, somos heróis.

"Fico surpreendido em perceber quantos adultos acham que meu grupo etário é burro. Sei que não nos saímos bem nesses testes padronizados. Mas acho que minha geração é a transição entre a antiga e a nova forma de pensar. Estamos passando do estilo de pensar linear tradicional, como a minha mãe pensa — faça A, e depois B, e a seguir C. Isso é realmente organizado e me deixa entediado. Não é a forma como penso. Minha mente funciona como um computador, identificando e organizando as informações em todo tipo de pensamento não linear. Depois eu integro tudo em um padrão que faz sentido para mim. Meu processo mental é provavelmente mais como um mosaico do que uma linha reta.

"Eu amo computadores. A vida pode ser complicada, mas os computadores não são. Visitei uma sala de bate-papo sobre Deus algumas noites atrás. Interessante. Foi a primeira vez que pensei seriamente sobre se as pessoas de minha idade acreditam em Deus. Foi uma conversa altamente estimulante, não apenas palavras retiradas daquele velho livro preto. Um cara falou sobre Deus e como Ele mudou sua vida e o poder que descobriu na oração. Debati com ele por algum tempo. Jamais escutaria um pregador na igreja, mas esse cara falava minha linguagem — você sabe, mais como um mosaico do que uma linha reta.

"Cresci para pensar por mim mesmo. Minha mãe e eu podemos discordar, mas ela não me diz no que acreditar e o que pensar. É bom não ter fronteiras e poder pensar por mim mesmo. Gosto de Deus. Sou pragmático. Se a ecologia está enfrentando problemas, limpe-a. Se você sente necessidade de Deus, vá à igreja. Eu não sinto necessidade por algo que não vejo nem posso provar que existe. Eu vivo na realidade e acho que Deus é uma fantasia. Ou talvez Deus seja apenas uma palavra para que eu alcance todo meu potencial. Se assim for, então eu sou Deus.

"Isso não quer dizer que eu não darei uma chance para a igreja em algum momento de minha vida. Mas minha mãe viveu sem ela e eu provavelmente também viverei. Não consigo lembrar de nenhuma pessoa religiosa que eu realmente admire. Eu preferiria encontrar Michael Jordan em vez de Billy Graham, ou as personalidades de nossa rádio local ou televisão do que qualquer pastor ou líder de jovens de nossa cidade. Não sou muito crédulo. Por exemplo, não acho que posso confiar nas propagandas. É tudo uma enganação. Sinto o mesmo em relação ao que a maioria das pessoas religiosas dizem. Elas estão apenas anunciando a maneira como ganham a vida, e isso provavelmente é uma enganação como a maioria das propagandas. Cara, nós vivemos em um mundo irracional e não acho que o Cristianismo dá respostas suficientes.

"Penso muito mais sobre crescer e casar-me do que sobre Deus. Não acho que me casarei, especialmente por que as pessoas não têm de se casar para ter sexo. A fidelidade é uma brincadeira. Estou lidando com o divórcio de meus pais melhor do que minha mãe. Ela está deprimida, e isso significa que tenho de fazer mais tarefas na casa — ser mais independente. Algumas vezes sinto como se eu fosse o pai. Essa é a época para eu ser criança. Ah, bem, tudo está mudando e não posso fazer muito a respeito disso; portanto, eu posso muito bem relaxar e deixar o barco correr."

## Questões dirigidas à Próxima Geração

Argola no nariz, linguajar estranho e as roupas! Muitos adultos temem essas crianças. Conseqüentemente, não fazem nenhuma tentativa para conhecê-los, mesmo quando moram ao lado ou no fim da rua. Dwight Ozard oferece um contexto excelente para estruturar relacionamentos com essa geração imersa na cibernética.

"A maior missão de campo que temos não é em alguma terra distante. A cultura estranha e estrangeira que a maioria dos cristãos teme não fica do outro lado do oceano. Está apenas do outro lado da rua. A cultura mais perdida para o evangelho é a nossa... é a cultura que não diz duas sentenças sem se referir a um *show* de TV ou a uma canção popular, e que não tem a menor idéia do que é levantar-se e mudar de canal. Essa é a cultura que mais provavelmente terá um *piercing* em alguma parte do corpo do que saberá por que a Sara riu. É uma cultura onde paramos de evangelizar e, em vez de fazer isso, declaramos uma guerra cultural a ela.

"No entanto, nós queremos alcançá-la. Mas queremos alcançá-la sem escutar, sem trabalhar arduamente no estilo para ouvir o que está detrás do barulho interminável e no crasso imediatismo de sua linguagem, sem sermos tocados por seus medos e sem compreender a raiz de sua rebeldia e cinismo. É mais provável que nos escandalizemos do que fiquemos com o coração partido por seu desarraigamento e autodestruição, cegos à carência que está por trás de sua promiscuidade. Banalizamos e demonizamos a linguagem deles — e, portanto, a pessoa deles, em parte porque eles nos ofendem e confundem; principalmente porque nos ameaçam, enquanto, todo o tempo imaginamos porque não nos escutam.

"Conforme Jesus poderia ter dito: 'Quem tem ouvidos para ouvir, cale-se e ouça'."

(Dwight Ozards em *Prism* [*Prisma*], julho/agosto de 1996.)

- Examine como você se sente sobre a Próxima Geração. Que coisas você não compreende? Que coisas amedrontam você? Se Deus pôs membros dessa geração em sua vida, leia o livro de George Barna, *Generation NEXT* [*A PRÓXIMA Geração*].
- Se esse adolescente sem igreja fosse seu vizinho, quais seriam algumas formas que você poderia iniciar alguma conversa sobre a vida dele e os pensamentos que tem sobre Deus?
- Que tipos de eventos hospitaleiros em sua igreja e casa poderiam atrair esses adolescentes?

Considere os seguintes eventos hospitaleiros como aqueles que podem ser facilmente adaptados aos da Próxima Geração:

"Raízes" (p. 40);
"Venha como você não é" (p. 60);
"Feno, pessoal" (p. 75);
"O caça do escarafunchador ao retrato perfeito" (p. 117);
"Passando à frente suas habilidades" (p. 123);
"Visão e som — a Escritura viva" (p. 140);
"Projeto: consciência da missão" (p. 152);
"Festa de Natal com reciclados" (p. 208).

(Este é apenas um exemplo, algumas dessas atividades são apropriadas para grupos seculares. Outras são objetivadas para a família da igreja.)

## Recursos para estudos posteriores

Informações para essa introdução sobre as gerações foram retiradas das seguintes fontes. As fontes seculares estão marcadas com asterisco (*).

LIVROS

**Barna, George,** *Generation NEXT,* Regal Books.

**McIntosh, Gary, L.**, *Three generations*, Fleming H. Revell.

**Regele, Mike**, *Death of the church,* Zondervan.

***Rushkoff, Douglas**, ed., *The gen X reader,* Ballantine Books.

ARTIGOS

**Belcher, Jim**, "It's the Gospel stupid – generation X and religion", *Regenerational Quarterly,* Primavera de 1995.

**Borthwick, Paul**, "What is the state of youth ministry around the world?", *Christian Education Journal,* Primavera de 1996.

**Catucci, Thomas F.**, "With a little help from my friend... teenagers find God", *The Catholic World,* junho de 1994.

*__Coupland, Douglas__, "X marks the schlock: slacking toward bethlehem", *Vanity Fair*, março de 1994.

**Groothuis, Douglas**, "Technoshamanism: digital deities in cyberspace", *Christian Research Journal*, Inverno de 1997.

*__Hornblower, Margot__, "Great Xpectations", *Time*, 9 de junho de 1997.

*__Mitchell, Susan__, "The next baby boom", *American Demographics*, outubro de 1995.

*__Peterson, Karen S.__, "Life in the slower lane", *USA Today*, 7 de março de 1997.

**Posterski, Don**, "Keeping up in our changing world", *Decision*, maio de 1996.

**Tapis, Andrew**, "Reaching the first post-Christian generation", *Christianity Today*, 12 de setembro de 1994.

**Zander, Dieter**, "The Gospel for generation X – making room in the church for busters", *Leadership*, Primavera de 1995.

# Capítulo 3
# Objetivos da Hospitalidade

*Os crentes não estavam pulando de alegria e dizendo: "A grande comissão — estamos tão empolgados! Vamos alcançar". Tampouco, ouviram a voz do céu dizendo: "Vá". Eles apenas corriam amedrontados, mas conquistaram o que Deus queria que fizessem — difundir a Palavra.*

— Bob Sjogren e Bill e Amy Stearns

Planeje de antemão. Lembre-se de que não estava chovendo quando Noé começou a construir a arca! As idéias sobre hospitalidade neste livro não têm apenas a intenção de encorajar um grupo de amigos a passar um tempo divertido juntos. Ao contrário, elas são planejadas para alcançar um dos seguintes objetivos:

1. Dar aos cristãos, ferramentas para alcançar nossos amigos e vizinhos incrédulos, para abrir a possibilidade de Jesus Cristo a eles por meio de eventos hospitaleiros planejados em nosso lar e igreja.

Isso exige oração, planejamento e acompanhamento. Não é fácil. Harry Emerson Fosdick, em um sermão intitulado "Christianity at Home in Chaos" ["Cristianismo no Lar Caótico"], utilizou a história do coelho de Brer e da raposa de Brer. Lembra-se como o coelho de Brer salvou sua vida quando conversou com a raposa de Brer e esta o jogou em um arbusto de espinhos? O coelho de Brer convenceu a raposa que o arbusto de espinhos era o pior local possível que ela poderia jogá-lo. O que a raposa de Brer não sabia é que o coelho havia nascido e crescido naquele arbusto de espinhos. Fosdick fez uma comparação entre o coelho de Brer e o Cristianismo. Ele pregou: "O Cristianismo, por ter nascido e crescido em um arbusto de espinhos, jamais se sentirá estranho em uma época turbulenta". (Mark Yus, "Preaching in the Brier Patch" ["Pregando no Arbusto de Espinhos"], *The Christian Ministry* [*O Ministério Cristão*], janeiro-fevereiro de 1997).

Se você abrir seu lar ou sua igreja às pessoas que não conhecem o Senhor ou que antagonizam o Evangelho, você entra no arbusto de espinhos. Em vez de ser arranhado até morrer, você pode sentir o prazer de saber que você está onde os cristãos de hoje precisam estar.

2. Aumentar a amizade das pessoas da igreja por meio de eventos hospitaleiros em nosso lar e igreja, estruturando a família de Deus.

Para alcançar esses objetivos darei instruções completas para cada evento. Ao seguir essas instruções será possível a você duplicar cada evento especial. Entretanto, você terá muito mais diversão se ajustar o que faz ao que o Senhor quer que *você* realize. Adicione idéias originais; aumente as minhas. Se você for como eu era, ficará morrendo de medo a primeira vez que convidar as pessoas que não conhece muito bem. As coisas ficarão progressivamente mais fáceis à medida que você persuadir sua família da igreja da alegria de saber que fazem parte da mesma família e mostrar-lhes o grande apelo que uma vida centrada em Cristo tem para os não-cristãos.

Uma das partes mais importantes de um evento hospitaleiro é identificar seu objetivo ou meta para o evento. Você pode utilizar os objetivos amplos mencionados acima ou, talvez algo mais efetivo, escrever um objetivo que é específico para você. O objetivo é a razão para a noite — o que você quer ver acontecer durante aquelas horas com seus amigos. Converse sobre seus objetivos com um parceiro de oração. Considere escrevê-los antes do evento e retorne a eles depois desse evento.

Para cada idéia apresentada aqui há a sugestão de um objetivo, mas esse objetivo pode não se ajustar perfeitamente ao que você quer que aconteça. Portanto, pense novamente sobre cada um deles. Se estiver seguro a respeito dele guie seus convidados para alcançá-lo. Se algo no objetivo não se ajusta perfeitamente, divirta-se, reescrevendo-o. Escrever objetivos não é difícil. Siga esta seqüência:

Converse e ore sobre essa idéia com um amigo cristão. O que precisa ser feito? Quem poderia precisar desse tipo de atividade agora?

Escreva o que você quer que aconteça, mas seja cuidadoso aqui. O que você escreve tem de ser mensurável. No fim do evento, você tem de ser capaz de dizer: "Sim, isso aconteceu", ou: "Não, esse objetivo não foi alcançado".

Um objetivo insatisfatório pode soar maravilhoso. Por exemplo: "Quero que dezesseis pessoas da minha nova classe da escola dominical se divirtam juntas". No entanto, é quase impossível mensurar esse objetivo. Seria melhor dizer: "Quero que todos da minha classe da escola dominical passem o tempo conversando uns com os outros". Este é um objetivo que você pode mensurar. Se um grupo restrito de amigos especiais estiver aberto o suficiente para incluir todas essas dezesseis pessoas, todos se divertirão juntos.

Perceba que você também precisa ter algum controle sobre o grupo que você quer que alcance o objetivo mensurável. Por exemplo, você pode ver a reunião do "grupo de quatro atletas" em um canto para conversar sobre as possibilidades da temporada em que os outros convidados são excluídos. Se seu objetivo for a interação total do grupo, você pode trazer uma pessoa não sintonizada com esportes e apresentá-la a esse grupo. Pode perceber a timidez de uma outra pessoa e passar algum tempo sozinha com ela, ajudando-a a sentir-se confortável, antes de levá-la para um grupo maior.

Algumas vezes, já estabeleci objetivos fantásticos, e os eventos foram um malogro. Ao olhar em retrospectiva o que aconteceu, percebi que meus eventos e objetivos não entrosavam. Deveria ter perguntado a mim mesma se meus planos poderiam produzir os resultados que queria. Um exame cuidadoso das atividades e do grupo de pessoas ali teria me revelado que isso não era possível.

Se quiser que meus convidados conversem com pessoas com as quais jamais conversaram antes, é melhor começar com uma atividade para quebrar o gelo, que os encorajará a interagir de formas não ameaçadoras. Se quiser que os solteiros aproveitem a noite, tenho de planejar muitas atividades tendo em mente seus interesses e necessidades. Se houver crianças na festa, e meu objetivo for ajudar famílias a se encontrar, tenho de certificar-me que as atividades são divertidas para todas as faixas etárias.

Tudo isso é programado. Peguei o rumo que acho que as coisas devem tomar. Os eventos, de forma interessante, algumas vezes me surpreendem e deslancham em direções que jamais sonhei. Não procuro perseguir uma festa com meus objetivos, mas prefiro seguir o entusiasmo da festa. Embora as coisas não saiam conforme o planejado, as pessoas estão interagindo e se divertindo. Fantástico, esse tipo de mudança de foco, no entanto, raramente acontece. Na verdade, quase nunca acontece com um grupo de pessoas da igreja que não conhece bem um ao outro. As coisas normalmente começam bastante tensas, e preciso fazer um esforço para que essa tensão suma ao longo da noite.

Você já pensou sobre qual a razão que muitos não-cristãos sabem como adicionar vida a uma situação de grupo, enquanto nossos amigos cristãos ficam presos a sua panelinha? De modo geral, os não-cristãos parecem mais a vontade do que os cristãos em situações sociais. Eles habitualmente iniciam as conversas, incluem novos membros nos grupos; são mais habilidosos nas conversas triviais. Bem, lembre-se, estou falando sobre o primeiro encontro — a festa de encontro, a noite do vamos nos conhecer. Sei que muitos cristãos que não são dados a festas são ótimos em conversas individuais. Compartilhei minhas mais profundas dúvidas com eles e senti sua empatia e amor. Obviamente, uma preocupação genuína para o indivíduo é mais importante a longo prazo do que apenas ter habilidade de manter uma boa conversa com um grupo em uma festa. Entretanto, se as pessoas não interagirem, poucas desses tipos de amizades profundas se iniciarão. E os cristãos continuarão a reclamar: "Minha igreja é tão fria e pouco acolhedora. Não está suprindo minhas necessidades". E os não-cristãos continuaram a acreditar: "Os cristãos são entediantes, nada amigáveis. A única coisa com que se preocupam é fazer com que eu comece a pensar da maneira como eles pensam".

Nancy, uma pessoa que nunca encontrei, aceitou meu convite. O nome dela estava na lista de visitantes que já haviam estado na igreja duas vezes. Quando a encontrei à porta, tivemos de nos apresentar uma à outra.

Fiz com que ela se envolvesse com um pequeno grupo e depois, na correria da noite, não tive muito contato com ela.

Quando Nancy estava indo embora, disse-me: "Nesta noite, encontrei mais pessoas do que em muitos domingos nesses últimos meses. Para ser honesta, não estava realmente feliz com a igreja e estava considerando buscar uma outra igreja. Mas depois de hoje à noite, acho que não vou mais procurar por nenhuma outra". Nancy e eu nunca nos tornamos melhores amigas. Talvez naquela noite tenha encontrado outras pessoas que poderiam vir a se tornar muito próximas. Entretanto, passei a fazer parte de seu círculo maior de "apenas amigos". E este círculo de "apenas amigos" jamais é muito grande.

## Iniciadores de conversa

Como conseguimos iniciar as conversas com pessoas que não estão acostumadas a conversar umas com as outras? Muitas delas podem morar na mesma vizinhança ou freqüentar a mesma igreja, mas apenas isso.

Utilizei muitas técnicas, muitas delas descritas em detalhes junto com essas idéias hospitaleiras. Por exemplo, em uma festa onde todos do meu prédio foram convidados, construí uma barragem com papel, cola, fita adesiva, restos de materiais, lantejoulas e tudo que pudesse encontrar. À medida que as pessoas chegavam, eu as enviava para a barragem para que fizessem um crachá com seu nome de forma a dizer algo sobre si mesma. Antes do jantar, cada uma dessas pessoas tinha de descobrir tudo que pudesse sobre os crachás de outras quatro.

Obviamente, os crachás eram totalmente irrelevantes. O importante era conhecer as pessoas ao se dirigir até os estranhos e dizer: “Diga-me algo sobre seu crachá”. A partir daí, eles estavam apenas alguns minutos distantes do: “O que você acha de rezoneamento de espaços abertos para construção de prédios de apartamento?”, ou: “Você faz idéia de quanto material de isolamento o sótão da casa nova de meu irmão precisa ter?”. Grandes amizades nascem a partir de crachás com nomes engraçados. O crachá permite a primeira abordagem facilmente — aquele primeiro passo que muitas pessoas não estão desejosas de dar se não fosse por ele.

Uma outra forma frustrante, mas eficaz, de fazer com que as pessoas interajam no início de uma noite, é dar-lhes dez palitos de dentes quando elas chegam. Explique-lhes que o objetivo é conseguir os palitos de todos os demais. As pessoas conseguem ganhar um palito de dente de qualquer um que diga a palavra “eu”. A pessoa com mais palitos no fim de um período especificado (não mais do que vinte minutos), ganha. Obviamente, para ganhar cada um precisa engajar-se em conversas com os outros. De que outra forma uma pessoa poderia colecionar palitos de dentes suficientes para vencer? Esse é um jogo simples e engraçado. Mas o fato é que ele funciona. Ajuda os estranhos a se envolverem com outras pessoas e força os membros da igreja a interagirem além de seu círculo de conforto.

## Quem convidar

Há muitas formas de misturar as pessoas, tudo depende... onde está seu coração?

1. As pessoas da vizinhança, do prédio, etc.
2. Pessoas que acharão a mistura de grupos estimulante (por exemplo: trabalham em áreas similares; foram à igreja uma

ou duas vezes; estão envolvidas em trabalhos voluntários similares).

3. Os grupos da igreja também podem ser divididos:

A. *Solteiros* (grupo "A" — universitários; grupo "B" — outros solteiros).

B. *Grupos mistos* (solteiros e casados e, talvez, até crianças).

C. *Cristãos e não-cristãos* (ou novos convertidos e os que são cristãos há mais tempo).

Gastei muito tempo e energia com o grupo B de solteiros. Pessoalmente, sei como muitos de meus amigos solteiros da igreja se sentem. Na verdade, a primeira dessas citações é minha.

"Escutei uma das senhoras da igreja dizer: 'Não tenho nenhuma amiga solteira. Acho que não teríamos muito sobre o que falar. Na verdade, elas me amedrontam'. Quem sou eu! Algum tipo de aberração?"

"Sinto-me totalmente deslocada. Sempre sem companhia."

"Não somos aceitas pelas pessoas casadas da igreja. Daria qualquer coisa para passar uma noite com crianças, brincando com elas como um tio faria. Mas se eu me convidar, sem mais nem menos, isso jamais acontecerá."

"Sinto-me mais à vontade em bares para solteiros do que na maioria das atividades da igreja. Ali as pessoas não me rotulam em uma categoria distinta. Na verdade, sinto que meu grupo é o que freqüenta os bares."

Quero que minha casa seja um lugar em que os solteiros possam vir e se encontrar — confortavelmente, sem necessariamente estar "emparceirados", mas tendo a oportunidade de conversar socialmente com outros homens e mulheres. Sue Kline, gerente editorial de uma revista cristã, escreveu em um de seus editoriais: "Quando estava perto de completar trinta anos, encontrei a hospitalidade dos Prigels. Até hoje penso neles como uma grande família, embora tenham apenas quatro filhos. Os almoços de domingo, entretanto, pareciam envolver um elenco de milhares — a maioria deles solteiros, os quais, de outra forma, teriam passado a entediante tarde de domingo sozinhos. Em vez disso, nós nos espremíamos em volta da mesa gigante de jantar, da casa acolhedora da fazenda, para uma refeição ruidosa e uma tarde de passeios pela fazenda de leite deles (*Discipleship Journal* [*Boletim do discipulado*], número 98, 1997)".

O contato social é extremamente importante para os solteiros. Quando vim trabalhar em Illinois, depois de passar três anos como professora missionária no Japão, não conhecia ninguém de minha idade. Sofria de inanição de pessoas de minha faixa etária! Certamente, gostaria de namorar, mas minha necessidade era mais básica do que apenas isso. Não tinha nenhum amigo solteiro de minha idade — nem homem nem mulher — com quem pudesse conversar.

Jamais esquecerei o primeiro domingo que visitei a Circle Church, em Chicago. Duas mulheres solteiras me cumprimentaram e perguntaram se gostaria de sair com elas. Se eu gostaria? Senti como se a fome tivesse acabado. Teria pago de bom grado pela refeição completa delas, inclusive a sobremesa, apenas para expressar meu apreço.

"Sempre ter solteiros em nossas festas." Essa regra tem sido aplicada rigidamente por Jack e por mim em nosso apartamento e, agora, em nossa casa.

Misturamos, com freqüência, casados e solteiros — uma idéia criativa nada original. Mas mesmo assim, para muitas pessoas ela representa a primeira vez em que as fronteiras entre os grupos foram rompidas.

Algumas vezes misturamos nossos amigos da igreja com outros que se sentem desconfortáveis a respeito da igreja. Obviamente, essa situação pode ser bastante delicada. Não queremos, de forma alguma, que nossos amigos seculares sintam que os convidamos a fim de fazer propaganda para eles. Sim, Cristo faz parte de nosso lar e de nosso casamento e da vida de muitos de nossos amigos. Isso não é segredo para ninguém. Queremos que nossos outros amigos, algum dia, compartilhem nosso entusiasmo voluntariamente — não por que foram convidados a uma reunião social e coagidos a tomar uma decisão.

Certa noite, tivemos uma festa com brincadeiras, que aconteceu em três dos quatro cômodos de nosso apartamento. Por meio do desenho de nomes, os convidados escolheram duas outras pessoas como oponentes. Repentinamente, no meio da segunda brincadeira, uma das mulheres soltou, em alto e bom som, uma imprecação que não havíamos escutado naquela casa desde que nos mudáramos. Sua parceira de time fizera a jogada errada, e ela proferiu sua resposta normal.

Posteriormente, um amigo que se sente desconfortável com a igreja disse: "Fiquei impressionado com o que aconteceu. Ali estava aquela dama, proferindo palavra de baixo calão, enquanto tinha sentado a sua frente aquele cara que diria que é um cristão de primeira linha. Ninguém desmaiou nem fez um sermão".

Era a primeira vez que aquela mulher ia a nossa casa. Talvez haja uma ocasião mais apropriada para partilhar com ela como nos sentimos sobre o nome que ela utilizou tão levianamente. Mas o momento, definitivamente, não era no meio do evento.

Muita de nossa hospitalidade deve ser direcionada às pessoas que freqüentam a igreja. Alguns dos nomes são retirados da lista de membrezia ou da lista de endereços da igreja. Outros, são aqueles que vieram pela primeira vez e preencheram um cartão de visitante. Outros ainda são estudantes que a freqüentam apenas quando há reuniões escolares.

"Fiquei surpresa quando recebi seu convite", disse-nos Julie. "Vi que estava escrito, que você convidara um grupo de sua igreja. Mas eu apenas a visitei duas vezes — as duas vezes que fui à igreja no ano em que me divorciei. Estava ferida, e Deus parecia muito distante.

"Na festa, as pessoas conversavam e riam. Inclusive eu. Aquela noite, encontrei pessoas que agora são meus melhores amigos. O que é ainda mais importante, Deus e eu sorrimos um para o outro novamente."

Julie verbalizou seus sentimentos em um momento quando eu considerava se todo aquele esforço valia a pena. Ela é a prova viva de que Deus estava confirmando o dom da hospitalidade.

# 4 Capítulo

## Quanto Maior Melhor

(e não necessariamente mais trabalhoso)

*A ambição diz: "Você poderia estar fazendo coisas maiores para Cristo". A voz equilibrada diz: "Cristo está fazendo grandes coisas por você". Isso é contentamento.*

— Marshall Shelley

Espere aí! Se você pensa em passar por essas idéias rapidamente, pois tem um orçamento limitado e uma casa pequena, não faça isso.

Jamais subestime o número de pessoas que podem ter um momento agradável em um lugar pequeno. A maioria das idéias nesta seção foram testadas em um apartamento de quatro cômodos. É claro que estou falando de pessoas ocupando todo o recinto, mas ninguém parecia se importar. De fato, as pessoas interagem mais facilmente nessas festas maiores do que nas menores.

Acho que a altura do barulho tem algo a ver com isso. Quando o cômodo está cheio de pequenos grupos distintos, todos falando ao mesmo tempo, minhas pausas individuais não são muito notadas. Assim, posso me relaxar e divertir-me mais. O barulho faz com que eu fique menos consciente de mim mesma. Anos atrás, trabalhei como repórter. Minha escrivaninha era no meio de um espaço sem divisórias em um grande ambiente. Vinte máquinas de escrever, todas funcionando ao mesmo tempo, mas mesmo assim conseguia trabalhar. De vez em nunca, todos paravam ao mesmo tempo e o ambiente ficava silencioso. As pessoas levantavam os olhos de forma assustada, e perdíamos alguns minutos antes que pudéssemos fazer com que o nível de barulho que nos deixava confortável aumentasse novamente.

Grandes festas geralmente têm o barulho confortável estruturado logo de início.

Também gosto da diversão sem pretensão das grandes festas. Nunca há cadeiras suficientes, portanto, as pessoas apenas se ajeitavam em todos os cantos. Quando comecei a dar festas, contava o número de cadeiras que tinha e convidava o número de pessoas equivalentes. Isso não funcionava. Você já observou um cômodo cheio de pessoas em que todas estão sentadas! Elas têm a tendência de pôr as cadeiras em fila à volta da parede — doze pessoas abraçando a parede. Isso é terrível. Nesse cenário, cada um se torna parte de toda conversa — afinal, pertencemos todos a esse círculo quadrado. Isso significa que com meus doze convidados, eu tinha de falar um doze avos (1/12) do tempo. Isso é muito tempo de silêncio. Uma festa melancólica. Portanto, agora pego metade das cadeiras que tenho, empilho em algum lugar, e forço as pessoas a iniciar grupos confortáveis de conversa. Gosto disso; assim falo mais.

As grandes festas custam muito dinheiro, mas há maneiras de contornar essa situação. Pratos secretos, apenas sobremesas, caixa de esmolas à porta (isso mesmo, já fiz isso). Cortar os gastos para que as pessoas possam arcar com as despesas — dois reais na caixa de esmola ou uma salada de gelatina bem barata — possibilita que muitos convidados da Geração X participem financeiramente. Eles não têm de sentir como se fossem um fardo gratuito; eles estão fazendo uma contribuição para o sucesso do evento. Não parta do pressuposto de que os jovens não têm dinheiro suficiente.

Cuide para que a comida não seja o propósito principal para a noite. Se você for um cozinheiro refinado, ótimo! De vez em quando, talvez queira compartilhar os frutos desse dom, mas a comida deve ocupar o lugar apropriado. Utilize-a para ajudá-lo a alcançar um objetivo. É mais fácil conversar com alguém que você mal conhece, quando vocês estão triturando e comendo amendoins juntos.

Para quase todas as grandes festas, eu distribuo a responsabilidade da comida. Escrevo algo no convite: “Por favor, traga um pouco de manteiga”, “Estou planejando uma mesa de sobremesas, do tipo *self-service*" ou "Mal posso esperar para experimentar o que você trará".

Compartilhar o trabalho significa que sobreviverei para desfrutar de minha festa. No entanto, isso também significa que meus convidados estarão mais comprometidos com o divertir-se, pois fizeram um pequeno investimento de tempo e dinheiro para a noite.

Lembro-me de um solteiro que me disse estar assando o melhor bolo de chocolate que sua mãe fazia, para que essa fosse sua contribuição para a festa. Ele deu um telefonema interurbano para conseguir a receita, e todos estavam morrendo de inveja, pois ele não passava a receita para ninguém. A festa já estava na metade, quando ele finalmente chegou carregando uma caixa atarracada de bolo que comprara na padaria. "Quase não vim", disse ele. "Meu bolo ficou liquefeito, e eu, mortificado. Mas depois, lembrei-me dessa grande padaria sueca do outro lado da cidade. Portanto, corri até lá e comprei isso". Certamente, lamentei que ele não se sentisse com liberdade suficiente para aparecer sem sua contribuição liquefeita. Mas também fiquei feliz de que ele estivesse tão envolvido com sua contribuição para a festa — a ponto de imaginar que a festa não poderia acontecer sem que ele contribuísse com um bolo. E, a propósito, a cidade que ele atravessou para comprar aquele bolo era o centro da cidade de Chicago!

## As maneiras fáceis

Faça as coisas da maneira mais fácil possível

Judith Couchman afirmou: "Deus tece milagres em nossos corações. Em meu caso, é o milagre de oferecer hospitalidade simples e imperfeita em vez de esforçar-me por alcançar o prêmio proverbial da 'super anfitriã'. A hospitalidade que — em um mundo complicado e agitado — alimenta convidados sem arrasar nem depauperar o anfitrião... A hospitalidade centra-se no convidar as pessoas a entrar em nossa vida e compartilhar aquilo que temos, no ajudar os convidados a se sentir relaxados e parte de uma casa. Em vez de pessoas deslumbradas com nosso traquejo social, derramamos o amor de Deus em suas almas. Esse padrão de abordagem conforme observamos na igreja primitiva, quando os crentes compartilhavam tudo em comum e fugiam da necessidade de 'representar' para impressionar uns aos outros" ("Hospitality in a hectic world" [Hospitalidade em um mundo agitado], *Discipleaship Journal* [*Boletim do discipulado*], número 98, 1997).

*Limpeza* – Faça todo o trabalho pesado no início da semana, para que no dia do grande evento tudo que tenha que fazer é buscar as coisas. Fiquei tão exausta com alguns eventos de hospitalidade, que quando os convidados chegaram não desfrutei de nada durante a noite, exceto fechar a porta atrás do último convidado a sair. Isso era muito ruim. Se tivesse me organizado teria feito diferença!

*Listas* — Mais uma vez, as listas tornam as coisas mais fáceis porque você não fica atormentada com os *flashs* das providências de última hora que realmente têm de ser tomadas. Faço listas para tudo — talvez exagere um pouco. Começo com meu objetivo para o evento e depois faço listas das idéias para o evento, listas de pessoas que podem gostar de comparecer, listas das pessoas que peço que confirmem a presença, listas da comida que as pessoas trarão e listas das tarefas que terão de ser executadas durante a semana e um dia antes do evento. Faço até mesmo lista das comidas que devem ficar na mesa. Posso contar as muitas vezes em que abri o forno depois que os convidados descobriram batatas assadas que não foram servidas ou abriram os refrigeradores para encontrar fôrmas de gelatinas que não foram tocadas.

Trabalhe junto com uma amiga, amigo ou cônjuge. Divida o trabalho e desfrute da diversão. Quando era solteira, duas outras amigas e eu fizemos um jantar japonês para cerca de quarenta pessoas de nossa igreja. Foi uma tarefa monumental, mas dividimos o trabalho de três maneiras e a façanha não foi mais tão assombrosa. Agora, Jack e eu planejamos juntos, trabalhamos unidos com essas idéias e por fim nos divertimos juntos na festa.

Isso torna todo o processo mais fácil, quando uma pessoa não tem de fazer tudo. Eu limpo melhor do que ele. De alguma forma ele jamais pensou que o assoalho fica empoeirado e que faz sentido limpá-lo para todos esses convidados que sentarão no chão. Por outro lado, não gosto de cozinhar tanto quanto ele. Ele realmente tirou essa responsabilidade de minhas mãos. Essas são realmente NOSSAS festas. A hospitalidade não é uma palavra feminina.

## Todos sob o mesmo teto

Um jantar itinerante pouco comum

O que segue é um esboço de um jantar itinerante denominado "Todos sob o mesmo teto". Siga esse padrão exatamente se assim desejar. Ou use-o como um ponto de partido para suas idéias e parta daqui para criar sua festa única.

***Objetivo*:** Ser o início da amizade entre cristãos firmes e pessoas da vizinhança que freqüentam a igreja. Essa também é uma forma bastante eficaz para que os grupos da igreja conheçam melhor uns aos outros.

***Idéia básica*:** Planeje um jantar itinerante em seu lar. As pessoas progredirão de um cômodo ao outro para cada prato do cardápio. Em toda mudança de mesa ou cômodo, eles jantarão com um grupo diferente de pessoas.

O jantar itinerante, "Todos sob o mesmo teto" diminui a quantidade de tempo que as pessoas demoram para ir de carro de uma casa para outra. A festa é ecologicamente correta! Ela também põe pessoas em grupos que elas talvez não escolhessem por si mesmas.

Esse jantar itinerante aconteceu em três cômodos de um apartamento de quatro cômodos. Duas pequenas mesas foram postas na sala de estar, uma maior no quarto e, obviamente, usamos também a mesa de jantar. Minha amiga Caroline, Jack e eu escolhemos um cômodo pelo qual seríamos responsáveis para servir a refeição. Nós três não podíamos participar da refeição, uma vez que nossas tarefas envolviam servir as mesas e ir e voltar da cozinha para reabastecer as travessas.

Mas nosso objetivo primeiro era encorajar as pessoas a interagir. Antes da festa, nós três repassamos uma série de tópicos incomuns que poderíamos usar se ficasse óbvio que um grupo não estava interagindo. Lançávamos questões como a seguinte: "Qual sua opinião sobre igreja no lar?".

"Partilhe conosco um elogio que alguém lhe fez e que o ajudou a definir quem você era. O que você disser não será considerado como se estivesse se gabando".

"Com que animal você sempre achou que mais se parecia? Por quê?"

Nossa mescla de convidados era formada por metade de pessoas solteiras e metade de casadas, todos da igreja. No grupo havia uma mescla de pessoas que eu sabia que eram cristãos e outras estavam provavelmente em busca de algo. Em cada mesa queria pessoas casadas e solteiras de ambos os sexos. O limite de minha festa foi determinado pelo número de mesas que poderia organizar e a quantidade de comida que poderia ser feita em uma pequena cozinha.

## Sugestão de convite

Todos sob
o Mesmo Teto

# Participe de um Jantar

Da sala de estar para o quarto e para a sala de jantar

Data:

Local:

Motivo: estruturar amizades em nossa comunidade.

TODOS SOB O MESMO TETO, ofereceremos a comida, e você, o barulho.

Quando uma pessoa chegar, ela receberá o programa indicando onde cada pessoa deve se sentar para cada prato do cardápio. Cada pessoa pode ter de mudar de mesa ou cômodo ou ficar no mesmo cômodo, mas com outras pessoas. Foi bastante divertido fazer com que esse padrão funcionasse. Um modelo de cartão com a programação se assemelharia a isso:

Roberto Souza
Sopa e salada – mesa do quarto
Prato principal – mesa da sala de jantar
Sobremesa – mesa pequena na sala de estar

Havia três pratos e três mudanças para cada pessoa. Os pratos eram sopa e salada, prato principal e sobremesa. Permitíamos cerca de meia hora para cada prato e cerca de cinco minutos entre um prato e o outro, para que as pessoas descobrissem aonde teriam de ir a seguir.

Não organizei onde cada um se sentaria em cada mesa. A maneira como o grupo se sentava à mesa era uma decisão deles. Foi interessante notar que, para o primeiro prato, a maioria das pessoas casadas se agruparam de um lado da mesa, e os solteiros, do outro. Quando chegou o prato principal, as pessoas haviam se misturado mais, e, à hora da sobremesa, a mistura era total.

Em nossa festa, o primeiro prato deveria ser de sopa de couve-flor feita em casa. Jack estava fazendo um curso sobre sopas em uma escola de culinária, e esse foi seu toque criativo para a refeição. Até hoje, ele não faz a menor idéia por que a sopa desandou, mas apenas alguns minutos antes que os convidados chegassem, ele descobriu que o sabor estava um pouco estranho. Nós três discutimos quantas pessoas poderiam morrer se a servíssemos e decidimos não arriscar. Nós a jogamos fora e, quando a campainha tocou, Jack estava saindo voando pela porta de trás para ir ao supermercado a fim de comprar sopa enlatada.

Ele havia picado cebola para guarnecer a sopa de couve-flor, a qual foi utilizada na sopa enlatada. Você acredita que ele recebeu todo tipo de elogio por sua sopa — e ele aceitou todos eles!

Dependendo de seu grupo, talvez você queira implementar essas idéias.

1. Com o grupo da igreja por que não orar depois de cada prato? As pessoas de cada mesa elegeriam alguém para agradecer a Deus pela refeição e especialmente pela comunhão à mesa durante aquela meia hora.

2. Talvez você queira pôr questões para discussão entre os diferentes pratos. Eis aqui algumas idéias para essas questões:

   "Compartilhe algo que você gosta em nossa vizinhança. Depois escolha alguém em sua mesa para fazer o mesmo."

   "Se você estivesse iniciando uma igreja nessa vizinhança, que programas você incluiria?" (Essa questão é boa tanto para convidados seculares quanto para cristãos.)

   "Quais seriam alguns dos benefícios e problemas se nosso governo decidisse cobrar imposto das igrejas?"

"Diga o nome de todos à mesa. Se você não conseguir lembrar o nome diga algo que você ficou sabendo sobre a pessoa durante esse prato."

Você mesma pode escrever iniciadores de conversas como esses, uma tarefa fácil. Se a pergunta puder ser respondida em apenas uma palavra, ela provavelmente não é muito boa — a resposta será dada muito rapidamente e não força a pessoa a compartilhar muito a respeito de si mesma. Tente pensar em questões que pedem uma resposta mais longa e selecione assuntos que podem animar a conversa.

Não pense que uma questão relacionada à igreja pode esfriar os ânimos, apenas por que você está misturando cristãos com não-cristãos. Apenas a estruture de forma que as opiniões possam ser compartilhadas sem discussões acaloradas. Pense em como as pessoas não crentes podem encarar a questão ou como os cristãos podem reagir negativamente a ela.

Talvez você não precise de iniciadores de conversa em suas mesas, mas quando mesclo pessoas que não se conhecem muito bem, meu lema é: "Esteja preparada". Quando o silêncio mortal recai sobre um grupo de pessoas que está jantando, sinto ímpeto de servir aquela sopa de couve-flor.

Lembre-se apenas...

## Esteja preparada para os imprevistos

Jantar itinerante
Idéias de receitas
Refeição programada para servir vinte e quatro pessoas

**Entrada**
Sopa e salada

**Creme de milho da Carol**

*12 cebolas grandes, picadas*
*8 batatas médias, cortadas em cubos*
*4 xícaras de aipo com as folhas*

*1 1/2 colher de chá de sal*
*12 xícaras de leite*
*4 latas de creme de milho*

Cubra as cebolas, batatas e aipo com água. Adicione sal. Cozinhe até ficar macio. Adicione o leite e o creme de milho e depois aqueça novamente. Adicione sal e pimenta a gosto.

**Salada de ervas**

4 pés de alface, picados
1 pacote de bacon frito (crocante), cortado em pedaços miúdos
1 dúzia de ovos cozidos, cortados em pedaços miúdos

*Coloque o bacon e os ovos sobre a alface picada.*

**Molho**:

*2 xícaras de azeite*
*4 cebolas pequenas fatiadas*
*2 xícaras de vinagre branco*
*3 colheres de sopa de mostarda*
*1 xícara de açúcar*
*3 colheres de sopa de suco de limão*
*ervas para tempero*

Misture os ingredientes e adicione as ervas a gosto. Por exemplo, adicione duas colheres de sopa de orégano e duas colheres de chá de endro. Refrigere por quatro dias para permitir que o sabor impregne o molho.

## Prato principal

**Frango ao abricó**

*6 frangos cortados em pedaços*
*3 potes grandes de abricó em conserva*
*3 potes grandes de molho francês para salada*
*4 pacotes de sopa de cebola, em pó*
*8 colheres de sopa de molho inglês*

Asse o frango em um prato untado e descoberto por uma hora, à temperatura de 350°. Misture todos os outros ingredientes e ao final de uma hora, adicione esse molho ao frango. Cubra bem e cozinhe por mais vinte minutos ou até ficar bem macio (verifique com o garfo).

**Arroz**

*4 xícaras de arroz cru*
*4 latas, de 150 gramas cada, de castanha d'água, escorrida e fatiada*
*8 xícaras de água quente*
*4 colheres de sopa de manteiga ou margarina*

Toste o arroz em uma panela baixa à temperatura de 350°. Mexa ocasionalmente para que o arroz fique homogeneamente dourado. Misture os outros ingredientes e mexa. Cozinhe tampado até que o arroz esteja macio e todo o líquido tenha sido absorvido (cerca de trinta minutos).

Adicione um vegetal e sirva com pão e manteiga, se desejar.

## Sobremesa
## Pão-de-ló de amora silvestre

*4 pães-de-ló assados*
*2 misturas para pudim de baunilha (baunilha é a melhor)*
*1 pote grande de geléia de amora silvestre*
*glacê de manteiga*

Fatie horizontalmente cada pão-de-ló, para fazer três camadas. Preencha a primeira camada com pudim, a segunda com geléia de amora silvestre e cubra com glacê de manteiga.

## Raízes
### Jantar do prato secreto

***Objetivo***: Os participantes de uma igreja ou vizinhança compartilharão seus antecedentes para estruturar o fundamento para amizades mais próximas.

***Idéia básica:*** Convide os adultos a trazer um prato secreto que diga algo sobre suas raízes históricas e geográficas. À medida que as pessoas compartilham suas receitas, histórias de sua infância e fatos sobre os avós, elas acrescentam muito ao pouco que a maioria conhece sobre as outras pessoas ali presentes. Quanto mais pessoas compartilham, mais um sentimento de família e confiança se desenvolve.

Descobri que para as festas que são incomuns, eu preciso dar às pessoas alguma idéia do que eu quero que elas façam. Isso as encoraja a pensar criativamente. Nesse convite, incluí minha amostragem de idéias. Sinta-se livre para apagar a minha e incluir as suas.

O número de convidados que você tem fica limitado apenas ao espaço físico. Talvez você queira oferecer café, chá, um ponche (água mineral, guaraná, suco de uva, groselha e frutas picadas) e a contribuição de suas raízes, mas o jantar entrará caminhando através da porta com seus convidados. (Quando fiz essa festa, a maioria das pessoas trouxe um prato para seis a dez pessoas; tinha comida mais do que suficiente.)

Quando os convidados chegam, peça que eles escrevam o nome em uma tira de papel e a coloque em um chapéu para um sorteio após o jantar.

Distribua a eles a Folha Raiz. Antes do jantar e até a hora de fazer o sorteio, eles têm de conversar com dez pessoas diferentes. Eles têm de obter uma resposta de cada um deles para as perguntas da Folha Raiz. Obviamente, o objetivo dessa atividade é fazer com que as pessoas conversem. O que eles descobrem com a resposta da pessoa à pergunta que está na folha não é tão importante quanto o que eles dizem depois que a pergunta foi respondida.

Eis aqui alguns exemplos para ilustrar a Folha Raiz. Adapte a sua. Provavelmente, você descobrirá que será necessário empurrar as pessoas um pouco no começo. Deixe que elas saibam que haverá um momento em que darão satisfação daquilo que aprenderam!

**FOLHA RAIZ**

- Descubra uma história interessante sobre os avós de alguém.
- Converse com um casal em que cada um deles vem de partes distintas do país.
- Que peculiaridades de suas origens eles trouxeram para o casamento.

## Sugestão de convite

# RAÍZES

## FESTA DOS PRATOS SECRETOS DE RAÍZES

Compartilhe suas raízes. Vá em busca de sua história pessoal e apareça com um prato que diga algo sobre seus ancestrais ou local de origem.

Data:

Local:

Por exemplo: Marlene é francesa, portanto ela poderia trazer doces franceses. Ela e seu irmão cresceram na região de colonização holandesa na Pensilvânia, portanto, ele poderia trazer ovos em conserva.

Rotule seu prato com o nome e origem dele, e com seu nome também. Traga cópias de sua receita para compartilhar.

- Descubra alguém que tenha um ancestral famoso ou infame.
- Converse sobre as experiências da infância que uma pessoa gostaria de passar às futuras gerações.
- Compartilhe a experiência mais engraçada que você se lembra sobre algum parente.
- Descubra alguém que tem um parente que poderia ser rico ou famoso se tivesse seguido em frente com uma oportunidade que a vida lhe deu. (Por exemplo, tenho um tio que teve a oportunidade de comprar a propriedade em que a Disneyworld se localiza hoje, por apenas alguns dólares por acre. Ele não a comprou, pois tinha certeza de que o investimento em um pântano não seria lucrativo!)
- Descubra uma pessoa que tenha o maior número de parentes vivos e os quais consegue identificar pelo primeiro nome.
- Descubra alguém que já morou em, pelo menos, três locais completamente distintos. De qual deles essa pessoa mais gostou e por quê.
- Descubra alguém que pertence à linha mais longa de pessoas que exercem a mesma profissão ou têm o mesmo tipo de comércio.
- Descubra um casal que, sem confirmar um com o outro, podem fornecer o nome de solteira da mãe e da avó do outro.
- Descubra alguém que tem uma história surpreende da infância e escute-a inteirinha.
- Peça para alguém relembrar dos tempos de escola e apresentar algo importante que aconteceu.
- Peça para alguém compartilhar algo de sua vida pessoal que já o fez enrubescer.
- Peça para alguém que cresceu em um lar cristão para compartilhar a história da conversão de seus pais ou avós.
- Peça para alguém compartilhar um jogo ou brincadeira cuja origem é a área geográfica de sua raiz.

## Enraizado em Cristo

Pelo menos meia hora antes do horário que você deseja que as pessoas comecem a saborear a refeição Raízes, peça para três cristãos prepararem a oração "Enraizado em Cristo" — com uma ou duas sentenças. Eles terão tempo para pensar no que dizer nessa meia hora e talvez, até mesmo, para escrever a oração. Peça para que um deles centralize suas orações em uma ação de graças pelas raízes dessa vizinhança. A outra deve louvar a Deus por suas raízes familiares e a terceira deve agradecer a Deus por qualquer amizade de raízes que se aprofundem ou comecem a crescer essa noite.

Se isso for abordado corretamente, os não-cristãos não se sentirão desestimulados pela oração. Recentemente, estive em um grande rancho turístico, onde foi servido carne e feijão em um prato de lata para milhares de pessoas. Antes da refeição o mestre de cerimônias anunciou que faria uma oração simples em agradecimento pela refeição. Ele disse: "Sei que isto não é a coisa corretamente política a ser feita, mas faz parte de nossa herança e das raízes sobre as quais este país foi estruturado. Acreditamos que muitos de nossos problemas seriam solucionados se voltássemos a essas raízes". A multidão, predominantemente secular, aplaudiu. Exemplos de oração são incluídos aqui. Se as pessoas que você pediu para orar não compreenderem o que você está pedindo que façam, então permita que leiam esses exemplos. Encoraje-os a fazer suas orações com suas palavras.

*Agradecendo pelas raízes da vizinhança*

"Senhor obrigado pelas pessoas que fazem parte dessa vizinhança. Agradecemos especialmente pelas crianças que algum dia olharão para esse lugar como suas raízes. Que eles possam ser felizes e sentir-se seguros aqui e possam sentir o nosso e o seu amor por eles."

*Louvar pelas raízes familiares*

"Agradeço por nossas famílias — mãe, pai, irmãos e irmãs — e por aquelas pessoas que consideramos parte de nossa família porque contribuíram incomensuravelmente para nossa vida."

*Louvar pelas raízes da amizade*

"Obrigado, Senhor, pelas festas, pelo tempo em que podemos nos reunir, saudar um ao outro, sorrir e ficar entusiasmados uns com os outros. Que sua mão esteja sobre a nossa conversa hoje, direcione o crescimento de nossos laços de amizade."

Dê tempo suficiente para que as pessoas façam sua refeição. Não se apresse. A surpreendente variedade de pratos pode ajudar a ter conversas interessantes. Encoraje as pessoas a repetir e trocar receitas.

Depois da refeição, sorteie três ou quatro nomes dos convidados, os quais estão no chapéu. Peça a essas pessoas para compartilhar algo interessante que descobriram de alguém com as conversas da Folha de Raiz. Esse tipo de prestação de contas é divertido e ninguém se sentirá envergonhado, uma vez que cada pessoa pode escolher o que quiser da lista para compartilhar. Se, por exemplo, o Carlos nunca chegou ao número sete, ninguém mais precisa saber disso. Ele apenas irá compartilhar a resposta que conseguiu para o número três.

Nas minhas festas de raízes tenho alguns prêmios para as pessoas que são sorteadas. Tenho pequenas plantas cujas raízes estão imersas na água de forma que todas essas raízes estejam bem expostas. Elas eram um tolo detalhe extra que fez com que a noite ficasse mais divertida.

Depois que as atividades de raiz planejadas terminaram, nossos convidados ficaram ainda reunidos por horas. Eles não tinham problemas com todas as amizades que estavam crescendo depois que as raízes foram plantadas.

## Receitas raízes

De vez em quando, você descobrirá que alguém terá um branco em relação às raízes de origem. Portanto, esteja preparada e tenha receitas que abranjam uma grande área geográfica. Forneça essas receitas apenas quando necessárias — você não gostaria que alguém não viesse porque não faz a menor idéia do que trazer. Essas receitas são simples, uma vez que, de modo geral, as pessoas que têm problemas sobre pensar em que trazer não estão acostumadas a cozinhar.

**Maçãs cozidas**

*6 maçãs sem sementes e fatiadas em quatro*
*1/3 de xícara de açúcar*
*1 porção de manteiga*
*canela a gosto*

Adicione todos os ingredientes, exceto a canela, em uma pequena quantidade de água. Ferva em fogo baixo até que as maçãs estejam macias. Acrescente a canela.

**Salada Waldorf de banana**

*3 maçãs grandes*
*1/2 xícara de aipo*
*1/2 xícara de molho para salada*
*2 bananas*
*1/2 xícara de nozes moídas*
*alface*

Misture os ingredientes e sirva sobre o alface. Serve seis porções.

**Peixe cozido**

(Bom para qualquer pessoa que venha da região litorânea.)

*1 colher de sopa de óleo*
*1 dente de alho, bem picadinho*
*1/2 xícara de cebola picada*
*1/3 de xícara de pimentão verde picado*

Faça *sauté* (salteado) em um forno holandês ou em uma panela grande.

*700 gramas de pescada branca ou linguado, cortados*
*100 gramas de cogumelo fatiado (opcional)*
*2 xícaras de tomates cozidos*
*3/4 de xícara de massa de tomate*
*1 xícara de caldo de galinha*
*1 colher de sopa de suco de limão*

*1 folha pequena de louro*
*1/2 colher de chá de orégano*
*1 colher de chá de açúcar*
*3/4 de colher de chá de sal*
*1/8 de colher de chá de pimenta*

Adicione os ingredientes, exceto o peixe, àqueles que você fez *sauté*. Cozinhe destampado por vinte minutos. Adicione o peixe e cozinhe por mais dez ou quinze minutos ou até que o peixe se solte facilmente em pequenos pedaços. Sirva sobre arroz ou espaguete. Serve seis porções.

**Bolo creme de frutas**

*1 pacote de massa para bolo branco ou amarelo*
*1 lata de salada de frutas (qualquer combinação de frutas pode ser misturada aqui — bananas, morangos, amoras silvestres, etc.)*
*1 xícara de pudim de baunilha*

Asse o bolo. Quando estiver frio corte-o em pedaços. Adicione a fruta, inclusive o suco, e o pudim de baunilha ao bolo. Mexa suavemente. Deixe esfriar por algumas horas. Pode ser servido com uma porção de creme de leite batido com açúcar.

**Pão de milho**

(Bom para uma pessoa cuja origem ou ancestrais estejam ligados à vida rural.)

*3/4 de xícara de farinha de milho*
*1 1/2 xícara de farinha de trigo*
*5 colheres de chá de fermento*
*1 colher de chá de sal*
*1/4 de xícara de açúcar*
*2 ovos grandes*
*1 xícara de leite*
*1/4 de xícara de manteiga derretida*

Unte uma assadeira de 25cm x 25cm com manteiga e salpique farinha. Peneire os ingredientes secos. Bata os ovos por meio minuto. Adicione o leite e bata por mais meio minuto. Adicione essa mistura líquida aos ingredientes secos e misture-os. Adicione a manteiga derretida e mexa até ficar homogênea. Espalhe na assadeira. Asse por cerca de quinze minutos no forno a 375° ou até que fique dourado. Deixe esfriar por dez minutos antes de tirar da assadeira e cortar em quadrados.

## A festa do tabuleiro

***Objetivo:*** Pessoas de várias faixas etárias (grupos da igreja ou uma mistura de pessoas seculares e cristãs), terão oportunidade de estruturar amizades enquanto competem em jogos de tabuleiros.

***Idéia básica:*** Trazer à baila alguns dos jogos antigos de salão e estruturar uma rodada de jogos em torno de tabuleiros. Depois dos jogos, sirva sopa e salada do tipo faça você mesmo.

Se seu grupo incluir jovens da Geração X e da Próxima Geração, introduza alguns jogos de computador. Isso permitirá que os mais jovens do grupo tenham oportunidade de ensinar aos mais velhos. Os adolescentes normalmente consideram os computadores como sua caneta e papel, estilo de vida e religião.

Um adolescente disse: "Eu vivo para sintonizar com minha comunidade verdadeira da *Internet*. Sinto-me mais próximo dos amigos de lá do que de meus vizinhos. A maioria das pessoas mais velhas que conheço trata as habilidades computacionais como se fossem de um planeta antigo". À medida que esses com menos de vinte e cinco anos ensinam aqueles que conhecem menos computador a jogar, as amizades face a face podem ser desenvolvidas. *Youth Marketing ALERT* [*Mercados da Juventude Alerta*], publicou um artigo dizendo que 96% dos jovens de hoje são letrados em computador.

### Preparação

*Colecione jogos*. Eu nunca tenho o suficiente, portanto, peço aos convidados para trazerem alguns. Se seus amigos são como os meus, talvez você queira providenciar mais tabuleiros do que precisa. As pessoas normalmente esquecem de trazê-los.

Eu ponho os jogos em todos os lugares — no parapeito da janela, nas mesas, no chão. Jamais fui uma purista a respeito do ângulo do tabuleiro na festa. O jogo de Pega Varetas é sensacional. Como também o Pula Pirata. O Basquete de mesa pode ajudar os adultos a se livrar das inibições. Eu numero a locação de cada jogo. Quando as pessoas chegam, elas retiram um número de uma das três sacolas — a sacola vermelha, a verde e a de supermercado. Para o primeiro jogo, todos vão para o tabuleiro correspondente ao número da etiqueta vermelha. Para o segundo jogo, a pessoa se dirige ao número na etiqueta verde; por fim, ele chega à etiqueta da sacola de supermercado.

Seja cuidadoso ao preparar essa atividade. Você deve ter certeza de que sabe o número de pessoas que virão, para que tenha o número certo de números e jogos. Você também tem de ser cuidadoso para fazer o número correto de etiquetas para cada sacola a fim de que obtenha sucesso na troca de jogos. Por exemplo, apenas duas pessoas jogam Xadrez Chinês, portanto se esse jogo for o número seis, você não deve ter mais de dois cartões com número seis em cada sacola. Você precisará de quatro pessoas para jogar Ludo. Portanto, necessitará de quatro etiquetas para esse jogo em cada sacola.

(Exceção: Se você usar jogos de computador, escolha uma pessoa que saiba jogar cada jogo. Se um adolescente jogar um jogo de computador em um local, ele terá de tirar cartões pelas outras duas pessoas.)

Essa festa mescla maravilhosamente as pessoas e como os números são sorteados as pessoas raramente jogam com os mesmos parceiros duas vezes. Essa também é uma festa estupenda para misturar pessoas de todas as idades, desde pré-adolescentes até pessoas com idade para ser avós.

Cada jogo deve durar cerca de vinte minutos, e como há apenas três jogos agendados para uma noite, isso permite com que a sopa cozinhe lentamente por cerca de uma hora. Depois da refeição de sopa e salada, a parte planejada da noite se finda. Os jogos são apenas desculpa para que a hospitalidade se faça presente.

## Sugestão de convite

# LANCE!
# A FESTA do TABULEIRO

# LANCE – "LANÇADOS" NO JOGO

Venha e tenha um lance legal conosco. Estamos planejando uma noite cheia de brincadeiras. Venha brincar com a gente.

Data:

Local:

Comida? Certamente! Estamos fazendo a "Sopa que der na telha". Nós oferecemos o *consommé* e você traz algo para engrossar o caldo. A sopa é ao gosto do freguês. Ou, se preferir, traga algo para acrescentar à alface. Prometemos que você não vai perder o lance!

## Sugestão de cardápio

O limite para essa festa é o tamanho de sua panela para sopa! Ofereça o *consommé*, ao qual seus convidados adicionarão os extras. O *consommé* pode ser de caldo de carne ou de galinha desidratado que podem ser excelentes base.

Talvez alguns convidados peçam idéias do que adicionar. Para a sopa, sugira cenoura, batata, macarrão, arroz, frango fatiado, nabo, milho, aipo — e assim essa lista prossegue.

Para a salada, sugira beterraba, broto de bambu, queijo, *crouton*, grão de bico, semente de girassol, ovos cozidos em pedaços, pimentão verde, tiras crocantes de *bacon*, fatias de peru ou presunto, cenoura ralada, azeitona, couve-flor — e assim essa lista prossegue.

## Idéias

Antes de servir a sopa, peça que um convidado cristão agradeça a Deus pela diversidade de alimentos que Ele criou. Peça que um outro convidado cristão agradeça a Deus pela diversidade de pessoas que Ele criou.

## Modelos de oração

*Sobre a diversidade de alimentos:* "Senhor, todos nós trouxemos algo para adicionar à sopa e à salada e cada coisa que adicionamos nos faz lembrar o quanto nós temos. Que Deus criativo o Senhor é! Obrigado pela textura do nabo e pela consistência da batata. Obrigado pelo senso comum da alface e do sabor empolgante que o tomate adiciona. Como o Senhor deve ter se divertido ao criar todos esses alimentos. Deus, nós apreciamos o Senhor e o louvamos por sua criatividade".

*Sobre a diversidade de pessoas:* Obrigado, meu Deus, pelas muitas pessoas diferentes que o Senhor reuniu nesse ambiente — pelas pessoas que conversam facilmente, pelas que riem, por aqueles que suportam os fardos da oração e por aqueles que pregam e ensinam. Nenhum de nós é uma cópia do outro e, da mesma forma que adicionamos à sopa e à salada, cada um de nós adiciona textura e um sabor único a sua criação. Obrigado por fazer parte dessa mistura".

*Nome da sopa*

Por que não patrocinar um pequeno concurso? Tudo precisa de um nome. Esse grupo criará uma sopa e salada, únicas e totalmente originais. Que nome deveriam dar a suas criações? Dê a todos tiras de papel em branco e peça para aqueles que assim desejarem para participar do concurso em que nomes serão dados para as criações e que ponham suas sugestões em uma caixa. Escolha alguns juízes para selecionar os nomes vencedores. Talvez alguns desses vencedores possam levar algumas das sobras para casa.

## Uma palavra sobre o cupido

Sou totalmente a favor desse pequeno camarada! Mas com bom senso.

Convido, com freqüência, pessoas que acho que gostariam uma da outra para minhas festas, mas o que acontece depois que eles ali estão depende apenas deles. Namorar é saudável. Se duas pessoas podem se encontrar e conversar e desfrutar da companhia uma da outra em um evento hospitaleiro e, posteriormente, queiram namorar, isso é maravilhoso. Que melhor lugar há para encontrar pessoas do que em um lar cristão? Jack e eu éramos solteiros felizes. Mas parte de nosso contentamento pode ser ligado a nossas amizades com outros solteiros. Amigos — tanto homens quanto mulheres — fazem parte de uma vida saudável de solteiro.

Minha amiga Karen apresentou-me Jack. Ela lhe disse que eu era o tipo da garota que talvez ele gostasse de namorar. Duvido que ele me notasse se ela não tivesse me mostrado. Mas ela se importava conosco o suficiente para me apontar. Ele confiava no julgamento dela o suficiente para convidar-me para ir ao teatro. Conversamos a noite toda e não paramos de conversar desde aquele momento. Ela nos indicou o caminho da amizade.

Iria mais adiante, a ponto de sugerir qual é a obrigação cristã nesse contexto. Existem negócios para oferecer lugares para que os solteiros se encontrem. Meus amigos solteiros e cristãos não pertencem ao ambiente dos bares para solteiros. Uma rádio local do oeste dos Estados Unidos, encoraja os solteiros a submeter suas exigências a um serviço de seleção de parceiros pelo computador, e o computador garante o par perfeito. Cometi algumas gafes engraçadas quando tentei aproximar algumas pessoas, mas ainda acho que sou mais eficaz que um computador.

Tenho uma série de regras que normalmente sigo em minha tarefa de cupido, que eu mesma estipulei para mim.

Primeiro, deixe as coisas acontecerem. Basta apenas convidar as pessoas para sua casa. Eu ofereço atividades que dão possibilidade para que venham com ou sem namorados e não se sintam diferentes nem deixados de lado.

Segundo, não hesite em apresentar o assunto de namoro. Duas pessoas que não se encontraram em uma festa, mas gostariam de namorar — ou pelo menos eu acho que poderiam. Por que não sugerir isso? Se algum deles diz não, que mal há nisso, o que eu perdi com isso? E eles raramente dizem não.

Recentemente, estava falando com minha amiga Dale. "Acho que talvez você goste de conhecer o Skip. Você gostaria de sair para jantar com ele? Talvez um encontro de dois casais."

Ela disse-me: "Ficaria morrendo de medo".

"Isso é uma negativa?"

"Não. Significa que eu aceitei. Ficaria morrendo de medo, mas faria isso. Essa seria apenas uma noite em toda minha vida e acho que assim que parar de tremer vou me divertir."

Em minha experiência ninguém encontra um parceiro apenas por que abri minha casa para um evento hospitaleiro. Eu não me importaria com isso. Mas conheço muitas, muitas, muitas pessoas que iniciaram uma amizade com outros solteiros e gostam de ser solteiros devido a esses eventos.

"Não namoro há muito tempo", disse Jean. "Sinto-me solitária e, francamente, acho-me feia. A noite passada, acabei jogando pega varetas com Phil e, pela primeira vez, em séculos, estava rindo e sentindo-me menos como uma perdedora".

"Eu perdi aquele jogo maluco", admitiu ela. "Mas foi importante saber que alguém do sexo oposto estava se divertindo comigo."

Terceiro, afaste-se da cena. Assim que fiz as apresentações, a sugestão e o primeiro encontro de dois casais, considero o assunto encerrado. Tiro o time de campo. É importante que as pessoas não se sintam pressionadas em relação a uma amizade ou que se sintam culpadas se ficar óbvio que o par que reuni não combinou bem. O que acontece no relacionamento deles não diz respeito à amizade que estruturei com eles individualmente. A interferência pode ser manipuladora e perigosa.

Ser solteiro é maravilhoso. É um estilo de vida que algumas pessoas escolhem, e outras, por uma razão ou outra, fazem parte desse grupo. E isso pode ser muito mais divertido quando inclui amizades com outros solteiros, casados e famílias.

Visto pelo lado mais leve, um artigo, sem identificação, na *Internet* sugere maneiras para um rapaz encontrar esposa, ao apresentar um padrão de como vários homens da Bíblia fizeram para encontrar suas esposas.

- Descubra uma prisioneira de guerra atraente, traga-a para casa, raspe a cabeça, corte as unhas e dê-lhe novas roupas depois, ela é sua (Dt 21.11-13).
- Descubra um homem com sete filhas e o impressione ao dar água para seu rebanho (Moisés, em Êx 2.16-21).
- Peça que Deus crie uma esposa para você enquanto você dorme. Isso lhe custará uma costela (Adão em Gn 2.19-24).
- Torne-se o imperador de uma enorme nação e faça um concurso de beleza (Xerxes, em Et 2.3,4).
- Esposa? ... hum... péssima idéia (Paulo, em 1 Co 7.32-35).

## O jantar da sacola misteriosa

***Objetivo:*** Encorajar cada pessoa da igreja a conversar com um número maior de pessoas, para que se conheçam melhor em uma situação alternativa, informal e não ameaçadora, ao tradicional jantar da igreja.

***Idéia básica:*** Cada pessoa porá seu jantar em uma sacola e incluirá nessa sacola uma dica que a identifique. O casal anfitrião misturará as sacolas antes que alguém pegue uma aleatoriamente. A atividade da refeição envolve que cada pessoa descubra quem trouxe o jantar que está na sacola que tirou.

Essa festa barata é limitada apenas pelo número de pessoas que o anfitrião pode receber. O anfitrião é responsável apenas pelo ponche e café, e tudo o mais tem de estar na sacola. Essa idéia também é um bom substituto para o tradicional jantar dos pratos secretos. Gosto dos jantares na igreja, mas, com freqüência, a comida está fria quando meu grupo se serve. E, algo mais importante, sentarmo-nos em mesas longas freqüentemente com nossos amigos que estão guardando lugar para nós. Portanto, fico limitada em relação às pessoas que posso conhecer melhor.

"Sandy é uma nova convertida", disse-me sua amiga. "O jantar mensal da igreja foi sua primeira experiência social com cristãos. Ela estava tão entusiasmada, mas quando chegamos à igreja todos pareciam sentir-se em casa com amigos. Era como se os círculos estivessem fechados. Acabamos por sentar com uma senhora que já conhecíamos. Ela é maravilhosa, mas tínhamos a expectativa de que aquela noite seria uma oportunidade para aumentar o número de pessoas que pudéssemos cumprimentar pelo nome."

"Gostaria que pudéssemos nos movimentar um pouco", disse Sandy. "Senti-me como se estivesse sentada nos bancos e comendo — filas longas e agradáveis de cristãos mastigando!"

Obviamente, uma importante dica para o sucesso do jantar da sacola misteriosa é que ele aconteça em um lugar em que você possa se movimentar um pouco para checar as dicas com as pessoas nesse ambiente. Quando experimentei esse jantar, a maioria das pessoas estava sentada no chão e mudavam constantemente de grupos. Havia pequenas pegadas que as pessoas seguiam à medida que buscavam a pessoa que estava por trás da dica de sua sacola.

As dicas são importantes. Encoraje as pessoas a escrever algumas bastante razoáveis, mas que não sejam fáceis. Dicas que poderiam ser descobertas pelas pessoas da igreja.

Por exemplo, eu sou uma professora da Escola Dominical para adolescentes. Portanto, a minha primeira dica para nossa igreja poderia ser.

"Antes que cantemos a doxologia eu tenho a oportunidade de sentir-me jovem!"

Bem, essa dica não me entrega, mas faz com que as pessoas me localizem em algum lugar da escola dominical e, mesmo alguém que não tenha a menor idéia de quem eu sou, teria um ponto de partida para começar a procurar. Ela poderia perguntar às outras: "Você está na Escola Dominical? Você ensina? Foi você quem embrulhou esse jantar?"

## Sugestão de convite

JANTAR DA
SACOLA MISTERIOSA

## Shhhhh! Siga estas instruções.

1. Ponha um jantar gostoso em uma sacola.
2. Inclua uma dica que possa identificar você na sacola.

Data:

Local:

*Questão misteriosa: Ao fim dessa noite que novos amigos você fez?*

## Expandindo o jantar

O jantar da sacola misteriosa pode ser a atividade toda da noite, especialmente se preceder o culto de domingo à noite. Ou, ele pode ser expandido. Eis aqui algumas idéias para expandir o jantar misterioso em uma noite totalmente misteriosa. Selecione as idéias que funcionarão melhor em seu grupo. Adicione seus toques especiais de criatividade.

*Falante misterioso*

Anuncie que haverá três falantes misteriosos. Na verdade, o mistério é tão profundo que os falantes nem mesmo sabem que eles serão os escolhidos.

A idéia do falante misterioso tem um sabor de "estou conhecendo você melhor", em que uma ênfase cristã única será acrescentada. Para seus três falantes, selecione os convidados que apresentam menos dificuldades para falar em frente de um grupo. Entreviste cada um deles, utilizando perguntas que os encorajará a dar longas explicações. Algumas idéias a seguir.

Faça ao primeiro convidado para falante misterioso estas perguntas (certifique-se de que selecionou alguém que tem certeza de que é cristão):

1. Diga seu nome. Conte-nos como você veio a receber esses nomes.
2. Se você pudesse ter alguém contemporâneo como um convidado misterioso em sua casa, quem você escolheria e por quê?
3. O que você poderia servir para essa pessoa no jantar e por quê?
4. Se você tivesse cerca de uma hora com essa pessoa depois do jantar, que perguntas faria?
5. Se Jesus viesse para jantar em sua casa por quais três acontecimentos recentes em sua vida você gostaria de lhe agradecer?

Faça ao segundo convidado para falante misterioso estas perguntas (selecione uma pessoa que você saiba que tem um forte testemunho cristão):

1. Diga-nos seu nome e dê-nos um pequeno histórico de seu sobrenome.
2. Se você estivesse em um avião misterioso e pudesse aterrissá-lo em qualquer lugar do mundo, onde você gostaria que ele aterrissasse? Por quê?
3. Quais são algumas das coisas que você gostaria de fazer depois da aterrissagem?
4. Suponha que você descobriu que a maioria das pessoas não sabe nada sobre seu Deus, mas todos eles falam sua língua, que coisas você compartilharia com eles?
5. Suponha que Jesus lhe dê um envelope no qual Ele apresenta um local misterioso onde quer que você o sirva. Ele lhe diz para não abri-lo até que você esteja certo de que deseja ser um testemunho vivo dEle. Você ora e toma a decisão de abrir o envelope. Lá dentro está o endereço de sua casa junto com o endereço da maioria das pessoas de sua vizinhança (o quarteirão, o prédio de apartamentos, o vilarejo). Que coisas você começaria a fazer imediatamente.

6. Você obteve respostas muito boas, portanto decidiu pedir a Deus por ajudantes adicionais em sua área. Que qualidades você gostaria que esses novos obreiros tivessem? Por que cada uma das qualidades que você mencionou são importantes?

Faça ao terceiro convidado para falante misterioso estas perguntas (selecione alguém que seja ativo na igreja):

1. É um grande mistério para os não-cristãos a razão pela qual abrimos mão de dormir aos domingos de manhã para ir à igreja. Finja que eu sou um vizinho não-cristão que acabou de lhe perguntar: "Será que a igreja realmente vale todo esse trabalho para que você esteja lá?" Responda partindo do pressuposto de que estou realmente interessada em uma resposta séria e que esta poderia fazer diferença em minha vida.
2. Suponha que você é o falante misterioso em nosso culto de domingo à noite. Ninguém sabe que você estará falando, mas você quer fazer o seu melhor para que todos venham a essa reunião. Que coisas você faria para atrair o interesse das pessoas para esse culto?
3. Por que você gosta de sua igreja?
4. Suponha que alguém em sua vizinhança diga: "As pessoas que vão à igreja são enfadonhas. Dê o nome de alguém que não é". Caminhe uma milha a mais com ele e dê o nome de três pessoas em sua igreja que não são enfadonhas, partilhando com seu vizinho o que faz com que essas pessoas sejam empolgantes. Compartilhe duas coisas sobre nossa igreja pelas quais você acha que devemos louvar a Deus.

*Alguma ajuda para o entrevistador*

Obviamente, você selecionará falantes misteriosos que têm facilidade para falar em público, mas você tem muita responsabilidade para conseguir com que essas entrevistas sejam leves e animadas. A maioria das perguntas dos convidados será fácil de responder. No entanto, suponha que você pediu para alguém compartilhar três coisas e ele tem um branco após mencionar duas delas. Tudo bem, você pode adicionar uma terceira ou simplesmente partir para a próxima pergunta.

Os falantes improvisados, com freqüência, não desenvolvem totalmente uma idéia. Você pode ajudá-lo ao perguntar: "Você pode falar um pouco mais sobre isso?", ou: "Como você faria isso?"

Encoraje seus convidados que vão falar. Eles estão respondendo em uma situação difícil e de improviso. Apóie-os. Diga coisas que os ajudarão, como: "Essa é uma resposta muito criativa"; "Que grande idéia. Gostaria que alguns de nós a tentasse"; "Para um falante de improviso você está se saindo muito bem".

Olhe para o convidado quando ele estiver falando. Conheça bem as perguntas que fará para se envolver com a contribuição do falante. Sorria quando isso for apropriado. Encoraje, quando necessário. Acrescente algo se você achar que isso seria útil, mas cuidado para não roubar o *show* do convidado. Afinal, você teve tempo para pensar sobre as perguntas e ele não.

Você pode conseguir com que a audiência se envolva. Depois que o falante misterioso der algumas boas idéias, você pode se voltar para todo o grupo e dizer: "Tudo bem, eis aqui sua chance. O que você acrescentaria?"

Se o falante misterioso for extremamente falante, você talvez queira interrompê-lo com a próxima pergunta. Cada falante deve ser o centro das atenções por cerca de cinco minutos, no máximo. Isso fará com que tenha quinze minutos de fala — o limite médio de atenção de um adulto.

*Jogos misteriosos*

Por que não utilizar planos básicos de jogos com os quais as pessoas estão familiarizadas, acrescentando uma distorção misteriosa.

## Rimas misteriosas

Escreva uma linha de duas parelhas de versos em tiras de papel. Esconda essas tiras em toda a igreja. Cada convidado tem de procurar até que ele encontre uma tira de papel. Essa pessoa, a seguir, começa a buscar as outras que encontraram versos que rimam com o seu. Há quatro tiras para cada rima, portanto, haverá quatro pessoas em cada grupo. (Talvez você queira numerar cada tira de papel para que as pessoas achem mais fácil decidir quem pertence a seu grupo.)

Quando as quatro pessoas em um grupo se encontrarem, elas devem organizar sua rima em uma ordem que faz sentido, como também devem se preparar para recitá-la para todo o grupo.

O primeiro grupo a encontrar todas as quatro pessoas ganha. Se você tiver um número ímpar de pessoas, anuncie que um grupo pode descobrir que embora todas as pessoas tenham uma rima, ainda podem estar faltando uma ou duas. Todos os grupos têm de buscar essas tiras de papel que estão faltando para depois ler mais de uma linha por pessoa quando for compartilhar com todos.

Utilize quantas dessas rimas precisar. Ou se você precisar de mais faça as suas.

*1. Queremos que todos fiquem sabendo*<br>
*1. Que quando as grandes rajadas de vento vêm assobiando*<br>
*1. Ou a neve e a chuva vêm caindo*<br>
*1. Você nos verá para a igreja caminhando*

*2. Isso não é o fim*<br>
*2. As regras que queremos torcer enfim*<br>
*2. Não é um pecado sem fim*<br>
*2. Tarefa infantil para um amigo, sim*

*3. Vou para ouvir o que está escrito*<br>
*3. Parece certo e estrito*<br>
*3. Irrequieto como um cabrito*<br>
*3. Acho que estou cansada de pito*

*4. Por que tanta dor*
*4. Toda a igreja fica sem cor*
*4. O coral perde o vigor*
*4. E a nota o sabor*

*5. A comida estava saborosa*
*5. O pregador almoçou camarão rosa*
*5. As coisas melhoraram como que milagrosas*
*5. Se eu orasse antes que mastigasse de forma ruidosa*

*6. Não há problema na claridade*
*6. Domingo faz com que a igreja seja realidade*
*6. Mas algo não está bem na comunidade*
*6. Não podemos descobrir isso na quarta-feira, na realidade*

*7. Fofoca é uma palavra que não gosto*
*7. Ela queima e fere o rosto*
*7. Mas custa muitos postos*
*7. Se lembramos de que Deus está a postos*

## Charadas misteriosas

Siga todas as regras para as charadas, mas faça com que a idéia gire em torno da palavra *mistério*, em vez de categorias mais comuns como canções, títulos, peças ou livros. Se os dois lados tiverem dificuldades em pensar sobre tópicos de mistério que o outro lado tem de representar, faça com que eles comecem com essas pequenas sugestões:

*O doce mistério da vida*
*Sherlock Holmes*
*Agatha Christie*
*Assassinato no Expresso Oriente*
*A ratoeira*
*Adivinhe quem vem para jantar*
*O convidado (ou o termo) misterioso*
*O mistério de Baker Street*

## Eu tenho um mistério

Peça para que um número de pessoas venha preparado para compartilhar um mistério. Se necessitarem de exemplos você pode compartilhar os seguintes:

"Perdi o diamante de meu anel e até hoje ainda não o achei."

"Meu filho tem interesse em mecânica e não há ninguém interessado em mecânica em minha família há gerações. É um mistério para mim de onde ele herdou esse talento."

"Dou aulas para um grupo de dez garotos adolescentes e duas meninas, é um mistério para mim por que as meninas não se misturam com eles."

Antes do jogo escreva os mistérios em um cartão grande para que eles possam mostrar à audiência, mas não para aqueles que terão de adivinhar qual é o mistério.

Modele a atividade "Eu tenho um mistério", conforme um antigo programa de televisão intitulado "Eu tenho um segredo". Escolha os quatro membros do painel aleatoriamente. Estes convidados, em turnos, farão perguntas à pessoa sobre o mistério. Cada uma dessas questões tem de ser respondidas com sim ou não. A primeira pessoa do painel faz perguntas até que receba um não em resposta. Depois, é a vez da próxima pessoa do painel fazer as perguntas.

As pessoas que fizerem parte do painel devem buscar fazer perguntas abrangentes e que se tornem mais específicas. Por exemplo: "O seu mistério envolve uma pessoa?"; "Uma pessoa em sua família?"; "O José, seu filho?"

Em qualquer momento durante o questionamento o anfitrião pode berrar: "DICA!". Neste momento, a pessoa que tem o mistério tem de compartilhar uma dica importante. Quando uma das pessoas do painel adivinhar o mistério, dê um pequeno prêmio para ela, tire-a do painel e escolha uma outra para fazer parte dele.

## Coleção de mistério

Peça para que os convidados ponham em uma sacola o que acham dos projetos centrados em Cristo. Explique que um desses projetos será escolhido e que as ofertas serão direcionadas para ele. Esses projetos podem incluir projetos especiais relacionados à igreja ou presentes especiais para missionários, etc.

Depois que a oferta for recolhida e somada, peça para que alguém retire, de olhos vendados, um projeto da sacola e o leia. Selecione alguém para certificar-se de que o donativo será entregue.

# 5 Capítulo

## Um pouco Menor
(e não menos divertido)

*Deus tece milagres em nosso coração. Em meu caso, é o milagre de oferecer hospitalidade simples e imperfeita em vez de esforçar-me por alcançar o prêmio proverbial da 'super anfitriã'.*

— Judith Couchman

Ruth era a anfitriã mais agradável que conhecia. Ela morava em um pequeno apartamento quarto-e-sala, em que só cabia uma cama, uma cadeira e uma chapa elétrica. No entanto, ela acreditava na hospitalidade. Embora não tivesse mesa, convidou dois amigos de sua família da igreja para jantar. Os dois se sentaram na cama, e ela na cadeira. Ruth serviu o jantar — completo e delicioso, e tudo feito em sua chapa elétrica.

Desde a festa de jantar da Ruth, creio que não há espaço que seja tão pequeno, a ponto de não permitir que a amizade e a comunhão cristã aconteçam. Depois de uma maratona de palavras cruzadas em nosso apartamento, uma mulher disse-me: "Jamais fiz algo que entretivesse as pessoas. Talvez, esteja esperando me casar e ter uma casa e os utensílios antes de me envolver com isso. No entanto, acho que a hora chegou". Ela explicou que me dizia isso para que, caso desistisse da idéia, eu a lembrasse de sua obrigação para que ela mantivesse seu propósito.

A primeira festa que ela deu foi um grande sucesso. Assim que as pessoas compreendem a empolgação de rir juntos, o entusiasmo para a vida em comunidade se multiplica. E parte desse entusiasmo pode transformar vidas.

"Conheci muitas pessoas hoje", um convidado disse a Jack. "Conversei profundamente com muitos convidados. Pela primeira vez, tenho certeza de que sentirão minha falta na igreja se não aparecer no próximo domingo".

Tenho uma amiga na faculdade que me disse: "Sempre me sinto culpada quando me divirto demais. De alguma forma, isso não me parece algo muito cristão". Tal fato é muito triste. Uma festa pode ser uma dádiva de Deus. Ela pode ser o refrigério que torna possível o prosseguir e tentar de novo. Houve momentos em que estive tão cansada, tão desgastada, que cairia se tivesse forças ao menos para isso. Algumas vezes, o que eu precisava era de duas noites consecutivas de oito horas de sono. Outras vezes, era minha alma que estava cansada. Naqueles momentos, o que precisava era de uma oportunidade para rir.

Momentos de diversão podem ser extremamente cristãos!

## Maratona de palavras cruzadas

***Objetivo:*** Pessoas de dentro e de fora da igreja serão combinadas aleatoriamente em situações de jogo, para dar-lhes oportunidade para conversar e estruturar amizades.

***Idéia básica:*** Os pares combinarão a habilidade que têm para palavras cruzadas a fim de conseguir o maior número de pontos. Cada jogo deve durar vinte minutos; três jogos completam a maratona.

Você precisa de um jogo de palavras cruzadas para cada quatro pessoas. Quando enviei meus convites, eu os fiz em grupos de quatro para que acabasse com um número certo de jogadores para uma rodada completa.

Descubra maneiras rápidas para misturar as pessoas nesses jogos. Por exemplo, você decide que as duas primeiras pessoas a chegar jogarão as sétima e oitava rodadas. Como você não sabe quem serão essas pessoas, isso fica bastante divertido, pois passa a ser uma questão de sorte! Certifique-se de que as pessoas sabem como foram escolhidas para ficar juntas no primeiro jogo. Elas permanecerão assim por três jogos.

Para o segundo jogo, você pode emparelhar aqueles cujas idades são mais próximas. Dê dez minutos entre um jogo e outro para que as pessoas façam os cálculos de pontos!

Para o terceiro jogo, as pessoas podem se emparelhar com alguém com quem partilham algum número em comum — o mesmo ano em que terminaram o Ensino Médio, o mesmo número de prestações pagas do carro, o mesmo número inicial na identidade — ou qualquer outra coisa que descobrirem em comum.

Ponha um cronômetro quando cada jogo de vinte minutos se iniciar. Quando ele marcar o final, a pessoa que estiver jogando pode colocar a palavra final e, neste momento o jogo se encerra. Apenas os pontos ganhos serão contados. As letras que sobraram não serão subtraídas.

Certifique-se de que cada um sabe que quanto maior for o número de pontos que somarem no fim de vinte minutos, maiores as chances de ganhar. Jogar rapidamente é uma vantagem para os jogadores.

Ao longo dos três jogos, cada par fica com seu marcador.

Para adicionar interesse, dê a cada par uma cartela de marcação de pontos, como a seguinte:

**MARATONA DE PALAVRAS CRUZADAS**

Nomes: ______________________________

**Pontos somados -**

Jogo um ______________________________

**Pontos somados -**

Jogo dois ______________________________

**Pontos somados -**

Jogo três ____________________________

Total de pontos: ______________________

*Os dois pares em seu jogo devem concordar com os seguintes itens antes que sejam registrados nas cartelas de marcação.*

Jogo um -

A palavra mais longa: ____________________

Pessoa que ganhou os pontos: __________

(A *versão final é a que conta. Por exemplo, se alguém apenas adicionar um "s" em "porta", para que fique "portas", a pessoa que adicionar o "s" ganha a pontuação da palavra mais longa. Se houver duas palavras que são as mais longas, aquela que contabilizar o maior número de pontos vence. Estão ainda empatados? Dispute cara ou caroa.)*

Jogo dois -

**A palavra mais engraçada:** ________________

Pessoa que ganhou os pontos: ________________

Jogo três -

**A palavra mais diferente:** ________________

Pessoa que ganhou os pontos: ________________

Depois que os jogos terminarem, escolha dois juízes para determinar os vencedores. Nas últimas duas categorias, a decisão ficará totalmente a cargo dos juízes.

Em uma festa de maratona de palavras cruzadas, distribuí prêmios tolos apenas para manter a animação da noite. Você com certeza pode me superar, mas apenas para lhe dar uma idéia inicial, eis aqui o que fiz.

O maior número de pontos ganhou uma fita métrica.

Para a palavra mais longa, o vencedor ganhou o *picles* mais longo do mundo. (Na verdade, isso era um pote de *picles* destinado a restaurantes.)

O criador da palavra mais engraçada ganhou um livro de piadas.

## A mistura das pessoas

Por várias razões, escolhemos a maratona das palavras cruzadas para misturar nossos amigos que sentem entusiasmo por Deus e pela igreja com aqueles que não são da igreja. É saudável para cada grupo saber o que o outro está pensando. Qual é a reputação de sua igreja na comunidade? Como as pessoas da igreja podem se tornar mais envolvidas com as preocupações das pessoas que não estão conosco todos os domingos? Os dois grupos têm bastante coisas para compartilhar e poucas oportunidades para assim fazer. O jogo é um território comum. Praticamente qualquer pessoa pode jogar palavras cruzadas. Conversas relacionadas ao jogo são fáceis. "Posso fazer algo com cinco letras *e*"; "Alguém aí sabe a grafia do plural de *abajur*?"; "Alguém conhece uma palavra que tenha um *c* mudo?"

Segundo, a dinâmica da maratona permite que as pessoas se movimentem bastante e realmente passem vinte minutos com outras seis pessoas. A maratona deve durar cerca de uma hora, portanto, depois dos jogos, as pessoas podem se reagrupar e continuar conversando sobre outros assuntos. Como eles tiveram a experiência mútua do jogo, eles têm pontos em comum para iniciar a conversa.

## Sugestão de convite

**P**or certo é uma festa
**A**pareça em nossa casa
**L**á pelas 19:30 horas, no dia —/—/—
**A**h,
**V**enha preparado
**R**apidez, pois vamos jogar
**A**s palavras cruzadas
**S**empre com prêmios e diversão em todos os jogos

De certa forma, esta festa é perigosa. Já escutamos que religião e política devem ser assuntos proibidos em situações sociais. Eu discordo, mas mesmo se não discordasse, tenho alguns amigos que estão tão empolgados com o que Deus está fazendo em suas vidas que isso jorra naturalmente.

Quando as pessoas compartilham o que é importante para elas, grandes coisas podem acontecer. Por exemplo, um vizinho pergunta a um membro da igreja sobre um dos programas da igreja a fim de alcançar outras pessoas e a razão pela qual elas estão dispostas a investir tanto tempo e dinheiro nessa atividade. A conversa volta-se para Deus. Não há nenhuma polêmica nesse assunto. Duas pessoas conversam naturalmente, a pessoa que compartilha Cristo está fazendo isso por intermédio daquelas que servem ao Senhor, e a outra está compartilhando suas idéias e observações a respeito de um projeto e da igreja. Que boa combinação — as pessoas se reúnem para que possam aprender a cuidar uns dos outros!

Philip, separado há pouco tempo, participou de uma maratona de palavras cruzadas. Quando todos estavam comendo, Jack percebeu que Philip e Paul, um outro convidado, não estavam presentes. Paul explicou posteriormente: "Ele disse-me que esse era o primeiro lugar que vinha desde que se separara e gostaria de dar uma fugida. Provavelmente, sou o único camarada aqui que já teve uma experiência similar. Demos várias voltas no quarteirão e conversamos sobre isso". Algo muito sério para acontecer em uma festa; e totalmente apropriado.

## Idéias de sobremesas para a maratona de palavras cruzadas

Um amigo sugeriu a sopa de letrinhas, mas embora a idéia tenha sido genial, ela não tem o sabor de sobremesa!

Você poderia fazer bolo em camadas, e poderia cortá-lo em tiras que formassem letras. Faça uma cobertura nas letras maiores.

### Rocambole de chocolate

*5 gemas*
*1 xícara de açúcar de confeiteiro*
*3 colheres de sopa de chocolate em pó*
*5 claras*
*creme batido, tipo chantilly*
*molho ralo de chocolate*

Bata as gemas até engrossarem. Adicione o açúcar e bata bastante. Adicione o chocolate e misture delicadamente as claras em neve. Espalhe em uma assadeira untada uma camada dessa massa e asse no forno, por quinze minutos, à temperatura de 350°C.

Tire da forma e ponha sobre um pano coberto de farinha. Cubra com um pano úmido. Quando estiver frio, espalhe o creme chantilly e enrole. Sirva fatias com molho de chocolate. Serve 8 porções.

### Torta macia de ambrosia

*1 pacote de pudim de baunilha e de recheio de torta (83 gramas)*

*1 pacote (75 gramas) de gelatina de sabor banana com laranja*
*2 1/2 xícaras de água*
*coberturas prontas, batidas*
*1 coco cru, ralado*

Ponha a mistura para recheio de torta, a gelatina e a água em uma panela. Cozinhe em fogo médio. Mexa até que a mistura ferva totalmente e fique grossa e sem caroços. Retire do fogo. Deixe esfriar até que a mistura comece a assentar.

Prepare a cobertura batida conforme as instruções do pacote. Adicione cuidadosamente à mistura do pudim que está esfriando. Ponha as raspas de coco cru.

Resfrie até ficar firme (pelo menos, três horas). Guarneça com uma cobertura batida e faça um arranjo em forma de sol com gomos de laranja. Serve 8 porções.

**Torta de merengue de chocolate**

**Recheio**:
*1 xícara de açúcar*
*1/4 de xícara de amido de milho*
*1/4 de colher de chá de sal*
*4 colheres de sopa de manteiga*
*75 gramas de chocolate em pó amargo*
*1 1/2 xícara de água morna*
*3 ovos batidos*
*raspas de 1 limão ou 1 laranja ou 1 colher de sopa de baunilha*

**Merengue**:
*4 claras*
*1/2 colher de chá de creme tartar*
*6 colheres de sopa de açúcar de confeiteiro*
*1 colher de chá de baunilha*

**Massa**:
*massa de torta pronta com 22 cm de comprimento*

Misture em uma vasilha o açúcar, o amido de milho e o sal. Separe.

Derreta a manteiga em uma panela pesada e grande, em fogo baixo. Adicione o chocolate, mexendo para que derreta. Retire do fogo. Adicione a água e a mistura de açúcar e mexa. Depois, misture os ovos e mexa. Ponha em fogo baixo e continue mexendo, por cerca de cinco minutos, até que engrosse e fique com consistência homogênea. Misture as raspas de limão (laranja ou baunilha). Cozinhe, mexendo ocasionalmente.

Derrame sobre a massa de torta que já esfriou (a torta assada de 22 cm, ou bolachas de chocolate amassadas, ou bolacha de gengibre ou crostas de bolacha água e sal).

Para o merengue, bata as claras até quase ficarem em neve. Adicione o creme tartar e continue batendo até que cresça. Bata o açúcar, uma colher de sopa de cada vez. Não bata demais. As claras devem formar blocos, mas não devem ficar em neve. Adicione a baunilha.

Espalhe com um desenho decorativo sobre o chocolate e asse de dez a quinze minutos, em forno à temperatura de 350° ou até que a parte superior da clara esteja levemente marrom. Esfrie a torta e refrigere. O recheio ficará firme enquanto a torta esfria.

### Bolo engraçado

Você já escutou sobre as tortas do "xô, passarinho", da Pensylvânia holandesa, com o fundo puxa-puxa? Essa receita é uma adaptação. Ela consiste de um molho cozido em uma fôrma de torta e coberto com bolo.

Para esse bolo, desenvolva suas idéias de molho. Por que não tentar geléia de damasco, ou caramelo, ou amora silvestre? Ou, eis aqui uma receita estruturada a partir de uma base de chocolate.

**Calda de chocolate:**

*3/4 de xícara de açúcar de confeiteiro*
*1/2 xícara de chocolate em pó*
*3/4 de xícara de água*

*1 mistura para bolo instantâneo branco*
*massa de torta pronta com 22 cm, com bordas viradas para cima*

Fure a base e os lados da massa. Asse no forno, por doze a treze minutos, a uma temperatura de 400°. Deixe esfriar. Reduza a temperatura para 375°.

Para fazer a calda, misture o açúcar, o chocolate e a água. Ferva por cerca de dez minutos ou até que engrosse levemente. Deixe esfriar.

Prepare o bolo branco de acordo com as instruções do pacote. Derrame a mistura de chocolate na assadeira de torta. Derrame o bolo branco sobre o chocolate. Asse por trinta e cinco minutos a uma temperatura de 375°. Sirva com cobertura de creme chantilly ou sorvete, se desejar.

## Feno, pessoal!

***Objetivo:*** Trabalhar com duas outras pessoas no planejamento da festa. (Você selecionará pessoas que não estão tão envolvidas com a hospitalidade na igreja quanto você. Em um relacionamento de discipulado, você estará compartilhando o que aprendeu com sua experiência.)

Convide três conjuntos distintos de amigos da igreja e misture-os. (Esse evento é um esforço para acabar com as panelinhas da igreja.)

***Idéia básica:*** Planeje uma saída em uma carroça aberta cheia de feno, criando a oportunidade para que as pessoas se conheçam melhor. Planeje também atividades do "feno" para depois do passeio.

### Trabalhando juntos

Selecione duas outras pessoas que tenham interesse em ajudar a igreja a ficar mais unida. Talvez elas jamais tenham organizado um evento como esse, mas já deram dicas de que talvez estejam dispostos a tentar. Boas dicas: "Algum dia gostaria de fazer algo similar a sua última festa". Ou: "Quando eu finalmente conseguir me organizar melhor, vou convidá-la para vir à minha casa".

## Sugestão de convite

**FENO, PESSOAL!**

**GALOPE ATÉ (LOCAL) NO DIA (TAL) E SUBA EM UMA CARROÇA DE FENO.**

Horário da galopada:

Canção: "Upa Upa Cavalinho"

Corrida de sobra

O cocho será supimpa

**ALTO LÁ:**
Traga (preço). Nós temos um grande cavalo.

Cada parceiro do trio que organiza a festa "Feno, pessoal!" é responsável por convidar um número igual de pessoas. Quando trabalhei com duas amigas em uma festa como essa, cada uma de nós convidou dez pessoas, limitando o tamanho da festa à disponibilidade de recursos e facilidades.

Cada uma de nós escolheu pessoas de nosso círculo de amigos especiais. De certa forma, estávamos compartilhando círculos e, ao fazer assim, aumentando o círculo de amigos e conhecidos de cada uma. Trabalhar juntas tornou-se algo muito mais significativo e divertido do que se estivéssemos trabalhando sozinhas.

## Andar em uma carroça cheia de feno

É possível planejar um passeio em uma carroça cheia de feno em praticamente todos os lugares do país. Esta festa, em particular, aconteceu em Chicago. Eu já morei em Providence, Rhode Island, Lancaster, Pensilvânia e Colorado Springs, no Colorado. Em cada uma dessas cidades é possível planejar um passeio em uma carroça cheia de feno. Procure nas páginas amarelas. Você ficará surpreso! E se você dividir o custo entre todos que participarão, a noite pode ser um evento sem necessidade de hipotecas!

A maioria dos lugares que tem passeios em carroças cheias de feno também tem uma cocheira ou grande garagem para uma atividade depois do passeio. Portanto, planeje a noite toda.

## Na carroça: algumas idéias de atividade

*Canções*

Comece com canções que todos conhecem e cante com todo o grupo. Peça a alguém que toca violão para trazê-lo. A sanfona seria um grande complemento. Peça a uma pessoa animada e com voz forte para liderar as canções. Todos os rádios estão banidos!

*Histórias engraçadas*

Comece com uma sessão do tipo: você consegue contar uma história mais engraçada? Essa atividade só pode acontecer se você realmente conhecer muito bem o grupo! Se alguém não gostar da piada e ficar histérico, isso pode mudar o tom da festa e arruinar a noitada.

*Encontros Românticos*

Se seu grupo é pequeno ou foi dividido em várias carroças tudo ficará mais "acolhedor". Você pode sugerir que as pessoas compartilhem um pouco sobre seus encontros amorosos, o primeiro ou o mais engraçado.

*Constelações*

Traga um livro sobre as constelações. Em grupo, busque aquelas que estiverem mais visíveis. Selecione seu grupo de estrelas, dê um nome para sua constelação criativa e invente uma história que a acompanhe.

## Fora das carroças: atividades de festa para cocheira, garagem ou porão

As atividades de cocheira dependerão do formato de seu grupo. Selecione entre essas sugestões e adicione suas idéias.

*Brincadeiras Típicas*

Esses jogos requerem muito exercício, e se você tem uma área grande o suficiente, eles são a atividade perfeita para encerrar a noite do "Feno, pessoal!" Em nossa festa, nós três contratamos um apresentador para a noite. Dissemos-lhe que poucos de nós conhecíamos os jogos ou danças folclóricas. Ele foi formidável, e trouxe seu toca-discos e um microfone. Em poucos minutos todos já tínhamos conhecimento suficiente para pular e rodopiar seguindo seus comandos. A maioria de nós não tinha muita prática, mas fizemos um bom exercício. Limite essa atividade a uma ou duas horas. Alugamos um apresentador por três horas e, próximo do final da segunda hora, a maioria de nós estava ofegante e procurando uma cadeira vazia.

Seja honesto com o apresentador, diga-lhe que este será um grupo cristão. Faça com que ele saiba os objetivos da festa.

Talvez não compreenda isso totalmente, mas é provável que respeitará você e ajustará o tom do que planejou para ir ao encontro de nossas necessidades.

*Jogos de círculo*

Faça algumas brincadeiras em círculo que você não faz desde que era criança. Sugiro algumas aqui para que você fique sintonizado com seu passado. Para ajuda adicional, talvez você queira entrevistar uma criança de dez anos.

Em meus jogos, mudei os nomes tradicionais para alguns que se ajustassem melhor à minha festa do "Feno, pessoal!"

*Carroças voadoras*

(Também conhecido como *Holandeses voadores.*)

Todos, exceto um par, ficam de mãos dadas em um grande círculo. O par excluído corre em volta do círculo, pelo lado de fora, e, em qualquer momento, bate nas mãos de um outro par. Aquele par, a seguir, correrá o mais rápido que puder na direção oposta, no lado de fora do círculo em que o ponto de partida é o par em quem bateram nas mãos. O único objetivo é retornar àquele espaço que ficou aberto no círculo. Os dois que chegarem primeiro seguram as mãos das pessoas que estão ali, completando o círculo mais uma vez. O par mais vagaroso continua dando voltas, buscando dois outros pares de mãos para bater. Não é grande coisa, mas é divertido!

*Cavalos à volta*

(Mais conhecido como *Esquivando-se da bola.*)

Divida o grupo em dois. Metade deles fica em um círculo grande em volta da outra metade. O objetivo para aqueles do círculo externo, o maior, é acertar as pernas das pessoas que estão no centro com uma bola grande e macia. As pessoas do centro têm de fazer o melhor que puderem para esquivar-se da bola. Quando a bola bate em alguém do centro, esta pessoa vai para o círculo exterior para tentar fazer com que aqueles que ainda estão no círculo interno tenham de sair. Um jogo desagradável!

O vencedor é aquele que sobrar no círculo interno. Essa pessoa é provavelmente também aquela que tem melhores condições físicas.

*Cavalo e baia*

(Mais bem conhecido como *A dança das cadeiras.*)

As pessoas são os cavalos, e as cadeiras, as baias. Ponha as cadeiras (baias) em círculo, uma a menos do que o número de cavalos que estiverem brincando. Os assentos das baias devem voltar-se para o exterior. Todos marcham em volta das baias no ritmo da música. Quando a música pára, todos se lançam para a baia. Uma pessoa ficará sem baia. Esta pessoa está fora. Remova uma outra baia e continue até que você tenha uma baia e dois cavalos. O vencedor é aquele que conseguir a última baia. Atenção com algumas colisões realmente violentas. Sempre achei que seria mais justo se a pessoa que controla a música não pudesse ver os cavalos.

*Cavalos e mulas*

(Mais bem conhecido como *Patos e gansos*).[1]

Cavalo e mula era minha brincadeira favorita das férias da segunda série do Ensino Fundamental. Os cavalos fazem duas linhas paralelas. A mula fica no meio dessas duas linhas. Os cavalos têm de correr de um lado para o outro. A tarefa da mula é pegar o maior número possível desses cavalos que correm. Quando um cavalo é pego, esta pessoa torna-se uma mula e ajuda a perseguir os cavalos restantes. O vencedor é o cavalo que não foi pego.

*Trotar*

(Mais bem conhecido como *Ritmo.*)

Todos se sentam em um círculo, algo muito sábio a ser feito se você acabou de participar de todas essas brincadeiras cheias de corridas. Cada pessoa recebe uma série de números consecutivos — 1, 2, 3, e assim por diante. O líder estabelecerá um ritmo fácil de quatro batidas. A primeira batida é acompanhada com todos dando tapas na perna. Na segunda batida, todos batem palmas. Na batida terceira, estalar os dedos da mão direita. Na quarta, estalar os dedos da mão esquerda. Portanto, o ritmo é assim:

Tapa, palmas, estalo, estalo.

No tapa e na batida de palmas, as pessoas devem dizer a palavra "tro-tar". No estalo da mão direita, o líder vai dizer seu número. No estalo da mão esquerda, ele dirá o número de uma outra pessoa. Por exemplo:

Tro

Tar

1-4

O número quatro, a seguir, continua no ritmo com "Tro-tar", seu número (4) e o de uma outra pessoa. O objetivo é a concentração a fim de manter o ritmo e não misturar os números.

Algumas pessoas têm muita dificuldade com essa atividade. Qualquer pessoa que fizer confusão com o número ou com o ritmo está fora do jogo. Continue acelerando até que apenas algumas pessoas realmente rítmicas sobrem ali, trotando e estalando. Quem ficar por último é o vencedor.

*Risada do cavalo*

O objetivo da *Risada do cavalo* é não rir. Todos começam com a cara séria. Uma pessoa é o "Isto" e sua tarefa é fazer com que os outros riam, fazendo qualquer coisa, exceto tocando-as. Para algumas pessoas apenas dez segundos são o suficiente para que elas caiam na gargalhada. Assim que a pessoa sorrir, ela se junta ao "Isto" para tentar fazer com que os outros riam. O último a rir vence!

*Jogos de revezamento*

Jogos de revezamento são facilmente redescobertos por adultos com vestígios de palha no cabelo. Mais uma vez, utilize aquelas brincadeiras que fazia quando era jovem. Talvez você as modifique um pouco a fim de torná-las perfeitas para a festa "Feno, pessoal".

Eis aqui alguns exemplos:

*Salvador da palha*

Divida seu grupo em times. Cada pessoa deve descobrir um pedaço de palha — talvez retirada da carroça. Depois cada time tem de fazer uma fila e pôr a palha na boca. Ponha um doce na palha da primeira pessoa de cada fila. Quando você gritar: "Já!", a primeira pessoa da fila tem de passar o doce para a palha da próxima pessoa. Não é permitido usar as mãos (a não ser que o doce caia). A primeira fila que conseguir que o doce chegue ao fim vence. Se as filas forem curtas, talvez você queira fazer com que o vencedor seja a primeira fila que conseguir levar o doce até o fim, e depois até a frente também.

*Fixe a bota*

Cada pessoa em um time deve gastar algum tempo estudando o sapato dos outros fazendeiros em seu grupo. Depois, cada pessoa deve tirar os sapatos e colocá-los em uma pilha com os sapatos de todas as pessoas de todos os outros grupos. Misture a pilha de sapatos. O primeiro grupo a achar seus sapatos e pôr de volta nos pés vence. Um pequeno detalhe: ninguém pode achar seus próprios sapatos. Não acrescente essa regra até um pouco antes do jogo começar. O grupo tem de encontrar os sapatos de seus componentes, sem que ninguém diga nada. Os componentes dos times têm de ser muito observadores.

*Como a grama de seu jardim cresce?*

Coloque uma sacola grande com feijões ressecados o mais distante dos times que puder. Dê a cada time uma garrafa. Mais uma vez, os times fazem uma fila. A um sinal, o primeiro elemento de cada time corre até a sacola de feijões e equilibra a maior quantidade de feijões que puder no dorso da mão. O jogador volta correndo à garrafa de seu time. O objetivo é conseguir encher a garrafa com o maior número possível de feijões no tempo mais curto possível. Assim que todos os elementos de uma equipe já tiverem ido até o saco de feijão, o jogo acaba, e conta-se os feijões. O time com maior número de feijões vence. É possível que o time que completar a seqüência primeiro não tenha a garrafa de feijões vencedora.

*O assobio do fazendeiro*

Os times novamente formam filas. Ponha um pacote de biscoitos de água e sal no outro extremo do ambiente. O objetivo do jogo é para que cada elemento do time, em turnos, vá até os biscoitos, coma um e assobie. Cada pessoa tem de assobiar antes que ela possa retornar à fila, para que a pessoa seguinte comece sua corrida. O primeiro time que conseguir completar o turno mastigando e assobiando, vence.

*Vista o fazendeiro*

Para cada time, tenha um jogo de roupa de fazendeiro — botas de trabalho, avental, camisa de flanela. Ao sinal de partida, a primeira pessoa de cada fila tem de vestir todas as roupas sobre as suas, inclusive abotoar todos os botões, e depois tirar todas as roupas do fazendeiro. Depois, a segunda pessoa faz a mesma coisa. O primeiro time que completar essa seqüência de vestir-se e desvestir-se vence.

*O almanaque do fazendeiro*

Faça uma lista de gravuras idênticas para cada time. Ponha uma estante com revistas em um extremo do ambiente. A primeira pessoa de cada time corre até ali para descobrir o primeiro item de sua lista nas revistas. A segunda busca o segundo item, depois que a primeira retornar com sua gravura para a fila. Se um time não tiver jogadores suficientes para acabar a lista, as pessoas devem ir duas vezes. O primeiro time com a lista completa de gravuras vence.

Você tem de ajustar sua lista aos tipos de revistas que você tem, mas eis aqui algumas idéias para você começar:

- Uma senhora para quem o fazendeiro assobiaria
- Uma senhora para quem o fazendeiro não assobiaria
- Um animal para a fazenda
- Uma plantação lucrativa
- Uma reposição para o cavalo velho
- Uma palavra de cinco sílabas que o fazendeiro não conhece
- A filha do fazendeiro (com menos de dez anos)
- Algo que a esposa do fazendeiro pudesse utilizar na cozinha

- Algo que seja inútil para o fazendeiro
- Algo que o fazendeiro adoraria comer antes do meio-dia

## Oração antes da refeição ligeira

A oração se ajusta perfeitamente ao momento antes de servir as refeições, mas não deve ficar limitada ao agradecimento pelos alimentos. Encoraje-os a agradecer a Deus pelas pessoas que conheceram naquela noite, pela diversão que estão desfrutando e, é claro, pelo alimento. Você deve pedir que as pessoas se limitem a dizer uma frase de oração cada uma e a usar o pronome "eu", em vez de "nós". Isto torna a oração mais pessoal. Por exemplo, a oração: "Deus, nós agradecemos pela maravilhosa exibição de estrelas no céu", torna-se: "Deus, eu agradeço pela maravilhosa exibição de estrelas no céu". Que diferença uma palavra pode fazer!

## Sugestão de cardápio para a festa "Feno, pessoal!"

Você tem possibilidade de fazer uma fogueira? Por que não estruturar os alimentos em torno dela? O primeiro pensamento que me ocorre é cachorro-quente, mas varie isso um pouco. Por que você não tenta espetos de churrasco?

Cada um deve achar um espeto e enchê-lo com pedaços de carne que você já cortou. Pedaços de carne podem ser de todos os tipos. Por exemplo:

*Pedaços de salsicha*
*Pimentão verde cortado*
*Castanha d´água*
*Pedaços de abacaxi*

Obs: Os tomates têm muito suco e caem no fogo.

## Sacolas de vegetais na grelha

Faça pacotes individuais de vegetais e coloque-os na grelha, cerca de uma hora antes de comer. Utilize papel alumínio grosso para fazer essas sacolas. Unte bem o papel alumínio e ponha um pouco de manteiga para que derreta por cima dos vegetais. Nos pacotes, você pode pôr:

*Fatias finas de batatas*
*Cenouras*
*Talos de aipo*
*Pimentão verde*
*Pedaços de cebola*
*Pedaços de repolho*
*Adicione sal e pimenta.*

**Barco de banana**

Para cada barco de banana, retire uma fatia da casca da banana, tomando cuidado para que o resto da casca permaneça intacta. Faça uma cavidade na banana. (Utilize este pedaço tirado como um dos ingredientes para o espeto do churrasco.) Na cavidade da banana ponha quadrados de chocolate e *marshmallow.* Adicione outras coisas — cerejas, nozes e pasta de amendoim. Cubra com a tira da casca de banana que você havia retirado. Embrulhe em papel alumínio grosso. Ponha no carvão por alguns minutos até que o chocolate e o *marshmallow* derreta.

**Bife grelhado**

Essa receita é para dez pessoas. Adicione os múltiplos para suprir as necessidades de sua festa "Feno, pessoal!"

*1 1/2 quilo de carne moída já dourada*
*2 cebolas grandes, raladas*
*1 pimenta verde, cortada*
*1 garrafa grande de ketchup*
*2 colheres de chá de açúcar*
*2 latas de sopa de tomate*
*2 tabletes de mostarda em pó dissolvidos em 3 colheres de sopa de vinagre*
*1 1/2 colher de chá de tempero para carne*
*1 talo de aipo cortado em pequenos pedaços*

Misture todos os ingredientes e cozinhe lentamente por cerca de uma hora e meia.

**Anjo zombador**
1 filão de pão inteiro
1 lata grande de leite condensado
1 pacote de coco ralado

Divida o filão de pão em dez pedaços. Mergulhe rapidamente cada pedaço de pão no leite condensado. Passe no coco ralado. Ponha as fatias em espetos e toste-as levemente no fogo.

## Visitas informais na vizinhança

***Objetivo:*** Encontrar e conversar com os vizinhos, oferecendo-lhes amizade.

***Idéia básica:*** Proporcionar às pessoas que moram próximas a oportunidade de estarem juntas por um período de tempo — compartilhando uma refeição e um pouco de suas vidas.

Quando Jack e eu mudamos para nosso primeiro apartamento, estávamos tão envolvidos com o maravilhoso pequeno mundo que criáramos, que jamais saímos de nosso ninho para encontrar a senhora que morava do outro lado do corredor. Por três meses, ela estava apenas a cinco passos de distância de nossa porta da frente. Uma noite, a ambulância veio para levá-la. Nós nunca mais a vimos.

Nós nem mesmo sabíamos que ela estava doente. Uma mulher idosa que morava sozinha, sem dúvida tinha medo de nós, pessoas mais jovens e nada amigáveis. Se soubéssemos — se tivéssemos separado um tempo para saber, poderíamos tê-la levado ao hospital e envolvê-la com nosso amor carinhoso quando deixou para trás o local que lhe era familiar. Ainda podíamos ver a luz vermelha da ambulância, quando Jack e eu prometemos a Deus que jamais repetiríamos essa atitude. Deus nos colocara em nossa igreja, mas também nos colocara em um prédio em que estávamos rodeados de pessoas que poderiam precisar de amigos.

Jack orou: "Ajude-nos a conhecer, amar e ajudar a pessoa que se mudar para esse apartamento".

## Sugestão de convite

# Visitas Informais são Bem-Vindas

Passamos por você no corredor... na caixa de correio... na lavanderia... na escada...

Que tal parar para dizer oi?

---

## Visitas informais na vizinhança

Das 19:00 — 20:30 horas do dia (data), (local)

Traga seis bolinhos doces.

**Planejando uma visita informal na vizinhança**

Selecione uma noite durante a semana — terças e quintas pareciam os melhores dias para nós. Isso faz com que a noite fique informal. No convite estipule o horário limite para a visita informal. Nós determinamos que seria de uma hora e meia. Isso serviu para anunciar, de antemão, aos convidados mais velhos que este não seria um acontecimento tarde da noite, assim como serviu para avisar a todos que a noitada seria bastante curta, o que impossibilitaria ser entediante.

Entregue os convites em mãos. Jack e eu os entregamos juntos. Queríamos que tanto os homens quanto as mulheres se sentissem bem-vindos, embora sempre tivéssemos mais mulheres do que homens nessas festas de visitas informais.

Peça às pessoas que tragam algo. A nossa primeira visita informal foi próxima do Natal. Portanto, pedimos que todos trouxessem seis bolinhos doces. Que variedade tivemos; porém os bolinhos doces eram apenas um meio para alcançar um fim. Quando as pessoas participam, elas sentem como se fizessem mais parte do evento — um compromisso para ajudar com que a noite corresse bem. Eles não estavam apenas vindo — estavam vindo e trazendo. Outras coisas que as pessoas poderiam trazer seriam seis pedaços do doce favorito delas, três pedaços de fruta, seis fatias de queijo (e nesse caso, você oferece as frutas e as bolachas). Ajuste-se à estação.

Certifique-se de que as pessoas se sintam bem-vindas. Uma breve conversa quando você entrega o convite pode servir para esse fim. Uma mulher que havia enviuvado recentemente disse-me: "Você realmente não me quer nessa festa. Eu acabei de mudar e não teria nada para conversar com os outros". Nomeei três outras pessoas no prédio, que moravam ali há menos de um ano, para que assim ela pudesse perceber que eu realmente queria que ela viesse. E ela veio.

Tivemos vizinhos que nunca compareceram, mas passaram a ser mais amigáveis depois de nosso convite. Foi como se tivéssemos oferecido um sentido de comunidade, e ninguém jamais rejeitou completamente essa idéia.

## Aqueles terríveis primeiros minutos

Ninguém conhece os convidados. E as pessoas começam a desejar que jamais tivessem comparecido. Portanto, quebre o gelo.

Ofereci uma pilha de papel cartão e alfinetes. Pedi que as pessoas cortassem um crachá de forma que ele revelasse algo sobre elas.

Alguns deles cortaram e alfinetaram a maior parte da história de sua vida. Uma senhora que morava acima de nós, cortou uma folha verde e anunciou que seu nome era *Fern*.[2] Uma outra cortou um patim e disse que aquele era seu esporte favorito. Jack, sempre o artista, cortou uma paleta de tintas e alfinetou pedacinhos de pano de todas as cores nela.

Sem tesouras. Esta não é uma oportunidade para que as pessoas demonstrem sua habilidade artística. É apenas uma pequena atividade tola, que fará com que as pessoas ocupem-se por cerca de três minutos logo depois que chegam, dando-lhes um ponto em comum que pode servir de ponto de partida para uma conversa.

As conversas podem ser difíceis em festas de visitas informais. Você quer que as pessoas falem, no entanto, muitas delas podem não ter nada mais em comum além do prédio ou do quarteirão.

Jack e eu examinamos bons tópicos de conversa antes dos convidados chegarem. Algumas vezes, até mesmo escrevemos listas e quando há um lapso na conversa, lembramo-nos de algo que escrevemos e fazemos uma pergunta para manter a conversa acesa. Eis aqui algumas boas questões para nós. Talvez você queira editar essas perguntas para sua situação.

- Quem mora aqui há mais tempo? Como era esse local quando você se mudou para cá?
- O que você faz a maior parte do dia? Não pare de investigar se obtiver respostas breves, como: "Eu assento ladrilhos". Descubra o que essa atividade envolve. Que

tipos de azulejos ele assenta? Ele é autônomo? Ele já trabalhou em algum prédio famoso? Qual foi seu trabalho mais difícil?

- Onde você vai passar as férias este ano? Procure descobrir tudo que puder sobre essas férias — você já esteve lá antes? Você vai de carro ou avião? Como você distrai as crianças durante a viagem de carro?
- Como é estar aposentado? Acho que isso parece maravilhoso, mas não tenho certeza se saberia como lidar com meu tempo. Você se preparou para a aposentadoria antes que ela chegasse?
- Onde você morou antes de se mudar para cá? Você tem planos de comprar uma casa? Que tipo de local está procurando?
- Quantos filhos você tem? Onde eles moram? O que eles fazem?
- Alguém já assistiu — leu (mencione algum livro, filme ou programa de TV bastante popular)? Encoraje as pessoas a compartilharem suas opiniões.

Desvie a conversa de qualquer assunto sobre os vizinhos que não compareceram à festa. Quase toda vizinhança tem algumas pessoas estranhas que moram ali — aqueles que inspiram as histórias mais surpreendentes que começam da seguinte forma: "Você sabia?" No entanto, esse tipo de conversa arruinará a camaradagem da noite. Em um prédio de apartamentos, a mesma coisa vale se for para falar do proprietário. Este não é o momento para acertar as contas, mesmo se esse proprietário merecer isso.

Algumas coisas surpreendentes aconteceram em nossa primeira visita informal com a vizinhança. Descobrimos que uma das senhoras do andar de cima era uma missionária, da Índia, aposentada. Ela serviu à mesma missão que servi quando era uma missionária universitária de curto prazo. E a mulher que morava algumas portas depois da nossa graduara-se no mesmo colégio cristão que eu. Ela estava enfrentando um divórcio e considerava excluir todos os cristãos e a igreja de sua vida. A menina do outro lado do corredor, a pessoa que se mudou para o apartamento daquela mulher que fora levada pela ambulância e a qual nunca encontramos, estava buscando a vida real em Cristo. Desde que se divorciara, sentiu-se rejeitada por aqueles que, até aquele momento haviam orientado seu crescimento espiritual.

## Conversa sobre Deus

Acho fácil conversar, mas conversar sobre Deus? Isso foi sempre difícil para mim. Depois, encontrei uma cristã que falava sobre seu Deus tão facilmente quanto sobre as conquistas de seus quatro filhos. Ele se ajustava ali naturalmente. Jamais tive a sensação de que Karen andava ao redor buscando lugares para pontuar suas conversas com coisas sobre Deus, mas Ele fazia tanto parte de sua vida que ela não podia conversar por muito tempo sem mencioná-lo.

Posso compreender esse tipo de empolgação. Sou assim em relação ao que escrevo e sobre meu trabalho como o currículo da Escola Dominical. Fico empolgada sobre como escrever currículos e todas as formas maravilhosas para fazer com que os adolescentes se envolvam no estudo da Bíblia. E, certamente, todos que me conhecem sabem que sinto isso. Se alguém quiser ser meu amigo, tem de gostar de ouvir os detalhes de meu trabalho. Ele é uma parte importante da minha pessoa. O que fazia com que a conversa sobre Deus fosse tão diferente para mim? A não ser, obviamente, que Ele não fosse tão importante para mim quanto o que escrevo. Eu não queria isso para falar a verdade. Comecei a seguir o exemplo de Karen em relação ao conversar sobre Deus sempre que Ele se encaixa na conversa, em vez de evitá-lo por temer o embaraço ou fazer com que a pessoa com quem converso fique desinteressada. Eu apenas me forcei a ser mais aberta sobre meus sentimentos em relação a meu Deus. Lembro-me de uma das primeiras vezes em que quase morri de medo! Estava conversando com alguém que estava sentado ao meu lado em um avião, e ele perguntou qual era minha ocupação. Antigamente, quando me faziam essa pergunta, dizia: "Escrevo currículos", mas dessa vez falei toda a verdade: "Escrevo currículo de Escola Dominical para adolescentes".

Ele retrucou: "Verdade? Isso não é muito enfadonho?" Respondi-lhe: "Não para mim, eu amo fazer isso. Posso direcionar as crianças para Cristo e dar-lhes uma razão para viver. Eu não só escrevo currículos, mas acredito naquilo que faço".

Ele replicou: "Isso é ótimo. Eu tenho um bom trabalho, mas ele não é reflexo daquilo que sou. Eu levo o dinheiro para casa e isso é tudo que vejo em meu trabalho".

Perguntei-lhe: "O que você faz?", e assim começamos a discutir sobre o trabalho dele. Minha breve afirmação de minha fé em Deus não o assustou nem o deixou na defensiva. Mas Deus estivera ali. Eu dissera àquele homem algo que era extremamente importante para mim. E disse-lhe isso de forma natural e honesta. Um pouco mais tarde, retornamos ao assunto e conversamos especificamente sobre como uma pessoa escolarizada neste mundo científico poderia acreditar em Deus — uma conversa difícil que jamais teria se iniciado se não tivesse ousado mencionar minha relação com Deus naturalmente e indicar o espaço que Ele ocupava em minha vida.

A reverenda Jana Childers falou sobre a Geração da Prosperidade em sua apresentação na Associação dos Organistas Americanos que mencionei anteriormente. Ela citou o fato de que a Geração da Prosperidade está se defrontando com os três fatores — a hipoteca, a menopausa e a mortalidade. "Eles podem ser pescados. Tudo o que é preciso é a isca certa. Rádio, televisão, mala-direta, líder carismático, corais de louvor e o "cliente sempre está certo" são atitudes que podem ser desagradáveis àqueles de nós cuja vocação nos leva à igreja tradicional, mas não devemos torcer o nariz muito rapidamente para o balde de iscas. Se fôssemos honestos, muitos de nós teríamos de admitir que não temos uma aversão tão grande à pesca. E há aqueles que dizem que ela foi altamente recomendada por aquele galileu sagaz". Minha "pesca" tem a palavra *naturalmente* atada a ela. Não busco lugares atraentes para injetar Deus, mas tento estar consciente, com a ajuda do Espírito Santo, dos locais a que Ele pertence. Então, não aceito muito bem mudar de tópico nem ser cuidadosa apenas para freqüentar locais em que as conversas sobre Deus são bem-vindas — pelo menos, não tão freqüentemente quanto costumava. Agora, eu apenas falo sobre Ele! E jamais encontrei alguém que se ofendesse com isso. Jamais! Nem em festas de visitas informais, nem em aviões, nem em convenções educacionais seculares!

## A noite do faça você mesmo

***Objetivo:*** Para trabalhar como equipe na preparação de toda uma refeição, estruturando o senso de comunidade em um estudo bíblico (indutivo) do tipo "faça você mesmo". (Essa noite é perfeita para os novos convertidos ou ainda cristãos que estão amadurecendo e pessoas que já têm alguma curiosidade sobre a Bíblia.)

***Idéia básica:*** Um grupo de seis ou sete pessoas se reunirá para preparar o jantar e participar de um estudo bíblico do tipo "faça você mesmo". Tenha um grupo pequeno de forma que todos caibam em sua cozinha. Cortar, descascar e mexer juntos faz parte da diversão — e é necessário para o sucesso da noite.

## A refeição

Não faça nada antes do tempo, mas reúna os ingredientes e as vasilhas e panelas. Quando as pessoas chegarem, dê a cada uma delas um avental e uma tarefa. Você pode escolher fazer algo como crepe, pois não é um prato demorado e é um pouco exótico. Não é difícil fazer e pode ser a base para toda uma refeição.

Homens na cozinha? É claro. Não seja sexista. Não aborde o evento partindo do pressuposto de que alguém se sentirá desconfortável ou não gostaria de participar. Jamais faço piadas sobre homens na cozinha. Entretanto, dou orientações específicas. "Gostaria de que o queijo estivesse cortado em cubos, mais ou menos, do tamanho de uma azeitona", ou: "Corte a alface depois que você a lavar". Prefiro dar instruções detalhadas em vez de acabar com uma pessoa, que não é cozinheira, olhando fixamente para o pé de alface e desejando jogá-lo em mim.

Uma noite, planejei uma mini-festa do "faça você mesmo" com outras três pessoas. Duas delas, Bob e Rita, estavam planejando se casar. A razão principal que os motivou a vir era permitir que Bob tivesse alguma experiência com a cozinha. Ele conhecia tudo sobre jantares na televisão e guloseimas de lanchonetes, mas jamais tivera a oportunidade de aprender as habilidades reais e necessárias para fazer um forno funcionar. Todos nós tivemos um momento muito agradável. Rita e eu éramos responsáveis pela salada, Jack e Bob foram fazer os crepes. Jack fez a massa do crepe e preparou os primeiros deles antes de passar a tarefa para o Bob. Ele fez perfeitamente os crepes. Rita gracejou: "Bem Bob, agora você já sabe cozinhar. Vamos marcar a data do casamento".

Em uma noite do "faça você mesmo", talvez você queira enviar pelo correio uma lista das tarefas e receitas que serão necessárias para que tudo funcione bem.

**Por exemplo:**

Rita: lave e corte todos os vegetais para a salada.

Roger: prepare o molho da salada e o recheio dos crepes.

Bob: faça os crepes.

Jack: faça a massa do crepe e supervisione como serão recheados.

Marlene: faça o recheio doce para o crepe.

## Sugestão de convite

# A Noite do Faça Você Mesmo

### Venha Ajudar-nos a Preparar o Jantar

Escravo por horas
Ao redor do fogo quente
Você amará fazer isso
Junte-se a nós em um estudo bíblico do tipo faça você mesmo
Estudando a Bíblia e
Descobrindo o que Deus diz
Você amará fazer isso

Data:

Local:

## Sugestões de cardápio

**Espinafre a la __________**

(Insira o nome do cozinheiro.)

*1 kg de espinafre fresco*
*2 talos de aipo cortados em cubos*
*3 ovos cozidos picados*
*8 rabanetes fatiados*
*adicione qualquer outro vegetal cortado em cubos que você possa achar interessante*
*250 gramas de bacon, em cubos*
*3/4 de xícara de óleo*
*3/4 de xícara de vinagre de vinho tinto*
*2 colheres de chá de açúcar*
*1 colher de chá de sal*
*1/2 colher de chá de mostarda em pó*
*1/2 colher de chá de pimenta*
*1/2 dente de alho*

Retire os talos do espinafre. Lave as folhas cuidadosamente e escorra. Cozinhe o bacon em cubos até que fique crocante e escorra. Acrescente o óleo, o vinagre, o açúcar, o sal, a mostarda, a pimenta e o alho em um liquidificador ou em um processador. Misture ou bata até que esteja bem homogêneo. Misture suavemente o espinafre com o molho. Vire em uma vasilha grande e cubra com o rabanete, os ovos, o bacon, o aipo, etc.

## Receita base de crepe

Essa receita é usada pelo restaurante Magic Pan [A panela mágica], cuja especialidade é crepe.

**Receita base de crepe da Panela mágica**

*3 ovos*
*1 xícara de farinha de trigo sem peneirar*
*1/8 de colher de chá de sal*
*1 xícara de leite*
*1/4 de xícara de água*
*2 colheres de sopa de manteiga ou margarina*

Ponha os ovos em uma tigela e bata bem com o garfo, adicione a farinha e sal e continue a bater até que a massa esteja macia. Adicione gradualmente o leite e a água, batendo até que a massa fique macia. Derreta a manteiga ou margarina. Antes de cozinhar cada crepe, pincele a frigideira de crepe, com cerca de 20 cm de diâmetro, com a manteiga ou margarina.

Esquente a frigideira, em fogo médio, até que esteja quente, porém sem deixar ferver. Para cada crepe, derrame duas ou três colheres de sopa da massa na frigideira quente. Incline imediatamente a frigideira para todos os lados para que toda a superfície fique coberta com a massa. Cozinhe por cerca de um minuto, chacoalhando a frigideira freqüentemente para que o crepe fique solto. Quando o lado de baixo estiver levemente dourado, vire com uma espátula e deixe o outro lado dourar – por cerca de trinta segundos. Quando o crepe sair da frigideira, ponha um em cima do outro e cubra com uma toalha para mantê-los úmidos e maleáveis. Essa quantidade de massa rende de 12 a 14 crepes.

Eu tenho uma frigideira especial para crepes (crepeira). Esta frigideira foi uma grande aquisição, pois faz com que os crepes fiquem mais bonitos. Qualquer frigideira pequena, com as bordas bem marcadas, é apropriada.

Há um número de receitas básicas de massa para crepe. Nesta frigideira especial para crepe veio uma sugestão de massa para 16 a 20 crepes.

**A massa base da crepeira**

*3 ovos frescos*
*1 xícara de leite*
*1 xícara de farinha de trigo já peneirada*
*1 colher de sopa de manteiga (derretida)*
*1 pitada de sal*

Em uma tigela bata os ovos e adicione o leite. Adicione a farinha gradualmente mexendo com o batedor de ovos até que a massa esteja macia. Adicione a manteiga e o sal e mexa até que a massa esteja macia como um creme. Se possível refrigere-a por vinte e quatro horas antes de usá-la.

Os crepes podem ser recheados com praticamente qualquer coisa. Eis aqui algumas sugestões para o prato principal e sobremesa, mas assim que fizer vários jantares de crepes inclua suas idéias que podem ser surpreendentes e deliciosas.

**Frango a la ________**

(Insira o nome do cozinheiro.)

*500 gramas de cogumelo picado*
*2 colheres de sopa de cebola ralada*
*2/3 de xícara de manteiga*
*6 colheres de amido de milho*
*2 colheres de sopa de sal*
*1/2 colher de sopa de pimenta branca*
*1 xícara com 50% de leite e 50% de creme de leite*
*2 xícaras de creme de leite batido*
*4 xícaras de frango cozido e picado*
*1 xícara de noz moída*

Refogue rapidamente o cogumelo e a cebola em manteiga. Misture o amido de milho, o sal e a pimenta. Adicione a mistura de leite e creme de leite; cozinhe, mexendo sempre até engrossar. Adicione o frango e aqueça até ferver, mexendo ocasionalmente. Adicione as nozes e mexa. Retire do fogo. Espalhe um pouco da mistura de frango no centro de cada crepe. Feche os dois lados opostos do crepe sobre o recheio. O recheio é suficiente para 16 crepes.

**Sobremesa de crepe de amêndoas**

*Recheio para cerca de 8 a 10 crepes.*
*1 xícara de açúcar*
*1/4 de xícara de farinha de trigo*
*1 xícara de leite*

*3 ovos*
*1/2 xícara de amêndoas picadas*
*3 colheres de sopa de manteiga*
*2 colheres de chá de baunilha*
*1/4 de colher de chá de extrato de amêndoa*

Misture o açúcar e a farinha e adicione o leite. Cozinhe, mexendo até engrossar e borbulhar. Bata os ovos levemente e adicione-os, aos poucos, à mistura de leite. Cozinhe até ferver. Retire do fogo. Bata até a mistura ficar homogênea. Misture a amêndoa, a manteiga, a baunilha e o extrato de baunilha. Cubra com papel alumínio e deixe esfriar. Quando esfriar, ponha uma colher no meio do crepe e dobre os lados do crepe ou enrole a massa. Cubra com molho de cereja.

**Molho de cereja**

Use um recheio pronto de cerejas para torta e adicione uma pitada de noz-moscada ou canela. Adicione suco de limão se o recheio estiver muito grosso.

Os crepes saciam bastante a fome. Portanto, talvez você queira deixar a sobremesa para depois do estudo bíblico.

## Estudo bíblico "Faça você mesmo"

***Objetivo:*** Todos participarão de um estudo profundo de uma passagem pequena das Escrituras para obter um conhecimento prático de estudo bíblico indutivo simples.

***Idéia básica:*** Trabalhe com grupos pequenos, para que as pessoas estudem a Bíblia por si mesma e descubram orientações e princípios para o viver cristão enquanto realizam esse estudo.

No estudo bíblico "Faça você mesmo", os grupos passarão pelo processo que muitos pregadores adotam. Primeiro, eles se familiarizam com o conteúdo. Depois, examinam a passagem para decidir o que exatamente ela diz — nem o que eles acham que devem dizer, nem o que escutaram de uma outra pessoa. Suas descobertas devem ser fundamentadas naquilo que está afirmado diretamente ou implícito na passagem. Depois os grupos compartilharão suas descobertas e finalizarão o estudo com uma oração.

Siga esse procedimento. Tanto quanto possível, certifique-se de que cada pessoa tem uma mesma cópia da versão da Bíblia. Quando todas as palavras são as mesmas, as longas discussões sobre qual palavra é realmente a mais eficaz são eliminadas.

Escolha um trecho breve das Escrituras. Um bom texto, com duas perspectivas distintas, para você experimentar é João 3.16,17. Primeiro, se seus convidados estão realmente familiarizados com a Bíblia, mas jamais participaram de um estudo bíblico indutivo, eles podem ficar surpreendidos com a quantidade de material que deixaram passar despercebidos nesses dois versículos. Segundo, se aqueles que buscam conhecer mais a Bíblia foram convidados a participar, esse trecho aborda o âmago do evangelho. (Ou talvez você queira tentar a declaração de Pedro sobre Jesus, em Marcos 8.27-31.)

Partilhe com seus convidados uma pequena história secular sobre o estudo indutivo em biologia. Isso tornará mais fácil para que eles percebam o que estarão fazendo nesse estudo indutivo. A seguinte história, de Samuel H. Scudder, foi resumida do *Every Saturday*, de 4 de abril de 1874.

### *No laboratório com Agassiz*

Faz mais de quinze anos que entrei no laboratório do professor Agassiz e disse-lhe que me matriculara na escola científica como aluno de história natural.

Ele perguntou-me: "Quando você quer começar?"

Eu repliquei: "Agora".

"Muito bem", ele pegou uma enorme jarra da estante, a qual continha espécimes em álcool amarelo.

Ele explicou-me: "Pegue esse peixe e olhe para ele: nós o chamamos de Haemulidae; depois eu perguntarei a você o que viu".

Após dez minutos, já vira tudo que poderia ser visto naquele peixe e comecei a buscar o professor que saíra do museu...

Voltei ao meu peixe. Meia hora se passou, uma hora, uma outra hora e o peixe começou a parecer asqueroso. Eu o virei de cá e de lá, olhei-o na face — horrível. De trás, de baixo, de cima, dos lados, uma visão parcial de apenas três quartos — tão horrível quanto...

Não podia usar uma lente de aumento; era proibida a utilização de qualquer instrumento. Minhas duas mãos, meus dois olhos e o peixe. Esse parecia um campo extremamente limitado... Por fim, tive uma feliz idéia — desenharia o peixe. E agora, para minha surpresa, comecei a descobrir novas características na criatura. Logo a seguir o professor retornou.

Ele exclamou: "Isso mesmo, o lápis é um dos melhores olhos que temos!" Com essas palavras encorajadoras, ele acrescentou: "Bem, como você o descreveria?"

Ele ouviu atentamente a minha breve tentativa... Quando terminei, ele ficou na expectativa como se esperasse mais. E depois, com ar de desapontamento, afirmou: "Você não olhou muito cuidadosamente". A seguir, continuou de forma séria: "Por que você não viu uma das características mais evidentes do animal, que está tão clara diante de seus olhos quanto o próprio peixe? Olhe novamente! Olhe novamente!" E saiu, deixando-me só com minha exasperação.

Eu estava ressentido, mortificado. Ainda mais daquele peixe infame! Mas agora abracei a tarefa com determinação, e descobri uma nova característica após a outra...

Na manhã seguinte, fui capaz de perguntar-lhe: "Talvez você queira dizer que o peixe tem lados simétricos com órgãos aos pares?"

Ele ficou tremendamente feliz: "É claro! É claro!"

Aventurei-me a perguntar-lhe o que deveria fazer a seguir.

"Observe seu peixe!"

Assim, por três longos dias, ele pôs aquele peixe diante de meus olhos, proibindo-me de observar qualquer outra coisa ou de usar qualquer ajuda artificial. Seu comando repetido era: "Observe, observe, observe".

A influência dessa lição estendeu-se aos detalhes de todos os estudos subseqüentes. O legado que este professor me deixou, da mesma forma que deixou a muitos outros, é de valor inestimável, que não poderíamos comprar e do qual não poderíamos nos separar.

Você talvez queira fazer um gracejo, dizendo que o estudo bíblico é muito mais divertido do que o de um peixe morto, mas que o princípio do "observe, observe, observe" é o mesmo. Para observar de maneira eficaz, cada pessoa tem de partir do pressuposto de que essa passagem é a única com a qual está familiarizada. (Isto ajudará a limitar a discussão à passagem em questão.)

Peça que cada pessoa leia a passagem três vezes. Os participantes podem sentir que isso não é necessário — afinal, elas podem conhecer a passagem de cor. Mas insista. Eu uso o seguinte método, quando lidero estudos bíblicos indutivos simples. Peço aos alunos que leiam a passagem como se fossem três pessoas distintas.

*Primeira pessoa:* Leia como se você fosse um jornalista, buscando por algo que queira relatar em seu jornal.

*Segunda pessoa:* Leia como se fosse um ateu, buscando coisas para criticar.

Essas duas primeiras leituras podem ser feitas rapidamente sem discutir muito como as pessoas responderam. Você gastará a maior parte da noite trabalhando com esta terceira situação.

*Terceira pessoa:* Leia como se você estivesse em uma ilha deserta e jamais tivesse lido nenhum trecho da Bíblia. De repente, você vê uma garrafa boiando sobre a maré. Você a agarra e dentro dela encontra esse trecho da Bíblia. O que você poderia saber ou pressupor sobre o assunto (Deus, Jesus, o amor, o mundo, etc.) a partir desse pequeno trecho?

Divida o grupo grande de seis pessoas em grupos menores com dois ou três elementos. Eu gosto disso porque força as pessoas a terem um tipo de prestação de contas que pode ser salutar. Os grupos trabalharão com os mesmos trechos e, ao final do período de estudo, quando eles compararem suas idéias, poderão perceber o quão diferente os estudos desses grupos foram. Assim, dois bons grupos podem duplicar os benefícios do estudo bíblico "faça você mesmo".

Peça aos grupos que selecionem um líder e redator que escreva as observações que descobrem em seu estudo. Observações são coisas descobertas no texto ou pressupostas a partir do texto. Encoraje as pessoas a tentarem diagramar o conteúdo, buscar relacionamento entre as pessoas —qualquer tipo de busca criativa que os ajudará em relação ao trecho que estão estudando.

Como demonstração de um pré-estudo, acho útil fazer algumas observações sobre as primeiras duas linhas dessa canção infantil, como se estivesse fazendo um estudo indutivo sobre ela. Isto serve como um exemplo engraçado para os iniciantes seguirem.

*Maria tinha uma pequena ovelha.*
*Sua lã era branca como a neve.*

A partir disso posso afirmar o óbvio e posso buscar o que pode ser assumido nessas duas linhas. Posso sugerir, por exemplo:

Maria provavelmente era uma menina. A maioria das pessoas com nome de Maria são meninas. Ela provavelmente morava na área rural, uma vez que é onde as pessoas podem ter uma ovelha como animal de estimação. Algumas ovelhas não são brancas. Se todas elas fossem brancas, o poeta provavelmente não perderia uma linha inteira discutindo sobre a cor da ovelha.

Maria talvez venha de uma boa família. Parece que ela sabia como cuidar do animal.

Talvez ela tenha idade suficiente para compreender propriedade, pois a palavra *tinha* foi usada. Ela era proprietária de uma ovelha. A partir disso, podemos inferir que ela aceitou a responsabilidade de tomar conta da ovelha.

Tolo? Certamente! Você estará buscando por coisas muito mais significativas nas Escrituras, mas essa ilustração ajudará as pessoas que estão fazendo esse estudo a iniciar sua busca.

Encoraje-as a olharem um pouco abaixo da superfície. Se seus convidados são de sua igreja, eles provavelmente já conhecem as coisas fáceis de achar.

Dê cerca de vinte minutos para esse estudo indutivo.

Já fiz esse tipo de estudo com adolescentes de quatorze a dezessete anos. Surpreendentemente, geralmente o tempo acaba antes que tenham completado seu estudo. Eles perguntam: "Por favor, será que podemos ter um pouco mais de tempo?" É empolgante ouvir pessoas jovens pedirem um pouco mais de tempo para estudar as Escrituras.

Seu grupo pode fazer a mesma coisa. No entanto, é uma boa idéia interromper o estudo em grupo enquanto todos ainda estão envolvidos com ele. As pessoas terão uma boa sensação em relação à ação do grupo e provavelmente tentarão reproduzi-lo em seus estudos particulares, ou talvez em sua reprodução da festa "faça você mesmo".

*Ajuda extra*

Se você achar, depois de ter dado as explicações acima, que seus convidados realmente não sabem o que você quer que eles façam, talvez possa fazer uma cópia dessas simples instruções para que eles sigam.

Escreva tudo que você pode conhecer ou pressupor a partir desse trecho. As seguintes questões o ajudarão a descobrir essas coisas:

*O que essas palavras difíceis significam?*
*Que relacionamentos são estabelecidos aqui?*
*Que leis, princípios ou ensinamentos são afirmados ou estão implícitos nesse trecho?*
*Há um esboço?*
*Há uma progressão de pensamento?*
*Há uma repetição de pensamentos ou palavras?*
*Quais são as palavras-chave ou frases?*
*Qual é o versículo-chave? Por quê?*
*O que cada versículo significa? Se necessário faça uma paráfrase.*

*Que título você daria a este trecho a fim de diferenciá-lo de outros trechos da Bíblia?*
*Considere brevemente como esse trecho aplica-se a você hoje. Como poderia utilizá-lo em sua vida, em seu testemunho aos outros?*

*Amostra de João3.16,17*

Pare! Não leia adiante até que você mesma tenha tentado fazer o estudo indutivo de João 3.16,17. Depois leia as coisas que eu descobri. A lista de observações está muito incompleta, mas é um bom começo.

"Porque Deus amou o mundo de tal maneira que deu o seu Filho unigênito, para que todo aquele que nele crê não pereça, mas tenha a vida eterna. Porque Deus enviou o seu Filho ao mundo não para que condenasse o mundo, mas para que o mundo fosse salvo por ele."

## Observações:

- Descobri os seguintes atributos de Deus. Ele é amoroso, justo, Todo-poderoso e eterno.
- O Filho não foi pessoalmente condenado, pois Ele podia salvar outros da condenação. Posso assumir que o Filho era imaculado.
- Temos de vir a Deus por intermédio do Filho — não há nenhuma outra rota.
- Há muitas palavras de ação — Deus amou, deu. Nós cremos e recebemos a vida eterna. Deus não era passivo, Ele se envolveu.
- Há alguns contrastes interessantes — Deus, mundo; pereça, salvo; condenado, salvo. É uma situação do tipo ou-ou. Não podemos ficar em cima do muro em nosso relacionamento com o Filho de Deus.

Há muito mais a ser descoberto aqui. É divertido investigar e observar que coisas maravilhosas Deus permitiu que seus escritores comunicassem a nós.

Esteja preparada para alguns comentários ridículos e sem fundamentos que serão feitos com outros sérios. Um rapaz disse que poderia relacionar o seguinte a essa situação: "Se apenas conhecesse esse versículo, poderia assumir que Deus é um pai solteiro e Jesus era filho único".

Os estudos bíblicos indutivos simples servem para me lembrar vez após vez que nem mesmo domino o conteúdo básico de passagens familiares, isso para não dizer nada em relação aos princípios que, honestamente, ainda tenho de completar de forma consistente.

Quando seu tempo de estudo bíblico acabar, peça que os grupos compartilhem as três melhores coisas que descobriram. Encoraje as discussões livres entre os grupos.

*Orações "Faça você mesmo"*

Termine seu estudo bíblico "Faça você mesmo" com orações "sozinho, não consigo..." Sugira que as pessoas orem por coisas que estejam fora do controle delas. Por exemplo, alguém pode orar por um amigo ou familiar não salvo. Uma outra pessoa pode pedir que um bairro do centro da cidade venha a conhecer a Cristo. Uma outra pode ainda pedir a Deus que dê sabedoria aos líderes mundiais para que saibam lidar com os conflitos internacionais.

## Momentos agradáveis — queria que você estivesse aqui

***Objetivo:*** Encorajar um sentimento de família entre os membros da igreja por meio do compartilhar experiências de férias.

***Idéia básica:*** Cada um traz dez *fotos* das férias e as mostra ao grupo. Toda a noite será estruturada em volta do tema 'férias'.

Gosto de esperar até o meio do inverno para esta festa. Nessa época, a maioria de nós precisa se lembrar de que provavelmente, algum dia, teremos um mês de férias — se apenas tivermos a paciência de esperar!

À medida que cada pessoa exibir suas fotos, deve fazer um pequeno comentário sobre elas.

Essa festa realmente não tem um limite de pessoas, especialmente se você tiver um jantar de pratos secretos em que os outros trazem a comida.

## Sugestão de convite

**Momentos Agradáveis — Queria que Você Estivesse Aqui**

**Todos nós o acompanharemos em suas férias (data, hora e local)**

Traga dez *fotos* de suas melhores férias e venha preparado para as mini-férias de sua vida

(Idéia opcional)

**Traga um prato secreto de suas férias — algo que pode ter experimentado em suas férias mais divertidas!**

Exemplo:
Viagem para a costa: *prato de peixe*
O sol do norte: *prato de frutas*

## Ordem sugerida para a noite

Antes que seus convidados cheguem, faça um cheque de viagem para cada pessoa.

Em cada cheque escreva uma questão sobre férias. Sugira que os convidados descubram a resposta para aquela questão com o maior número possível de pessoas.

Enquanto as pessoas estão se conhecendo melhor por meio da técnica do cheque de viagem, organize as fotos que elas trouxeram. Sugiro vinte perguntas para os cheques de viagem. Se você tiver mais pessoas, adicione suas perguntas. Lembre-se de que o objetivo aqui é apenas dar algo para as pessoas fazerem logo que chegam.

*Perguntas para o cheque de viagem:*

- Conte-me sobre as piores férias que teve.
- Se você já fez alguma viagem para outro país, conte-me sobre os choques culturais que teve.
- Se você pudesse ir a qualquer lugar do mundo, em férias, para onde iria e por quê?
- Se você já tirou mini-férias ou viajou no fim de semana, diga-me onde foi e o que mais gostou.
- Quais as férias mais baratas que você já passou? Como conseguiu manter os custos tão baixos?
- Que tipo de coisas você fez em suas férias com sua família que tornou o período extremamente "familiar"?
- Conte-me sobre as pessoas interessantes que encontrou em uma de suas férias.
- Quais são seus planos para as férias deste ano?
- Qual a história sobre bagagem mais estranha que você já escutou?
- Se você já viajou em um pacote turístico, quais as vantagens e desvantagens que encontrou?
- Você já fez alguma mudança brusca nos planos de férias e descobriu que a mudança foi mais divertida do que a idéia original? Se sim, conte-me.

- Se você pudesse tirar férias com sua família com algum personagem da história, qual personagem escolheria e por quê?
- Que experiências interessantes já teve com as refeições em países estrangeiros?
- Imagine que você não pudesse tirar férias em um lugar que ficasse além de um raio de mil e seiscentos quilômetros daqui. Aonde iria e por quê?
- Conte-me algo que você aprendeu sobre você em algumas férias.
- Conte-me algo que aconteceu com você durante alguma de suas férias que foi ou poderia ter sido perigoso.
- Quando você viaja com seus filhos no carro, que tipo de coisas você faz para que não fiquem entediados.
- Conte-me um pouco sobre sua primeira viagem de avião.
- Qual foi a melhor férias que você já teve e por quê?
- Conte-me sobre alguns dos tesouros que você recolheu sobre as férias.

Depois que os convidados tiveram tempo de se misturar, reúna-os para a exibição das *fotos*. Talvez você queira fazer isso em dois segmentos de meia hora em que a comida seria servida no intervalo. Talvez queira mostrar primeiro as suas *fotos* de férias, para demonstrar a rapidez com que deseja que seus convidados mostrem suas férias. Todo sucesso dessa parte de sua festa depende do ritmo em que as *fotos* são exibidas.

## Sugestão de cardápio

Continue com a idéia de férias. Se você pediu que as pessoas trouxessem um prato que foi servido em uma de suas férias, você terá uma variedade de alimentos bem ampla e diferente.

Descobri que é uma boa idéia ter algumas receitas de férias à mão para sugerir às pessoas que dizem: "Não consigo pensar em nada". Certa vez, compartilhei essas poucas idéias, a seguir, e as pessoas geralmente pensam em muitas outras melhores e nem usam minhas sugestões. Portanto, utilize-as como um estímulo.

Para qualquer férias no sul:

**Cubos de laranja e guaraná**

*2 xícaras de açúcar*
*2 copos de água*
*2 copos de suco de laranja*
*1/4 de xícara de suco de limão*
*raspas de 2 laranjas (opcional)*
*2 a 3 litros de guaraná*

Ferva o açúcar e a água por vinte minutos. Adicione todos os outros ingredientes e congele em uma fôrma de gelo. Sirva o guaraná com os cubos de gelo de laranja.

**Bolo de coquetel de frutas**

*1 1/2 xícara de açúcar*
*2 xícaras de farinha de trigo*
*1 colher de chá de bicarbonato de sódio*
*2 ovos inteiros*
*1 lata de coquetel de frutas*
*1/2 xícara de açúcar mascavo (opcional)*
*1 xícara de nozes picada*

Misture o açúcar, a farinha, o bicarbonato de sódio, os ovos e o suco do coquetel de frutas. Acrescente as frutas. Derrame tudo em uma assadeira grande untada e polvilhada com farinha. Talvez você queira salpicar o topo com uma xícara de açúcar mascavo e uma xícara de nozes picadas. Asse até que esteja pronto — cerca de quarenta minutos em um forno à temperatura de 350°.

**Cobertura**

*3/4 de xícara de açúcar*
*1/2 xícara de leite condensado*
*1/2 barra de manteiga*

Ferva todos os ingredientes. Enquanto o bolo ainda estiver quente, fure-o com um garfo e derrame a cobertura sobre ele.

Para qualquer férias nas montanhas ou florestas:

**Pinha de queijo**

*1 pacote de* cream cheese *suave, com 75 gramas*
*1/3 de xícara de queijo ralado*
*1/4 de xícara de maionese*
*flocos de salsinha*

Misture todos os ingredientes. Leve à geladeira. Molde de forma que se assemelhe a uma pinha e espete amêndoas na base de queijo para completar uma aparência realista de pinha. Pode ser servido com fruta e bolacha de água e sal.

Qualquer férias na costa:

**Pão de atum**

*2 ovos*
*1/2 xícara de leite*
*2 xícaras de miolo de pão amolecido*
*1/4 de xícara de cebola picada*
*1 colher de sopa de salsinha picada*
*1 colher de sopa de molho inglês*
*1 colher de chá de sal*
*1 colher de chá de mostarda em pó*
*1/2 colher de chá de estragão*
*3 latas (com cerca de 150 gramas cada) de atum, drenado*

Misture em uma tigela os ovos, o leite, o miolo de pão e os temperos. Bata até que tudo esteja bem misturado. Adicione o atum e mexa bastante. Vire a mistura em uma assadeira para pão, forrada com papel alumínio. Asse em forno moderado (350°), por cerca de quarenta e cinco minutos. Retire da assadeira e remova o papel alumínio. Sirva com o molho de salsa.

**Molho de salsa**

*1 lata de sopa cremosa de aipo*
*1/2 xícara de leite*

*2 colheres de sopa de salsinha picada*
*1/2 colher de chá de endro*

Misture a sopa não diluída e o leite. Mexa em fogo baixo até ficar quente. Adicione a salsinha e o endro. Essa delícia costeira serve 8 porções.

## Oração

Antes da refeição, peça a duas pessoas que orem agradecendo a Deus por suas férias, e duas outras agradecem a Deus pelo trabalho que tornou essas férias possível.

*Amostra de oração de férias*

Querido Pai celeste, todos tivemos um verão maravilhoso na costa. Isso parece tão distante, mas ainda nos beneficiamos desse descanso e das energias renovadas que aqueles dias nos proporcionaram. Agradeço essa dádiva que o Senhor nos deu: as férias!

*Amostra de oração do trabalho*

Algumas vezes reclamo de meu trabalho Senhor, especialmente quando tenho de me levantar de manhã cedo, mas depois penso nas pessoas que não têm trabalho e percebo como sou abençoado. Agradeço pela dádiva do trabalho, Senhor. O trabalho permite que eu aprecie a época especial das férias. O que é ainda mais importante, ele possibilita que possa contribuir com os outros que têm necessidades, assim como possibilita que eu faça coisas especiais para aqueles que amo.

*Oração do anfitrião*

Agradecemos por sua presença hoje à noite, Senhor, em nossa festa das férias. Obrigado por jamais tirar umas férias em seu cuidado e amor por nós. Obrigado por tornar possível para nós essa refeição farta com pratos que experimentamos nas férias. Obrigado pelas lembranças das férias bem-sucedidas que você deu a todos nós no passado e pela antecipação das férias por vir.

## Jogos de férias

Se seus convidados gostam de dinâmicas, talvez você queira planejar algumas atividades para depois do jantar e das *fotos.* Na verdade, deixe que o tempo da noite e a vontade do grupo determine essa atividade. Se todos estiverem tendo um tempo agradável, em que conversam uns com os outros, não interrompa.

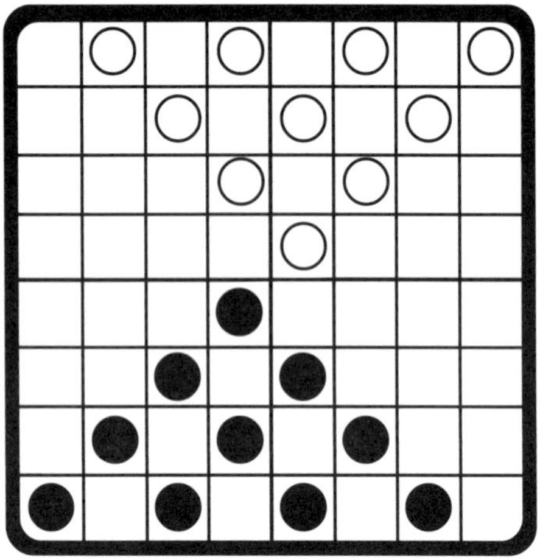

*Uma visita ao Japão*

Tesoura, pedra e papel é uma forma fácil e rápida de envolver todos. Cada pessoa arruma um par. Cada par fecha a mão e a movimenta para cima e para baixo enquanto diz: "Tesoura, pedra e papel". Quando a terceira palavra for pronunciada os parceiros fazem um dos três símbolos com as mãos. Elas podem simbolizar a tesoura, a pedra ou o papel. O símbolo que cada pessoa faz determinará qual deles vence.

Tesoura — dois dedos estendidos como uma tesoura.

Pedra — o punho fechado.

Papel — as mãos abertas, com a palma para baixo.

*Vencedores*

A tesoura corta o papel, portanto a tesoura vence. O papel envolve a pedra, portanto o papel vence. A pedra quebra a tesoura, portanto a pedra vence.

A pessoa que fez o símbolo vencedor busca um novo parceiro e joga novamente. Isso continua até que sobrem apenas duas pessoas.

Essas duas pessoas jogam o desempate. Como o número de jogadores é reduzido à metade cada vez que tesoura, pedra e papel é jogado, o jogo caminha rapidamente. Se os dois jogadores fizerem o mesmo símbolo, eles simplesmente jogam de novo.

Pode ser divertido dar prêmios de biscoito.

*Castelos de areia na costa*

Divida o grupo em pares e patrocine uma competição de construção de castelos de areia. Utilize argila em vez de areia. Estabeleça um tempo curto e tenha alguém para julgar. O par que vencer pode levar para casa um balde e uma pá de brinquedo.

**Notas do Tradutor**

[1] Aqui no Brasil, pelo menos em São Paulo, conhecemos essa brincadeira como *Mãe da rua.*

[2] Em inglês, *fern* é o nome usado para samambaia.

# 6 Capítulo
# Toque uma outra Geração

*Se seu coração não estiver cheio de Deus, você não o verá em todos os lugares. Mas se seu coração estiver repleto da presença de Deus, você o reconhecerá. Quando nos reunimos de forma simples, sentimos sua presença.*

— Henri Nouwen

Há quanto tempo os jovens e adultos de sua igreja não se divertem juntos?

Muitas igrejas têm a igreja dos jovens e a das crianças. Os adolescentes sentam-se com seus colegas durante o culto. Apenas os líderes de jovens vêem as atividades dos jovens. E minha igreja completou essa separação ao ter a reunião de oração dos jovens.

Bem, de muitas formas, ficar com o grupo de faixa etária a que pertence é bom. Por exemplo, quando era criança, jamais orei em voz alta na reunião de oração dos adultos. Mas assim, ao ser deixada de lado, ficava isolada das necessidades, preocupações e alegrias dos adultos de minha família da igreja.

Nessas festas entre diferentes gerações gostaria de ver as seguintes coisas acontecerem:

- Fornecer a pais e jovens um campo neutro no qual possam se conhecer melhor e se respeitar mais uns aos outros.
- Os adultos terão um novo enfoque das habilidades, talentos e dons dos adolescentes da igreja e os adolescentes terão um novo enfoque das habilidades, talentos e dons dos adultos da igreja.

- Amizades, inclusive relacionamentos em que há prestação de contas, serão formados entre os jovens e adultos que não pertencem à família ou grupo próximo dos familiares.

Em relação a este último ponto, é verdade que muitas vezes durante a adolescência, é necessário que os jovens se distanciem dos pais a fim de ter a possibilidade de firmar sua identidade e suas crenças pessoais — como indivíduo, "separado" dos pais. Nesse período, os adolescentes têm a tendência de escolher outros adultos como confidentes. Se Deus quiser, um jovem cristão escolherá adultos cristãos da igreja — mas o adolescente jamais fará isso se ele não tiver a oportunidade de descobrir que os adultos se importam com ele.

Uma amiga minha freqüentou uma igreja em sua adolescência em que ela ficava totalmente separada dos adultos. Seus familiares se separavam no carro, de manhã cedo, quando chegavam, e voltavam a se encontrar apenas depois que o culto da igreja acabava, e freqüentemente não se viam neste intervalo. Sara era uma menina extremamente artística, porém nenhum de seus pais tinha habilidade nessa área. Seu pai a auxiliava em suas necessidades físicas. Sua mãe tentava manter as linhas de comunicação abertas, mas ela e Sara eram muito diferentes. Portanto, Sara afastou-se de seus pais e buscou um outro adulto que pudesse lhe servir de modelo para sua vida.

Aquele modelo adulto amoroso, artístico e atencioso que ela precisava poderia ser um dos adultos de sua igreja — se ela conhecesse algum. Ela não conheceu. Então, escolheu para modelo um líder não-cristão da Associação Cristã de Moços, que lhe dava aulas de desenho e pintura a óleo. Sara vagarosamente se afastou da igreja. Hoje ela é uma cidadã modelo, um exemplo de líder da comunidade. A pessoa mais amável e prestativa que você gostaria de encontrar. Ela, como seu professor não-cristão, ajuda outros jovens artistas. Ela é cuidadosa para não abafar o entusiasmo deles, e permite que eles aprendam com ela por meio de seu exemplo pessoal. E Sara sempre demonstra empolgação sobre os pequenos progressos que eles apresentam.

No entanto, jamais uma palavra sobre Cristo. Os meses passam sem que ela freqüente uma igreja. Deus ainda é parte de sua vida, mas não uma grande parte. Quando Sara estava crescendo e precisava saber como uma pessoa artística como ela poderia ter uma vida dedicada a Cristo não havia modelos disponíveis. Que diferença um membro de sua família da igreja poderia ter feito.

Obviamente, há exemplos positivos do viver cristão. É isto o que este capítulo tem como objetivo. Um pastor contou-me que cresceu em uma igreja que o amava. Ele disse-me: "Meus pais eram alcoólicos. Acho que eles nem se importavam se eu estava vivo ou morto. Sei que eles não se importavam em saber onde eu estava como também não se importavam se havia comida na casa. Uma vizinha percebeu que havia algo errado em minha casa. Ela disse-me: 'Toda noite, às 18:30 horas, haverá uma cadeira vazia e um prato para você em nossa mesa de jantar. Venha qualquer noite que desejar. Você é parte de nossa família'. Ao mesmo tempo, ela convidou-me para ir à igreja. Eu fui e descobri Jesus. Durante o período de minha adolescência, as pessoas da igreja me davam roupas e sapatos. Depois que me graduei no Ensino Médio, um grupo de homens disse-me que se quisesse ir para a universidade, eles arcariam com a despesa. Depois da universidade descobri que Deus queria que me tornasse pastor. Novamente, aqueles homens se ofereceram para pagar meus estudos no seminário. Deixe-me cantar os louvores dos cristãos daquela igreja. Quando criança, quando adolescente, eles eram as únicas pessoas que me amavam".

Essas idéias de festas são apresentadas com a oração para que os homens e as mulheres que as implementaram façam a diferença cristã na vida das crianças da igreja que participarão delas.

Uma palavra sobre modelos. Quando você se envolve com pessoas jovens, você está se expondo diante deles. Isso é perigoso.

Primeiro você tem de ser o que prega. Examine quem você é aos domingos. Você é o mesmo na segunda-feira em seu trabalho — quer esse trabalho seja dentro de casa ou fora dela?

A resposta raramente é um irrestrito sim. Todos trabalhamos diariamente para alcançar um padrão cristão melhor, para nos assemelhar a Cristo. Nenhum de nós alcança esse padrão. Mas nossa contínua luta para uma semelhança maior com Cristo deve ficar aparente.

Uma forma pela qual me certifico de que o crescimento está acontecendo é me perguntando: "O que há em mim que eu não gostaria que os jovens de nossa igreja copiassem?" Pego a primeira resposta que vem à mente e, com a ajuda de Deus, começo a trabalhar para transformar aquela área. Uma área na qual luto é aquela em que ponho os produtos à frente das pessoas. Não quero que os jovens me copiem nisso e, portanto, estou trabalhando para certificar-me de que me importo tanto com as pessoas com as quais trabalho em minhas tarefas diárias quanto com os prazos que tenho de cumprir. Estou trabalhando em meu crescimento; jamais alcançarei a estatura desejada. Quero que as crianças da igreja saibam disso e se juntem a mim nessa aventura para a vida toda.

Talvez você tente fazer a mesma pergunta a você mesmo. E trabalhe na primeira área que vem a sua mente. Lidar com as coisas, uma de cada vez, torna mais fácil a verificação dos resultados e é menos decepcionante que tentar lidar de uma vez só com todas as áreas, em que percebo que sou menos parecida com Cristo.

Segundo, não seja um amigo superficial. Quando estava crescendo, poucos adultos partilharam comigo seus problemas e lutas espirituais ou pessoais. Eu não teria sido capaz de lidar com muitas delas, mas precisava saber que aquelas pessoas também não alcançaram o padrão ideal — Cristo ainda estava trabalhando na vida delas. Eu precisava que os adultos fossem honestos comigo.

Talvez, mais do que tudo, a honestidade é a chave para desenvolver a amizade com crianças. Compartilhe um pouco de si mesmo à medida que eles estão partilhando algo sobre eles. Deixe que eles percebam que a amizade funciona das duas maneiras. Você os escutará, importar-se-á com eles e orará por eles, assim como você espera que eles façam o mesmo por você. Você espera que uma amizade profunda se desenvolva.

Procurei, ao longo de minha vida, ter esse tipo de amizade em que há trocas com adolescentes e crianças para quem ensino na escola dominical. Sem exceções, descobri que estavam dispostos a corresponder a essa amizade. Eles estavam dispostos a participar no crescimento de um relacionamento de duas vias.

Quando tive uma doença em minha íris, o médico disse-me: "O pior que pode acontecer para você é ficar cega deste olho. É claro, você tem um caso não muito sério e vamos começar a tratá-lo imediatamente". Senti-me arrasada depois de minha visita ao médico. Fiquei à espera de que minha visão diminuísse. O problema aconteceu na sexta-feira, e no domingo contei a meus alunos os temores que tinha sobre minha visão. Partilhei com eles minha inabilidade de permitir que Deus tomasse o controle do problema e eu parasse de me preocupar. Eles compreenderam e tivemos um momento de oração. Três ou quatro garotos oraram especificamente sobre meu olho — oraram com profunda preocupação e sem chavões. Naquele exato momento, aquele pequeno grupo de adolescentes era meu corpo de apoio na igreja. Eu sinceramente senti que não poderia ter melhor apoio emocional e melhor apoio de orações contínuas de nenhum outro grupo da igreja.

Sinto tristeza, pois tantas amizades potenciais não são descobertas, já que a igreja de adulto e a de jovens jamais têm uma oportunidade para se encontrarem e compartilharem suas vidas.

O que as idéias deste capítulo podem fazer é crescer seu círculo de amizades. Esses amigos podem ser jovens, mas você descobrirá que eles enriquecerão sua vida pessoal — e a participação, criatividade e entusiasmo deles melhorará a qualidade de vida de nossa família na igreja.

## Parabéns para nós

***Objetivo:*** Adolescentes cristãos e seus familiares terão a oportunidade de compartilhar presentes simbólicos, reafirmando seu amor uns pelos outros.

***Idéia básica:*** É dia de aniversário de todos ao mesmo tempo uma grande celebração para o ano inteiro. Os pais serão responsáveis por fazer e dar presentes simbólicos a seus filhos. Os jovens serão responsáveis por fazer e decorar simbolicamente bolos para presentear os pais.

Esta festa será mais bem-sucedida se for patrocinada por pessoas que já estão envolvidas com grupos de jovens da igreja — como os pastores e patrocinadores do grupo de jovens ou professores da escola dominical.

Deixe que tanto os pais quanto os adolescentes saibam quais são seus objetivos. Talvez você queira falar sobre esses objetivos antes de distribuir os convites. Mantenha as coisas com alto grau de entusiasmo — afinal, esta é uma brincadeira com cara de festa.

## Sugestão de convite

Esse convite foi escrito por um jovem. Mude as palavras com o objetivo de que fiquem apropriadas para o segundo convite que será dado aos pais.

PARABÉNS
PARA NÓS

### Para seus Pais

Não traga presentes, apenas você.

Não nos lembre nem nos diga que faltam seis meses para o aniversário.

Todos nós nascemos em alguma data deste ano.

Apenas decidimos celebrá-las todas de uma vez.

(Data e hora):

Local:

Seja sensível em relação aos sentimentos dos jovens que podem não morar com os pais naturais. Encoraje-os a trazer os responsáveis por eles. Ou talvez haja pais que queiram vir, mas não podem. Sugira aos adolescentes que peguem um pai substituto da igreja e que venham assim mesmo. (O adolescente tem de verificar com o pai e a mãe primeiro. Os pais jamais devem sentir que a igreja está minando o relacionamento deles com os filhos ou levando as crianças para longe deles.)

Alguns pais podem não fazer parte do programa da igreja. Telefone para essas pessoas e faça um convite especial, assim como a descrição das atividades da tarde ou da noite. Pais que se recusam a freqüentar os eventos que acontecem na igreja podem se sentir menos constrangidos se o convite for para a casa de alguém ou um local que não seja a igreja.

Você pode se surpreender com as pessoas que aparecem para a festa de aniversário.

## Os anos aqui

(Essa é uma atividade para misturar as pessoas, a qual foi planejada para que elas interagissem.)

Peça que cada pessoa escreva sua idade em uma tira de papel e coloque em uma caixa — não é preciso escrever o nome. Depois, cada pessoa tem de adivinhar o número total de anos representado pelo grupo. As pessoas devem escrever esse total em uma tira de papel e entregar a você.

Cada pessoa pode fazer três perguntas da história recente que ajudaria a localizar alguém no tempo. Se eu fosse a anfitriã, um adolescente, entre quatorze e dezessete anos, poderia perguntar-me se me lembro do ataque a Pearl Harbour. Eu diria: "Não, eu era muito jovem". Isso não lhe diz quantos anos eu tinha, mas lhe dá uma dica. Ou alguém pode perguntar a um pai mais velho: "Você serviu no Vietnã?" Sua resposta poderia ser: "Não, mas servi no exército durante a guerra", algo que começaria a localizá-lo no tempo. O vencedor é a pessoa que chega mais perto à idade correta que está em sua caixa. O prêmio poderia ser um pote de creme para rugas ou loção para as mãos, que não seja caro.

## Mostre e conte

Cada família deve concordar com uma história engraçada da família que pode ajudar o grupo a conhecê-la melhor.

Faça com que as idéias se iniciem, dê um exemplo do que você quer dizer por isso. Posso contar a seguinte história de minha infância: "Meu irmão, Jim, foi pescar e pegou uma enorme carpa no rio Conestoga. Ele sabia que aquele tipo de carpa não era comestível, mas queria mostrá-la ao resto da família, então a trouxe para casa. Infelizmente, esse tipo de carpa vive muito tempo fora da água, e minha mãe não suportou ver o pobre peixe arfando. Dez minutos depois que Jim chegou em casa, ele ainda estava pulando em nossa varanda da frente. Basta! Minha mãe encheu a banheira com água e jogou o peixe ali. Naquela noite, toda vez que fazíamos um barulho mais alto o peixe nadava freneticamente pela banheira. Ele morreu durante a noite — de ataque do coração, conforme suspeitamos. Que coisa engraçada. O Jim deve ter pescado outras vezes depois desse episódio, mas jamais trouxe suas presas para casa.

## Bolos e presentes

Divida os pais e os jovens. Nessa meia hora os pais criarão presentes simbólicos para seus filhos, e os jovens irão decorar o bolo de aniversário para seus pais.

*O bolo*: faça um bolo com várias camadas e corte-o em pedaços grandes, grande o suficiente para alimentar cada um dos pais que veio e o adolescente. Quanto mais material de decoração você fornecer, melhor. Doces, balinhas, anilina colorida, coberturas, nozes, velas, papel cartão. A tarefa de cada adolescente é criar um bolo que diga algo de como ele se sente em relação a seu pai. Por exemplo, Kesha poderia empilhar um monte de cobertura em seu bolo e depois explicar a sua mãe: "Te amo um montão!" Encoraje cada um a fazer coisas positivas e engraçadas. Eles devem saber que partilharão o simbolismo de sua decoração com os pais diante do grupo.

### Bolo de pudim de limão

*Multiplique a receita para ajustar-se às suas necessidades.*
*1 caixa de mistura para bolo, sabor limão*
*2 colheres de sopa de raspas de casca de laranja ou limão*
*4 ovos*
*1/2 xícara de azeite de oliva*
*1 xícara de água fria*
*1 caixa de pudim de limão instantâneo*

Misture tudo por quatro minutos até que a massa esteja homogênea. Não misture demais. Uma batedeira elétrica talvez seja a melhor forma para fazer isso. Unte uma assadeira e polvilhe com farinha antes de derramar a massa nela. Asse por cinqüenta minutos ou até que esteja pronto em forno à temperatura de 350°. O bolo está pronto quando ele retorna à forma original após você pressionar um dedo no centro dele, sem deixar a marca do dedo.

**Cobertura de creme de manteiga**
4 colheres de sopa de farinha de trigo
*1 xícara de leite*

Misture até formar uma pasta e faça com que ferva. Deixe ferver até engrossar. Deixe esfriar.

*1 xícara de açúcar*
*1 xícara de manteiga*
*1 colher de sopa de baunilha*

Bata os ingredientes. Adicione à mistura de farinha e leite, já fria, e bata na batedeira ou processador por sete minutos.

## Os presentes

Os pais podem ter mais dificuldade para fazer os presentes simbólicos do que os jovens para decorar os bolos. Portanto, esteja ali com eles para encorajá-los e dar-lhes idéias úteis.

Forneça-lhes papel cartão, tesouras, fita adesiva, pincel mágico, alfinetes e qualquer outra coisa que possa servir à construção de um presente simbólico. Fale aos pais para pensar em um presente especial que o dinheiro não pode comprar — algo que eles gostariam de dar a seus filhos. Você pode preparar um presente simbólico antes do momento da festa a fim de dar-lhes uma idéia do que você tem em mente.

Por exemplo, se estivesse fazendo um presente para meu jovem amigo Peter, eu faria algo com a forma de um grande sonho de creme. Depois, colocaria no círculo outras formas incomuns, cada uma delas com pequenos furos no centro. Quando eu lhe desse, explicaria: "Peter, meu presente para você é o desenvolvimento de sua criatividade rara. A maioria das pessoas escolhe atravessar a vida de forma previsível. Meu grande sonho representa essas pessoas. As outras formas menores, mais raras e, talvez, que se apresentam com formatos mais difíceis representam os caminhos abertos para você. Você tem o potencial de fazer muitas coisas criativas para seu Senhor. Meu presente inclui a oração para que você ouse fazê-las".

Encoraje os pais a escolher presentes simbólicos que podem ser apropriadamente compartilhados em frente de todo o grupo.

Quando os dois grupos acabarem, reúna-os novamente. Você talvez possa sortear os nomes da família, para decidir qual vai ser a ordem da apresentação. Cada jovem deve compartilhar o que seu bolo significa, e cada pai deve compartilhar o que seu presente simbólico significa.

Esteja preparado para questionar os pais ou adolescentes a fim de forçá-los a elaborar um pouco mais aquilo que criaram.

***Opcional:*** Tire fotografia de todos os presentes e bolos. Utilize-as como um motivo para fazer uma nota de acompanhamento alguns dias após a festa. Agradeça às pessoas por terem vindo e participado. Talvez você queira partilhar algumas fotos adicionais com as pessoas que oram por você na igreja. Sugira que eles orem diariamente pela família representada pelo símbolo que você lhes dá.

## Período de oração

Depois que todas as famílias trocarem presentes e falarem sobre eles, peça que um voluntário faça uma oração. As orações têm de ser opcionais. Se houver não-cristãos em seu grupo, essa parte da festa pode ser difícil para eles. Você quer que eles se sintam parte do grupo — por meio da afirmação, não da ameaça. Mas deixar de fora essa resposta pessoal a Deus seria errado. Deus faz parte da vida da maioria das pessoas que participaram dessa festa, e Ele deve ser ativamente incluído nessa festa.

As pessoas devem agradecer a Deus pelos outros membros de sua família. Sugira a elas que sejam o mais específico possível. Por exemplo, eu posso orar por meu pai: "Senhor, obrigada por meu pai. Gosto da forma como ele guarda a história de nossa família e partilha comigo os fatos interessantes sobre meus antepassados".

## Atividade extra além de comer o bolo

Os jovens devem cortar o bolo e partilhá-lo com seus pais. Adicione ao bolo qualquer outra guloseima que desejar, nozes, sorvete, doces, ponche, café.

Sugira que as pessoas se dividam em grupos de famílias — duas famílias em cada grupo. Enquanto os grupos estão comendo, devem planejar uma encenação engraçada para apresentar a todo grupo, depois que o bolo acabar. Nas apresentações, os adolescentes devem representar os pais, e os pais, os adolescentes. Todas as pessoas de cada grupo têm de ser incluídas nessa encenação.

Eis aqui algumas idéias de apresentação — suficientes para dez unidades familiares. Se você precisar mais, pode usar uma dessas idéias duas vezes ou, melhor ainda, desenvolver algumas idéias novas.

*Representação 1*

Você está em uma van de férias e já está viajando há seis dias sem nenhuma parada longa. Represente sua conversa. Faça com que ela seja engraçada e realista de alguma forma. Quando você apresentar sua encenação ao grupo todo, alinhe as cadeiras como se estivessem nos assentos de uma van.

*Representação 2*

Vocês são a versão moderna da família suíça Robinson. Lá vão vocês morar em uma árvore. Represente algumas de suas conversas, incluindo algumas das coisas engraçadas e difíceis vividas por quem mora numa árvore. Seja engraçado. Quando você partilhar sua representação com o grupo todo, vocês podem ficar em partes distintas do ambiente, como se estivessem em galhos distintos da árvore.

*Representação 3*

Vocês todos são animais no zoológico — alguns são animais pais, e os outros são animais adolescentes. Vocês todos estão atrás das mesmas grades do zoológico. Estabeleça uma conversa sobre as pessoas que os estão observando. Para apresentar sua encenação ao grupo, talvez vocês queiram fazer uma fileira como se todos estivessem segurando a grade da jaula e olhando para fora.

*Representação 4*

Você faz parte de um comitê que foi formado para banir o chocolate desse país. Você está apresentando seu caso ao corpo de legisladores. Seja engraçado enquanto fornece todas as idéias malucas que puder imaginar para explicar a razão pela qual esse banimento faz sentido. Quando você partilhar sua representação com os outros grupos, talvez você queira se sentar em uma fileira em forma de ferradura.

## A caça fotográfica

***Objetivo:*** Pessoas da igreja que comumente não têm contato com jovens trabalharão como equipe, a fim de conhecê-los melhor e estruturar uma base de apoio mais ampla na igreja para os adolescentes.

***Idéia básica:*** Os adultos e adolescentes participarão de uma caça fotográfica. Convide o mesmo número de adultos e de adolescentes para a caça. Entre os convidados adultos procure convidar pessoas de várias faixas etárias. Alguns podem ser recém-casados, e outros já avós. Nenhum dos adultos convidado deve ser familiar dos adolescentes. Faça um esforço especial para permitir que todos saibam o objetivo da festa. Todos são responsáveis por seu sucesso. Você pode, até mesmo, pedir a ajuda de vários adolescentes quando planejar a lista de convidados adultos. Inclua dois ou três adultos que já estruturaram amizade com o grupo de jovens.

Você terá de comprar uma máquina fotográfica descartável para cada grupo de seis convidados. Se as equipes tiverem muito mais do que seis elementos, não haverá participação grupal suficiente.

## Padrão da festa

Tudo é estruturado em torno da idéia da foto:

*Revele um pouco de você*

À medida que os convidados chegarem, você precisará fazer algo para quebrar o gelo e fazer com que os adolescentes e adultos se acostumem a conversar uns com os outros. Portanto, tente esta idéia. Tire um retrato *Polaroid* de cada um. Corte cada foto em quatro pedaços com uma parte da face em cada um deles. Explique que cada pessoa tem de dar esses pedaços a pessoas que não conhecem muito bem. Os adolescentes têm de dar os pedaços de suas fotos aos adultos, e estes devem dar os pedaços de suas fotos aos adolescentes.

Quando eles dão os pedaços das fotos, eles têm de permitir que a pessoa que recebe aquele pedaço lhes faça três perguntas pessoais. Dê alguns exemplos do tipo de perguntas que podem ser divertidas. Por exemplo, depois que um adulto der a um adolescente um pedaço de sua foto, este pode perguntar-lhe: "Qual é sua ocupação?"; "Qual foi a festa mais divertida de que participou em sua infância?"; "O que você sente em relação às pessoas jovens de sua igreja?" Cada uma dessas questões exige uma resposta mais extensa do que a monossilábica, e isso é bom para manter a conversa acesa.

Um adolescente pode dar um pedaço de seu retrato, e o adulto poderia lhe fazer três perguntas. Por exemplo: "Qual é a coisa mais difícil que você enfrenta em sua escola hoje?"; "Quais são algumas de suas atividades favoritas?"; "Conte-me algo, que provavelmente não sei, sobre as pessoas jovens de sua igreja".

## Sugestão de convite

(Nesse local ponha uma foto sua ou de sua casa.)

A CAÇA FOTOGRÁFICA

**Para seus Pais**

**Hora:** (Lembre-se de que esta festa deve ocorrer à luz do dia.)

**Local:** Veja a foto da casa (ou anfitrião[ã])

Venha e forme uma equipe com alguém que tem duas vezes sua idade ou a metade dela para tirar a foto de sua vida!

*A caça fotográfica*

Depois da interação inicial, divida o grupo em equipes para a caça fotográfica. Tente ter um número igual de adolescentes e adultos em cada equipe. Dê a cada equipe uma câmera fotográfica e uma lista de fotos que devem trazer de volta. A primeira a retornar vence.

Eis aqui uma lista inicial dessas fotografias. Algumas de minhas idéias não farão o menor sentido em sua região, mas você pode usá-las como uma idéia base.

*Lista de fotografias*

1. Todo mundo do time em uma foto. O fotógrafo não pode ser ninguém que faça parte dessa festa. Nome do fotógrafo ______________________________.
2. Qualquer pessoa que esteja de pé em um telhado.
3. Um casal, casados, de mãos dadas e que não façam parte dessa festa.
4. Um carro vermelho parado no semáforo vermelho.
5. Alguém com menos de um ano de idade.

6. O mecânico de uma garagem berrando.
7. Uma flor campestre com um inseto sobre ela.
8. Algo que não faça sentido.
9. Alguém que tenha mais de sessenta anos e que esteja rindo. A pessoa que estiver rindo não pode fazer parte dessa festa.
10. Alguém que esteja fazendo algo de acordo com a lei.
11. Um pai com uma criança entre seis e onze anos.
12. Um bom jardineiro.

Quando os times retornarem com as câmeras, leve todos os filmes para serem revelados na hora (geralmente, isso demora uma hora). Utilize esse "tempo de espera" para preparar os sundaes e consumi-los.

Metade da diversão da noite será a troca de fotos que esses grupos tiraram. Talvez você queira exibi-las em um painel. Uma longa tira de papel — de embrulho ou de toalha — seria perfeito.

Faça uma grande produção da entrega de prêmios aos vencedores. Por exemplo, dê a cada vencedor uma moldura barata para a foto favorita da caça fotográfica.

*Cardápio*

Sundaes são fáceis de preparar e sempre muito populares. Você oferece o sorvete e os convidados trazem diferentes coberturas. Encoraje as pessoas para que sejam criativas. Eis aqui mais algumas sugestões de coberturas diferentes — se, acaso, alguém pedir idéias.

*Recheios para tortas enlatados*
*Granola de mel e canela*
*Fruta fresca cortada*
*(Tente uma dessas novas frutas híbridas; por exemplo, ovos de dinossauro, uma mistura de ameixa e damasco.)*
*Pudim de caramelo*
*Sementes de girassol*

*E todas as guloseimas habituais*

*Jogos das fotos*

Depois da caça fotográfica e algum lanche, essa festa pode se estender por horas. Ou as pessoas podem se divertir arquitetando juntas alguns tipos de gravuras. Mantenha seus ouvidos cuidadosamente sintonizados para o tom da festa. Não permita que as coisas desandem.

## Jogo do faça a foto

*Você é o fotógrafo.*

Divida aleatoriamente os convidados em grupos para planejar fotos malucas que você sugere. Os grupos terão um minuto para planejar e depois todos têm de ficar de pé, totalmente imóveis, enquanto você tira a foto *Polaroid*. Quando todas as fotos forem tiradas, todo o grupo julgará quem são os melhores e você distribuirá os prêmios. Provavelmente você achará conveniente rotular cada foto, para que as pessoas se lembrem exatamente do que foi representado na foto.

Uma das chaves para o sucesso desse jogo é escolher grupos específicos para cada foto. Eis aqui algumas idéias que você pode tentar novamente, ajustando a suas idéias.

1. Todos que estiverem vestindo *jeans*. Isso significa que todos que estiverem usando *jeans* farão parte dessa foto. Você pode ter seis ou duas pessoas nessa foto. Embora possa haver muitas pessoas nesse grupo, eles terão de desenvolver a foto que você designou para eles. Uma pessoa pode se ajustar a todas as categorias e estará em todas as fotos ou em apenas duas ou três. Isso é parte da diversão. Ninguém saberá de qual foto fará parte até que você anuncie o parâmetro para formar os grupos.
2. Todos que estiverem com a cor roxa.
3. Todos que tiverem cadarços nos sapatos.
4. Todos que brincaram de guerra de tintas.
5. Todos que se lembram de ter tido invejas de alguém loiro.
6. Todos que conhecem o telefone da igreja de cor.

7. Todos que preferem um sundae com caramelo em vez de chocolate.
8. Todos que sabem usar bem o computador.

Adicione outros. As pessoas que se ajustam a essas categorias desenvolverão as seguintes fotos. Encoraje as pessoas a que sejam tão engraçadas quanto o possível nessas fotos.

1. Foto de um fazendeiro em seu celeiro e/ou cocheira. Suponha que todos que estejam usando *jeans* tenham de tirar essa foto. Uma pessoa será o fazendeiro e as outras os animais. Depois que a foto é tirada ela pode ser rotulada e exposta no painel. Mais tarde ela será julgada com todas as outras categorias malucas.
2. Foto de uma vaca pulando sobre a lua.
3. Foto da corrida em busca de ouro.
4. Foto de uma mulher idosa em um sapato com sua família.
5. Foto de uma exibição do tipo "Acredite se quiser".
6. Foto de uma constelação famosa.
7. Foto de dois hangares de nave espacial.
8. Foto de propaganda de um desodorante para uma revista.

Depois que todas essas fotos malucas forem tiradas, exiba-as para o julgamento. Cada pessoa recebe um voto em cada categoria. Eis aqui algumas categorias que você pode usar.

1. Foto que melhor ilustra a tarefa: ______________________
2. Foto que demonstra a mais louca criatividade: __________
3. Foto menos provável de aparecer no boletim de nossa igreja: _________________
4. Foto com a mistura mais criativa de jovens e adultos:_______ __________________________________

Como você realmente não sabe quantas pessoas vencerão em cada categoria, talvez você prefira ter prêmios baratos e que abranjam várias categorias. Por exemplo, um punhado de amendoim para todos que fizeram parte da mais louca criatividade, ou um vale-sorvete de casquinha na sorveteria ou supermercado local.

Se sua igreja tem um painel apropriado, você pode expor essas fotos ali para que toda a congregação se divirta com elas.

## Fotos de bebê

Se você puder obter fotos de cada um dos participantes de quando eram bebês, exiba-as no painel com um número ao lado delas. Cada convidado recebe um pedaço de papel, e o objetivo é dizer o nome de cada bebê. A pessoa com mais respostas corretas vence. O prêmio — que tal um potinho de comida de bebê.

## Fotos para histórias

Antes que os convidados cheguem, corte fotos interessantes de uma revista e coloque-as em cartões. Por exemplo, você pode ter uma foto de um menino andando de bicicleta, de um tomate maduro, de uma mãe no supermercado, de um adolescente jogando futebol, de um peru assado e de um casal brigando. As fotos não devem ter um tema em comum.

Vire todos os cartões para baixo no centro do ambiente. Para começar, um voluntário pegará qualquer carta, olhará para a foto, mostrará ao grupo e começará a contar uma história sobre ela. Depois de um minuto de história, você grita: "Mudar", e aquela pessoa pára — até mesmo em meio a uma sentença. A seguir, ele aponta para uma outra pessoa que pegará uma outra gravura e continuará a história. Continue a fazer isso por vários minutos. Quando a história estiver já bem longa, você pode iniciar uma outra com as fotos que ainda estão viradas para baixo. Esse é um jogo divertido, criativo e totalmente ilógico.

Eis aqui como uma história pode começar. A primeira pessoa pega a foto de uma menina segurando rosas. Ele pode dizer: "Ellie estava fascinada, essas eram as primeiras rosas que recebia.

No entanto, ela não fazia a menor idéia de quem as enviara. Estavam sem cartão. Você poderia pensar que a pessoa..." E você grita: "Mudar!" A pessoa aponta para que a pessoa seguinte continue a história. Esta pega a foto de uma mula velha e continua: "... que a pessoa poderia ter sido mais atenciosa. Afinal, ele passava o dia todo no campo trabalhando com sua velha mula, que na verdade tinha alergia a rosas. De fato, até mesmo o cheiro delas faz com que essa velha mula pule e zurre. Ellie decidiu que deveria..." E assim o jogo continua.

## Passando à frente suas habilidades

***Objetivo:*** Crianças entre onze e quatorze anos e pessoas mais velhas da igreja terão a oportunidade de se tornarem amigos e compartilharem e/ou aprenderem uma habilidade manual.

***Idéia básica:*** Pessoas que saibam tricotar ou fazer crochê ou que tenham outras habilidades manuais as ensinarão aos jovens e adolescentes da igreja. Eles trabalharão à noite para ensinar e aprender o básico.

Essa festa tem sua concepção fundamentada nas idéias de minha escola elementar em Lancaster. As mulheres dessa região, em um raio de 1,6 quilômetros, decidiram que iriam se encontrar uma vez ao mês para fazer seus remendos. Como eu era apenas uma meia criança/meia mulher naquela região, fui convidada a participar. E foi muito divertido. Passei a conhecer e a apreciar essas mulheres, algumas delas tinham quatro vezes a minha idade. A conversa dos adultos era maravilhosa. Aprendi algumas de suas preocupações e as coisas em que consideravam que haviam obtido sucesso. Aprendi a conversar com elas e fiquei encantada quando me escutaram e pareciam achar que o que eu dizia fazia sentido. Elas me fizeram feliz em saber que um dia seria uma mulher adulta.

Algumas dessas mulheres estavam muito envolvidas na igreja e muitas alegavam não ser cristãs. Talvez porque vivessem na mesma comunidade, elas pareciam sentir que eram partes importantes na vida umas das outras. Eu dificilmente vi esse tipo de apoio e cuidado ser copiado na igreja local. Mas talvez esta festa ajude a mudar isso.

Telefone ou veja cada pessoa jovem e explique-lhe em detalhes o que você tem em mente e quais são os objetivos da noite. É claro que antes de enviar os convites, você terá de ter o suporte das pessoas mais velhas de sua igreja, as quais têm de estar desejosas de fazer parte dessa atividade, cuja finalidade é desenvolver a intimidade. Assim você saberá as habilidades que terá para oferecer na festa.

Dê ênfase ao fato dessa noite não ser um grande empreendimento. Todos terão uma noite muito divertida, mesmo que as crianças não aprendam nem como dar a laçada do crochê. A grande finalidade do evento é que cada um aprenda a conhecer uns aos outros, e a apreciar as habilidades e destrezas de cada um.

Há muitas verdades na afirmação de Randy Raybrook, em *Discipleship Journal* [Boletim do discipulado]: "Algumas pessoas se tornam melhores discipuladores à medida que envelhecem, não porque tenham aprendido mais técnicas, mas porque se conhecem melhor".

## Sugestão de convite

Passando à
Frente suas
Habilidades

Aprenda uma habilidade ensinada por alguém da igreja.

**Exercite sua mente, exercite seus dedos.**

Data:

Local:

**Instruções disponíveis em:** (modifique a lista para que se ajuste às habilidades das pessoas de sua igreja).

CROCHÊ, MACRAMÉ, PINTURAS DECORATIVAS, PÃO CASEIRO E TRICÔ

## Elimine o fator medo

Você pode hesitar sobre tentar essa idéia, porque já escutou histórias horríveis sobre adolescentes. Algumas delas provavelmente são verdadeiras, mas essa noite estruturará proteção que eliminará os problemas de disciplina que podem fazer parte desse processo de amadurecimento. As crianças entre onze e quatorze anos relacionam-se extremamente bem com a geração mais velha do que seus pais. Assim os avós e pessoas mais velhas fazem parte de seu campo de ação.

Muitas crianças dessa idade não foram expostas às habilidades manuais tradicionais. Isso é algo novo, e é exatamente a novidade que os manterá interessados. Suas mãos estão totalmente desenvolvidas e eles têm as habilidades mentais para dominar os padrões com rapidez. Lembro-me do dia em que minha tia-avó, Sara, veio nos visitar. Eu tinha doze anos. Não seria capaz de descrever a aparência dela, porém jamais me esquecerei do presente que ela me deu. Ela me ensinou a fazer a corrente de crochê e dois outros pontos. Acho que pus bordas em todos os lenços da casa. Obviamente, os lenços de papel logo se tornaram popular e descobri a paquera, portanto, jamais de fato progredi em minhas habilidades no crochê. Mas, naquele único dia, tive aquele sabor de "avó" e amei aquilo. Até hoje utilizo as agulhas que ela me deu para pegar pontos que escapam em malhas e, mais importante ainda, aprendi a observar com olhos apreciativos as coisas belas que os artesãos de outras gerações fizeram.

Você está oferecendo a figura da avó e do avô. Nossa sociedade móvel e os lares desfeitos roubaram a convivência com os avós de muitas pessoas jovens, e nossas comunidades geralmente não têm uma boa mistura de pessoas mais velhas e jovens. Muitas pessoas jovens jamais conversaram com alguém que se lembra da Primeira Guerra Mundial. Elas nunca tocaram a mão enrugada de uma pessoa mais velha e nem vislumbraram o quanto a vida é preciosa e como ela pode ser bastante curta.

Em uma noite como essa você verá reflexos do tipo de mulher e homem em que esses jovens se transformarão em cinco anos. Essa pode ser uma noite muito reconfortante.

Com essa noite, você também está abrindo um caminho para ocasiões de reviravolta. Nessa festa as pessoas mais velhas são os professores, mas há muitas coisas que os jovens podem ensinar às pessoas mais velhas e fazer por elas. E essas coisas podem acontecer se você fornecer uma oportunidade de amizade.

Um sistema escolar local iniciou a idéia da adoção de uma avó e os jovens planejaram uma noite agradável para os cidadãos idosos. Billy, um garoto de treze anos, contou-me sobre o encontro que teve com uma pessoa idosa: "Não acreditei quando ela concordou em ir a nossa festa e achei muito interessante o que ela falava! Ela nascera e vivera até os vinte anos na Inglaterra e ainda tinha sotaque. Vivia na mesma casa, em Oak Park, há cinqüenta e quatro anos. Isso é mais tempo do que até mesmo meu pai já viveu. Acho que ela jamais esteve próxima de jovens, antes de nossa festa da escola. Mas agora que isso acabou, ela se sente melhor em relação a nós. Eu levei *brownies*[1] para a festa, e ela me disse o quanto tinha gostado deles. Portanto, estou planejando fazer um pouco mais para ela. Talvez aquela noite tenha sido o começo de uma amizade verdadeira e boa".

Ele continuou: "Ela pertencia ao grupo de cidadãos idosos. Eles geralmente têm projetos manuais divertidos e interessantes. Ela prometeu-me fazer um macaco com uma meia. Eu já os vi em lojas e acho que são legais. Você deveria ter ido àquela festa. Algumas das pessoas ali contaram-nos histórias que vão até a época dos cavalos e das carruagens. A soma da idade deles dava mais de 2.145 anos! E se eu não conseguisse aprender nada com toda essa experiência deles, eu seria muito estúpido".

Se essa noite funcionar, faça uma reviravolta total em alguns meses e peça que os jovens ofereçam suas habilidades aos idosos: jogos e artes no computador, a Internet, escrever e organizar o boletim de domingo.

## Estruturando a noite

*Exposição*

Considere fazer uma pequena exposição dos trabalhos das pessoas mais velhas quando os convidados chegarem. Certifique-se de pôr os nomes das pessoas ao lado de suas obras. Em comunidades em que há feiras de artesanato, alguns deles podem ter ganhado medalhas. Se esse for o caso, exponha as medalhas também.

*Preparação*

As coisas ficarão mais fáceis para você, se pedir que cada pessoa ofereça todo o material que os jovens precisarão. Isso inclui as agulhas corretas, lã, linha ou qualquer outra coisa que seja necessário para praticar. Isso não quer dizer que os convidados mais velhos têm de trazer material suficiente para que os adolescentes completem todo um projeto; mas terão de trazer o suficiente para que eles aprendam. (Se você tiver mais adolescentes do que pessoas idosas, alguns deles terão de ensinar dois ou mais jovens e deverão trazer suprimentos para eles. Se isso representar um gasto financeiro além das possibilidades dessa pessoa, convoque as pessoas mais velhas da igreja, que não estarão ensinando, para que elas contribuam com o dinheiro para os suprimentos.)

*Quando os convidados chegam*

Tenha pincéis mágicos ou lápis de cera e crachás para os nomes. Cada pessoa tem de escrever seu nome com letras grandes e claras. A cor que a pessoa escolher já diz alguma coisa sobre ela.

As pessoas depois devem conversar com várias pessoas que não conhecem muito bem e descobrir a razão por que escolheram determinada cor. Nesses momentos iniciais, você quer estabelecer a comunicação entre o grupo dos mais velhos e dos mais jovens.

*Passeio por meio dos artesanatos (opcional)*

Gosto dessa opção, pois dá a cada jovem três minutos com cada mulher e homem da festa e põe cada aluno em contato com os artesanatos disponíveis.

Disponha os professores em diferentes lugares da casa, nos quais estarão trabalhando durante a noite. Dê a cada professor um número para identificar seu local. Depois peça a todos os jovens para ir a diferentes pontos, de forma que haverá pelo menos um adolescente para cada professor. (Se você tiver mais adolescentes do que professor, dois podem ir ao mesmo local.)

Cada pessoa gasta três minutos com o primeiro artesão. Quando você apitar, a pessoa move-se para o próximo número. Portanto, o adolescente que está no número um irá para o número dois. O adolescente que começou no número quatro irá para o número cinco. Se você tiver apenas nove números, os adolescentes passam para o número um quando estiverem no número nove. As pessoas, por três minutos, devem descobrir um pouco mais a respeito das outras: nome, onde moram, etc. O professor tem de ter tempo para mostrar o que ele faz.

Isso é opcional. Se você tem um grupo grande de professores e adolescentes, talvez demore muito para fazer isso. Apenas dê a atividade sobre a cor do nome e a real experiência de ensino.

*Aprendendo uma habilidade*

Cada adolescente deve se encaminhar para o adulto a quem foi destinado. Você talvez queira contar a cada pessoa, antes da festa, com qual adulto ela estará trabalhando. Alguns adultos são mais populares do que outros, e os adolescentes que pegarem as pessoas menos empolgantes, podem resmungar alto, se não souberem de antemão quem seu professor será. Se essa murmuração acontecer, isso definitivamente estragará a noite. Da mesma forma, se decisões forem feitas antes do tempo, os adolescentes podem ter alguma escolha naquilo que querem aprender.

À medida que esses pares trabalham em ambientes distintos da casa, visite esses pequenos grupos. Encoraje e elogie. Se necessário, sente-se um pouco e participe da conversa. Diga aos trabalhadores que eles apresentarão o que já completaram — obviamente, que não é muito, mas isso permitirá que o grupo festeje e bata palmas a fim de que os alunos e os professores tenham essa sensação de realização.

Lembro-me de como me senti quando uma mulher da vizinhança ensinou-me a colorir retratos em branco e preto com tinta a óleo translúcida. Tirei minhas fotos para nosso encontro na vizinhança, e as mulheres ficaram absolutamente surpreendidas com o belo trabalho que fizera. Recentemente, encontrei essas fotos em meu armário, mas elas não eram tão boas. No entanto, aquela afirmação, creio eu, foi real. Eu ainda não estava me saindo muito bem naquela tarefa, mas estava fazendo algo que elas não faziam e ficaram muito satisfeitas com meu esforço.

## A cozinha dos avós

Há muitas opções aqui. Sugeri apenas três. No entanto, os alimentos serão uma parte divertida dessa noite, independentemente da opção que você escolha. Há o rumor de que adolescentes e pessoas com idade para serem avós adoram comer. Preste atenção especial ao conceito que embasa o termo “pessoas com idade para ser avós”. Uma mulher solteira de quarenta anos ou uma viúva sem filhos de sessenta anos pode representar tão bem uma avó quanto uma avó com doze netos.

*Opção 1*

Cada um desses, que representarão os avós, trazem sua sobremesa favorita. Ponha o nome do criador ao lado da sobremesa.

Talvez você queira cartões com as receitas ao lado das sobremesas, para que os jovens possam levar para casa e copiar alguma coisa que eles acharam deliciosa.

*Opção 2*

O pote de biscoitos dos avós. Peça para cada convidado trazer seis ou sete de seus biscoitos favoritos. Você pode oferecer o leite, o chocolate quente e o café.

*Opção 3*

Planeje uma refeição à moda antiga — o tipo de refeição que os bisavós tinham quando crianças. Essa opção, sem sombra de dúvida, é a mais difícil. Mas se todos acima de quarenta anos trouxerem algo, os custos do evento não serão tão exorbitantes. Eis aqui algumas receitas para que seu "lado idoso" comece a entrar em ação.

**Salada de creme de espinafre**

*1 1/2 colher de sopa de gelatina sem sabor*
*3 xícaras de leite*
*1/2 xícara de açúcar (de baixa caloria)*
*3 gemas de ovos*
*1/4 de colher de chá de sal*
*1 colher de chá de baunilha*
*3 claras de ovos em neve*

Misture o leite frio e a gelatina. Leve ao fogo em banho-maria. Adicione o açúcar e as gemas bem vagarosamente.

Coloque de novo em banho-maria e cozinhe até a mistura engrossar a ponto de formar uma película sobre a colher. Mexa constantemente. Retire do fogo, adicione o sal, a baunilha e as claras em neve. Vire em uma forma. Leve à geladeira.

Guarneça o creme de espinafre com geléia de laranja.

Talvez você queira fazer formas individuais. Se esse for o caso, utilize apenas uma colher de sopa de gelatina. Uma forma serve 8 porções. Faça quantas formas forem necessárias para todo seu grupo.

**Bolo de carne da mamãe**

*1 1/3 xícaras de miolo de pão*
*2 xícaras de leite*
*1 kg de carne moída*
*500 gramas de carne de porco moída*
*4 ovos inteiros*
*1/2 xícara de cebola picada*
*2 colheres de chá de sal*
*2 colheres de chá de molho inglês*
*2 colheres de chá de sálvia*
*1 colher de chá de alho em pó*
*1/4 de colher de chá de pimenta*

**molho**:

*1/2 xícara de ketchup*
*1/3 de xícara de açúcar mascavo*
*2 colheres de chá de mostarda em pó*
*1/2 colher de chá de noz-moscada*
*1/2 colher de chá de orégano*

Misture o miolo de pão com o leite; deixe em repouso por cinco minutos. Adicione o restante dos ingredientes; misture muito bem. Molde a mistura em uma assadeira de pão com cerca de 30 cm x 23 cm x 5 cm. Misture o *ketchup*, o açúcar mascavo, a mostarda, a noz-moscada e o orégano e espalhe sobre a carne. Asse por uma hora e meia em forno à temperatura de 350°. Serve 16 porções.

**Caçarola de galinha**

*4 frangos cozidos e sem ossos*
*4 pacotes de brócolis congelado*
*4 latas de sopa de galinha concentrada*
*2 xícaras de maionese*
*2 colheres de chá de suco de limão*
*2 colheres de chá de curry em pó*
*2 xícaras de farelo de pão*

*2 xícaras de queijo tipo cheddar, desfiado*
*4 colheres de sopa de manteiga derretida*

Cozinhe o brócolis. Coloque-o numa assadeira untada. Cubra com o molho feito com a sopa, a maionese, o suco de limão e o *curry* em pó. Ponha os pedaços de frango em cima, cubra com o farelo de pão, o queijo desfiado e derrame a manteiga derretida por cima. Asse por trinta e cinco minutos em forno à temperatura de 350°. Serve 16 porções.

**Pudim de bolacha de água e sal**

Essa receita antiga da Pensilvânia holandesa é uma de minhas favoritas, e não estou sozinha nessa preferência. Quando a companhia para a qual trabalho completou cem anos, essa receita de pudim de bolacha de água e sal ganhou o primeiro prêmio em uma das competições para Receitas dos Primórdios da Nação Americana. Por outro lado, ela pode ser um pouco difícil. Eu a levei para a casa de meu chefe como uma contribuição para um jantar e ela jamais chegou ao ponto. Lá estava minha oferta leitosa, com algumas bolachas de água e sal boiando nela. Já fui convidada outras vezes para a casa de meu chefe, mas ele jamais deixa de me avisar: "Traga qualquer coisa, contanto que não seja aquele prato com bolachas".

*4 litros de leite*
*3 xícaras de biscoitos club soda (não muito finas)*
*4 xícaras de açúcar de baixa caloria*
*2 xícaras de coco*
*8 ovos (gemas e claras separadas)*

Misture o açúcar e as gemas muito bem. Derrame o leite morno sobre essa mistura e adicione as bolachas. Cozinhe, mas não deixe ferver. Quando a mistura se aproximar do ponto de fervura, adicione o coco. Esquente novamente até próximo da fervura. Retire do fogo e misture às claras em neve. Deixe esfriar. Serve 16 porções.

**Bolo de farinha de aveia**

*1 xícara de farinha de aveia*
*1 1/4 xícara de água fervendo*
*63 gramas de manteiga*
*1 xícara de açúcar mascavo*
*1 xícara de açúcar cristal*
*2 ovos*
*1 1/3 xícaras de farinha de trigo*
*1 colher de chá de bicarbonato de sódio*
*1 colher de chá de baunilha*
*1/2 colher de chá de canela*
*1/2 colher de chá de noz-moscada*
*1 colher de chá de sal*

Derrame a água fervendo sobre uma xícara de farinha de aveia. Separe e não mexa. Faça um creme com a manteiga, o açúcar mascavo e o açúcar cristal. Acrescente dois ovos inteiros, um de cada vez, batendo bem assim que acrescentar cada um deles. Bata com uma colher a mistura de farinha de aveia e adicione à mistura cremosa. Acrescente a farinha, o bicarbonato de sódio, a baunilha, a canela, a noz-moscada e o sal. Asse em uma assadeira longa por vinte a trinta e cinco minutos em um forno à temperatura de 350°.

*Cobertura:*
*60 gramas de manteiga*
*1 xícara de açúcar mascavo*
*1 xícara de coco*
*1 xícara de nozes picadas*
*2 claras em neve*

Misture a manteiga e o açúcar mascavo em fogo baixo, até que ferva totalmente. Retire do fogo e acrescente o coco, as nozes e a clara em neve. Espalhe sobre o bolo e o ponha novamente no forno, para assar por mais quinze minutos.

É uma boa idéia esperar até que o bolo esteja quase pronto para fazer a cobertura, a fim de que assim você possa adicioná-la ao bolo enquanto ele estiver bem quente.

## Período de oração

Não interessa que tipo de refeição escolherá, planeje um período de oração antes da refeição. Peça a duas pessoas mais velhas e a dois jovens para orar. As pessoas mais velhas devem agradecer a Deus pelos jovens, e os jovens devem agradecer a Deus pelos cristãos mais velhos de sua igreja que podem ensiná-los. As orações podem ser como a que segue:

*Professor*: "Senhor, esta foi uma noite empolgante. Estou extremamente feliz com os jovens que fazem parte de nossa igreja. Obrigado por eles, e obrigado em especial por (o nome do jovem com quem trabalhou), e pelo potencial que ele tem para servir ao Senhor. Foi divertido trabalhar com ele. Acredito que falo em nome de todos os adultos aqui quando digo: 'Obrigado, Senhor, pelos jovens'".

*Adolescente*: "Querido Pai celeste, aprendi muito esta noite e talvez, o mais importante, pude apreciar melhor algumas pessoas mais velhas de nossa igreja. Obrigado pela confiança que elas têm no Senhor. Quero crescer em direção ao Senhor da mesma forma que elas fizeram. Obrigado pelo Senhor ter dado essas pessoas como exemplos e amigos para nós".

**Nota do Tradutor**

[1] bolinhos de chocolate.

# 7 Capítulo

# Festas de Projetos

Pregue o Evangelho o tempo todo;
se necessário, utilize palavras.

— Francisco de Assis

Essas três idéias de hospitalidade são direcionadas às pessoas que freqüentam a adoração da manhã ou qualquer outra atividade da igreja, idéias essas que não fazem parte do planejamento. Em uma parte, os convidados farão *banners*. Em outra, eles desenvolverão uma apresentação de *slides* de um trecho da Bíblia. E, na terceira, eles encorajarão a conscientização da importância de missões no planejamento de uma festa.

Essas idéias têm um apelo especial para os adolescentes e solteiros jovens da igreja. Elas os encorajam a se empolgar com idéias, e quando elas chegam, não apenas os divertem, mas os põem a trabalhar!

Quando um evento é estruturado ao redor de um projeto fica fácil determinar se os objetivos foram alcançados. Se o projeto foi planejado, você alcançou seu objetivo! No entanto, com essas três idéias vá um passo adiante ao objetivar esses resultados:

- Pessoas de faixas etárias distintas trabalharão junto harmoniosamente. Cada um contribuirá com o melhor de si e estará disposto a assumir os papéis de líder ou seguidor de maneira a completar mais efetivamente o projeto.
- Cada pessoa envolvida no projeto deverá entender qual é o propósito maior dele e aceitar, com prazer, a responsabilidade por aqueles que o projeto objetiva.

• A igreja toda se beneficiará com esses projetos e será inspirada por eles para serviços maiores.

• Adolescentes e solteiros jovens aceitarão responsabilidades adicionais para o progresso do trabalho em suas igrejas. Cada pessoa terá a oportunidade de trabalhar, junto com os líderes da igreja, na criação e desenvolvimento dessas idéias.

## Levante os estandartes

### Uma festa para fazer banners especiais para a igreja

***Objetivo***: Pessoas de diferentes idades apresentarão idéias, planejarão e desenvolverão *banners* para a igreja. (Até recentemente, a maioria das igrejas expunha *banners* apenas nas férias. No culto da Páscoa, um programa de um dia para os jovens, ou o programa de Natal da escola dominical fornecem excelentes oportunidades para os *banners*. Esse limite já não mais corresponde à realidade. Pense grande. Crie *banners* para eventos do ano todo da igreja, para uma série especial de sermões e até mesmo eventos que encorajem os cristãos a se envolver na comunidade da igreja.)

Os participantes conhecerão uns aos outros melhor e, ao trabalhar nesse projeto, sentirão que participam mais de atividades contínuas da igreja.

***Idéia básica***: As pessoas da igreja criarão *banners* originais que serão pendurados no santuário da igreja ou no saguão de comunhão.

Lembro-me da primeira vez que fiz *banners*. Meu pastor pregara por várias semanas sobre a lei que Deus deu para os filhos de Israel. Ele cuidadosamente tratou de cada mandamento e sua implicação hoje para os cristãos. Finalmente a Lei fora explicada, e ele sugeriu que planejássemos uma celebração como conclusão para essa série de sermões. Nós louvaríamos a Deus por sua compreensão amorosa em estabelecer regras perfeitas para que nós as seguíssemos. O pastor nos encorajou a usar nossa criatividade e apresentar *banners* de louvor para decorar a igreja no domingo seguinte. Foi maravilhoso. O local ficou cheio com *banners* feitos em casa, muitos deles presos em um cabo de vassoura. Cada um deles celebrava nosso compromisso com a Palavra de Deus. "Louvado Seja nosso Doador da Lei!"; "Obedecer — Sim!"; "Balance nossos Louvores bem Alto". Que variedade de frases e desenhos. É verdade, havia um aspecto de amadorismo nesses *banners*, um pouco como "mãos que trabalham felizes em casa". E daí? A igreja é nossa casa e estava bela de uma maneira nova. A sua singularidade era um estímulo excelente à adoração.

## Sugestão de convite

Planeje um convite boca-a-boca. Selecione o número de pessoas que quer. Suponha que você ache que nove pessoas podem desenvolver os três *banners* que tem em mente. Comece por partilhar a idéia com o pastor. Se ele ficar entusiasmado, leve avante o plano e pergunte-lhe se ele gostaria de participar da festa e explicar o que ele está planejando para a adoração de domingo, quando os *banners* serão agitados no ar. Peça a ele para começar a fazer a corrente de convites, ao chamar uma outra pessoa que ele acha que possa gostar desse tipo de atividade. Essa pessoa tem de ser de idade e sexo distintos dele. Esta será a pessoa número um. Depois que essa pessoa aceitar, o pastor tem de explicá-la que ela tem de telefonar a outra pessoa, também de idade e sexo distintos dela, a fim de convidá-la; esta será a pessoa número dois. E continue assim até que nove uma concordem em vir à festa. Dessa forma, você obterá uma mistura rara de pessoas, e provavelmente cada uma terá dois outros amigos que farão parte do grupo. Certifique-se, porém, de que todos convidem outra pessoa que aceite participar. Talvez você queira acompanhar a corrente de convidados uma segunda vez alguns dias antes da festa.

Trabalhe duro para envolver idades distintas. Um pré-adolescente ou adolescente pode contribuir muito para um grupo de adultos. Você não gostaria de ter uma igreja como aquela que Dean Merrill descreve em "Not Married, with Children" ["Não Casados, com Filhos"] (*Christianity Today*, 14 de julho de 1997)? Esta é a igreja denominada de Ao Lado da Estrada, em Seattle. O pastor sênior explicou: "Nós não prestamos muita atenção à idade. Se você vier à igreja na quarta-feira à noite, você verá sessenta jovens, com idades entre dois e dezessete anos, todos em um só grupo! Trabalhando com eles estarão trinta adultos — na razão de um para dois — orientando uma ampla gama de experiências de aprendizagem. Em uma dessas noites, eu passei para dar uma olhada e observei aquela situação perfeita para uma foto: um grupo de quatro ou cinco jovens cheios de energia em volta de dois obreiros adultos: uma senhora em cadeira de rodas — ela provavelmente já tinha setenta e poucos anos — e um rapaz solteiro de vinte e quatro anos".

## Materiais que cada grupo precisará

*Tesouras afiadas o suficiente para cortar o material*
*Cola branca*
*Canetas de retroprojetor*
*Agulha e linha*
*Tecido para o banner*

Tecidos pesados são melhores porque cortam mais fácil. Feltro é o mais comum, mas talvez juta, lona ou camurça também funcionem.

*Cortando o material*: aqui você fica limitado apenas aos seus suprimentos e criatividade. Procure ter fitas, franjas, flores artificiais e figuras que sejam grandes o suficiente para ser vistas por toda a igreja.

*Opcional*: Padrões para as letras. Tudo funciona bem com desenhos a mão livre, mas talvez as pessoas prefiram uma matriz para as letras. Quanto maior, melhor. Verifique sua loja de suprimentos artísticos da redondeza. Se tiver um orçamento alto, você pode considerar as letras profissionais, tipo *letraset*, que podem ser grudadas diretamente em todos os tecidos mencionados.

Decida onde pendurar os *banners* antes que os convidados comecem a trabalhar neles. Dependendo do tamanho do *banner* e do ambiente em que serão expostos, talvez seja necessária a utilização de vários métodos. Alguns podem estar pendurados por cordas presas no topo do *banner*, em que ele oscilará a partir de um prego. Para pendurar os *banners* mais livremente, utilize uma ripa ou um cabo de vassoura no topo do *banner*, enrole o tecido em volta da ripa ou cabo de vassoura e grampeie-o nele mesmo. Depois ponha um arame ou corda em cada uma das pontas dessa ripa ou cabo de vassoura e pendure-a no forro da igreja.

Meu irmão Jim gosta de solda e tem o equipamento para isso em sua garagem. Ele jamais aceita um convite para uma festa do *banner*, mas gosta de fazer os estandartes do *banner* — uma tarefa tão criativa quanto a confecção do *banner*. Encoraje os homens como Jim a se envolver de forma que possam usar suas habilidades específicas.

É importante que você tome as decisões de onde vai pendurar os *banners* antes que o trabalho comece, pois em alguns casos isso será uma limitação na área disponível para trabalhar no *banner*. Por exemplo, se você vai enrolar o topo do *banner* em um cabo de vassoura, as pessoas precisam trabalhar quinze centímetros abaixo do topo do *banner*. De outra forma, as palavras ou símbolos serão perdidos.

## Plano para a noite

*O propósito do* banner

O pastor deve compartilhar o propósito desses *banners*. Essa atividade não é apenas para ocupar os participantes de uma festa alegre. Espera-se que os *banners* ajudem a focar a atenção das pessoas em Cristo, assim como espera-se que eles desempenhem a função de incentivar as pessoas a dedicarem-se mais a Ele. O pastor deve fazer uma palestra informal e estimulante.

*Unidades de trabalho*

Divida o grupo em unidades de trabalho — uma unidade para cada *banner*. Tente pôr uma pessoa com as características de líder em cada grupo, embora essa pessoa não seja designada líder. A liderança deve ser assumida naturalmente à medida que as atividades progridem em cada unidade.

Retome o processo que cada unidade deve seguir. Comece por certificar-se de que todos conhecem todas as outras pessoas. A seguir, o grupo deve fazer uma associação livre de idéias para seu *banner*. Isso significa que eles estarão sugerindo palavras, formas e a decoração que necessitarão para desenvolver o melhor *banner* possível. Lembre a todos de realmente terem uma atitude de associação de idéias na primeira parte dessa discussão. Todos devem lançar toda idéia que lhes ocorrer — mesmo que não pareça ser uma boa idéia de início. Talvez, uma outra pessoa a pegará e refinará para que se torne uma idéia ainda melhor.

Quando todas as idéias forem apresentadas, a unidade deve selecionar a melhor idéia e começar a planejar a diagramação do *banner*. Geralmente, é melhor fazer um esboço rápido da idéia proposta.

A seguir, a unidade deve estipular e dividir as tarefas de trabalho. Alguém deve ficar responsável por cortar as letras. Uma outra pessoa pode fazer a franja do material. Uma terceira pessoa pode fazer a figura simbólica.

Encoraje as pessoas da unidade a conversar enquanto trabalham. Afinal, isto é uma festa. O trabalho tem de ser feito, mas se as pessoas não se divertirem enquanto o estiver realizando, metade do propósito da festa se perde.

Eis algumas amostras de *banners*. O primeiro é um *banner* totalmente simbólico, que seria perfeito para Natal ou para Páscoa. Ele foi desenvolvido por Rich Nickel, um desenhista, para fazer parte da decoração de um currículo da escola dominical. Posteriormente, ele foi usado como um *banner* na igreja. Um gerente de um grande restaurante em Chicago o viu e achou que ele seria maravilhoso para iniciar conversas sobre Cristo em seu escritório; portanto, ele pediu para o Rich fazer um afresco, com aerógrafo, do desenho. O gerente explicou: "Quando as pessoas perguntam o que esse desenho significa, eu posso explicar a verdade de João 3.16". Para as pessoas que têm bom conhecimento de gravura, essa representação visual do que Cristo fez por nós pode ser o ponto inicial para uma conversa.

Escolha as cores que acrescentariam compreensão ao simbolismo para as pessoas. Por exemplo, nessa ilustração os dois círculos podem ser amarelos.

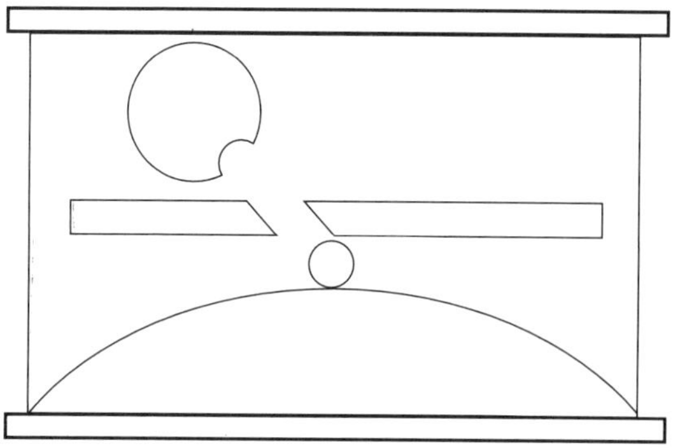

A linha pode ser cinza e o meio-círculo, que representa a terra, pode ser verde — ou talvez, cinza. O fundo poderia ser bege ou azul claro.

Obviamente, essas não são as únicas cores que funcionariam, mas planeje seu *banner* como uma unidade — cores, símbolos e palavras devem todas se misturar e contribuir para a mensagem.

O próximo *banner* incorpora palavras com uma expressão artística simples. Encoraje as pessoas para manter as ilustrações extremamente simples, pois será mais fácil executá-la em um *banner* e ser compreendida pelas pessoas que o observam a distância. Esse *banner* poderia se ajustar muito bem à Páscoa. As mãos poderiam ser de feltro preto e branco, e as letras poderiam ser de qualquer cor brilhante que contrastasse bem com a cor do fundo. Palavras amarelas em um fundo vermelho seria perfeito.

É também possível planejar todo um *banner* apenas usando palavras. Geralmente as pessoas preferem letras manuais em um *banner* apenas com palavras, para que elas possam moldar as palavras com padrões agradáveis.

Um *banner* para o Dia da Bíblia, confeccionado com um versículo bíblico como tema, poderia se parecer com algo assim:

As cores em um *banner* apenas com palavras podem ser usadas para enfatizar as palavras mais importantes. Essa unidade pode escolher as palavras *Senhor* e *para sempre*. Ou, como é para o dia de Ação de Graças, ela pode selecionar como seu foco as palavras *agradeço* e *para sempre*.

*Depois dos banners*

Cada unidade já viu o que os outros estão fazendo, mas encoraje uma demonstração formal. Cada grupo pode contar por que escolheu essa idéia e quais foram algumas das outras idéias que surgiram e quase foram aceitas.

Os trabalhadores merecem uma boa recompensa gastronômica. Como sua casa provavelmente estará coberta com alfinetes, cola e restos de materiais, não se importe tanto assim com a comida. Por que não planejar algo que pode ser retirado do refrigerador e servido imediatamente? E não se esqueça dos pratos de papel.

**A torta sem massa da Sandy**

No liquidificador, misture:

*4 ovos*
*1/2 xícara de farinha*
*2 xícaras de leite*
*4 colheres de chá de manteiga à temperatura ambiente*
*1/2 xícara de açúcar*
*1 colher de chá de baunilha*

Misture com a mão uma xícara de coco ralado. Derrame em uma assadeira untada e polvilhada com farinha. Asse por quarenta minutos em forno à temperatura de 350°, ou quando o teste do garfo (você enfia um garfo no centro da massa e ele sai sem resíduos) indicar que está pronto.

**Bolo doce de chocolate alemão**

*1 pacote de chocolate alemão*
*1/2 xícara de água fervendo*
*1 xícara de manteiga*

*2 xícaras de açúcar*
*4 gemas de ovo, sem bater*
*1 colher de chá de baunilha*
*1/2 colher de chá de sal*
*1 colher de chá de bicarbonato de sódio*
*2 1/2 xícaras de farinha para bolo, peneirada*
*1 xícara de leitelho*
*4 claras de ovo*

Derreta o chocolate na água fervendo. Deixe esfriar. Faça um creme com a manteiga e o açúcar até que fique leve e macio. Adicione as gemas, uma de cada vez, batendo depois de adicionar cada uma delas. Adicione o chocolate e a baunilha. Peneire junto o sal, o bicarbonato de sódio e a farinha e adicione alternadamente com o leitelho à mistura de chocolate, batendo bem depois de cada adição. Bata até ficar homogêneo. Bata as claras em neve. Misture-a à massa. Asse por trinta a quarenta minutos em forno à temperatura de 350°.

**Cobertura de coco com noz-pecã**

*1 xícara de creme de leite*
*1 xícara de açúcar*
*60 gramas de manteiga*
*3 gemas de ovo*
*1 colher de chá de baunilha*

Misture todos os ingredientes em uma panela e cozinhe em fogo médio até engrossar (cerca de doze minutos). Adicione cerca de 1 1/3 de xícaras de coco ralado e uma xícara de noz-pecã cortada. Bata até que a cobertura esfrie e engrosse o suficiente para você espalhar.

**Pudim de arroz**

*1 xícara de água*
*1/2 xícara de arroz*

Cozinhe por sete minutos. Adicione um litro de leite e meia barra de manteiga, coloque a tampa e cozinha por uma hora e quinze minutos em fogo baixo.

Bata dois ovos. Adicione a eles meia xícara de açúcar, meia xícara de uva passa e meia colher de chá de baunilha.

Misture ao arroz. Polvilhe com canela e açúcar. Sirva quente ou frio.

## Visão e som — a Escritura viva

***Objetivo:*** Os cristãos ganharão uma nova percepção da Palavra de Deus à medida que planejam e apresentam um jogral de um trecho das Escrituras. Os cristãos trabalharão juntos em um coral para comunicar a Palavra de Deus.

***Idéia básica:*** Representantes de grupos etários distintos da igreja planejarão e desempenharão uma leitura ilustrada das Escrituras para o culto de adoração da manhã.

## O pastor

Ele é a chave. Se ele não achar que um jogral sobre as Escrituras é uma boa idéia, não leve avante essa festa de projeto. Se ele estiver a favor, peça-lhe que participe do evento de planejamento e partilhe com aqueles que participarão qual será o tema que ele pregará no culto da manhã e qual texto da Escritura ele escolheu utilizar. Esse jogral é ilustrado com *slides*. Como os *slides* podem levar várias semanas para ser revelados, o pastor terá de passar essa informação, pelo menos, uma semana antes da apresentação do domingo. (Se alguém de seu grupo consegue fazer impressões coloridas grandes, você pode transferi-las para os retroprojetores em apresentações preparadas de um dia para o outro.)

## Por que jogral?

Quanto tempo faz que você não fica empolgado com a leitura das Escrituras? Os filhos de Israel costumavam escutar por horas a Palavra de Deus, que era lida em voz alta para eles. Não creio que o orador não estivesse empolgado ao compartilhar as histórias de Abraão e as tribulações dos profetas e a bela linguagem dos salmistas.

Mas hoje, será que eu seria injusta se dissesse que a maioria dos adultos lê contos de fadas infantis com mais entusiasmo e expressão do que o fazem com a Palavra de Deus? Deus nos deu voz para louvá-lo. O jogral ajudará as pessoas que nunca ficaram diante de uma congregação para louvar a Deus a se envolver com essa atividade. Nesse jogral sobre as Escrituras, as pessoas serão desafiadas a fazer o melhor uso desse dom que Deus nos deu: a voz.

Lembro-me da época em que escutava minha amiga Karen ler a Bíblia. Eu ficava fascinada! Ela fazia com que a Escritura se tornasse viva. Em sua leitura, ela me levava junto com o apóstolo Paulo enquanto ele falava às igrejas, ou fazia-me sentir o terror que os discípulos sentiram no mar enfurecido. Através de sua amizade, ela ajudou-me a sentir o amor que Deus demonstrou por nós quando nos deu de presente Jesus Cristo. Minha história inclui leituras dominicais da Bíblia há mais de três décadas. Já escutei a Palavra de Deus na voz de pessoas que tropeçavam nas palavras, em vozes monocórdias e, até mesmo, em vozes gritantes. Mas as leituras de Karen eram algo diferente. Ela pausava sempre que as pausas faziam sentido. Acompanhando a dramaticidade do texto, ela deixava que sua voz acelerasse entusiasticamente através da narrativa, e de forma tão especial que deixava o ouvinte em suspense. Quando o texto pedia um reverente e meditativo silêncio, ela detia-se por um instante, inerte, especialmente quando chegava à menção de um pecado e suas terríveis conseqüências. Havia em sua expressão uma certa gravidade ao falar da responsabilidade dos cristãos, e eu ficava fascinada em ouvir a leitura da Palavra de Deus.

As festas de projeto de hoje são planejadas para renovar o entusiasmo e a compreensão da leitura bíblica em nossa igreja.

O jogral envolve falar, usar o mesmo grupo vocal a fim de obter o mesmo efeito de um coral. Eu gosto muito dele, pois cresci num ambiente pautado pela doutrina menonita, em que parecem que todos cantam — sem um piano, em uma perfeita harmonia de quatro vozes. Não eu. Eu alcanço a quinta voz. Há anos brinco que acho que sou adotiva, pois não me ajusto ao padrão de canto dos menonitas. Eu não tenho uma terrível voz para cantar, mas o mais próximo que cheguei de usá-la a fim de apresentar uma música especial ao Senhor foi em um domingo à noite, na reunião dos jovens, em que meu irmão e eu assobiamos um dueto.

Mas falar! Eu posso falar e falar com expressão. Jogral permite que eu louve a Deus de uma forma especial, e eu adoro isso. Acho que há muitas pessoas que não pertencem ao coral da igreja, mas que provavelmente gostariam de participar de um jogral.

A primeira igreja em que escutei um jogral como parte da adoração matinal tinha uma população imensa de universitários estrangeiros. Em um domingo, quando a adoração centrava-se na grandeza de Deus, alunos de países do mundo todo participaram em um jogral bastante diferente. Ele começou com cada uma dessas pessoas lendo a Bíblia em sua língua nativa e terminou com todos lendo os versículos juntos, em inglês, cada um com um sotaque distinto. Que bela leitura ao redor do mundo foi aquela.

## Quem convidar

Por que não selecionar um número igual de pessoas de cada classe da escola dominical, começando com as crianças de nove, dez anos e subindo até a classe de adultos? Por exemplo, se você planejar um jogral para dez pessoas, duas teriam entre nove e onze anos; duas entre doze e quatorze anos; duas entre quinze e dezessete anos; duas da classe de universitários solteiros e duas da classe de adultos. Você talvez queira fazer os convites por telefone ou pessoalmente, essa é uma sessão de trabalho e para que você tenha sucesso, cinco ou mais pessoas devem comparecer.

## Antes da festa

Você recebe o que aparenta ser uma grande tarefa, mas permaneça comigo. É realmente muito simples. Você, talvez com a ajuda do pastor e do diretor de coral, deve desenvolver o jogral básico das Escrituras. Isso permitirá que você faça cópias duplicadas antes da festa de projeto. Cada pessoa que participará deverá ter um roteiro pessoal.

Lembre-se de que este é um jogral das Escrituras. Você não escreverá uma única palavra. Toda palavra será retirada diretamente da Bíblia. Uma palavra ou frase pode ser repetida, mas é contra as regras mudar as palavras. Siga esses passos simples:

1. Leia a passagem muitas vezes. Realmente chegue a conhecê-la. Pergunte-se quais palavras são as mais importantes. Quais são as frases que saltam à vista e enfatizam o que o pastor estará dizendo no domingo em que o jogral se apresentará? A fim de conhecer a passagem melhor, você pode fazer um estudo indutivo dela. Para instruções sobre o estudo bíblico indutivo simples, veja as páginas 93 a 98.
2. Comece a escrever o roteiro, utilizando as palavras dos trechos. Repita as seções que você quer enfatizar. Nunca retire nem adicione palavras. À medida que você escreve, deve deixar uma margem de cinco centímetros do lado esquerdo do papel ou um espaço duplo. Isso permitirá que os participantes escrevam o nome das pessoas que estarão dizendo cada linha, assim como também que sublinhem ou circulem as palavras que devem enfatizar em especial.

Eis aqui uma amostra de João 3.16,17, que pode ajudá-lo a iniciar o jogral.

*Carrie:* Porque Deus amou o mundo de tal maneira.

*Carrie e Brad:* Porque Deus amou o mundo de tal maneira.

*Todos:* Porque Deus amou o mundo de tal maneira, que deu o seu Filho unigênito, para que todo aquele que nEle crê não pereça, mas tenha a vida eterna.

*Carrie:* Porque Deus amou o mundo.

*Elvan:* Deus não enviou seu Filho ao mundo para que condenasse o mundo.

*Brad:* Mas para que o mundo fosse salvo.

*Thomas:* Condenasse.

*Brad:* Salvo.

*Thomas:* Condenasse.

*Carrie:* Salvo.

*Todos:* Salvo, salvo, salvo.

*Brad:* Porque Deus amou o mundo de tal maneira que deu o seu Filho.

Obviamente, sua passagem pode ser mais cumprida do que apenas dois versículos. Eu apenas forneci um exemplo.

Observe o que eu fiz. Eu comecei com frases. Depois construí uma comparação entre duas palavras bem diferentes: condenar e salvar. Os participantes terão de decidir como melhor comunicar a diferença entre essas duas. Talvez uma voz masculina forte lance a palavra: "Condenasse". O grupo pode responder com um alegre e alto: "Salvo". O fato de que Deus amou é enfatizado com a repetição da frase. Essa frase pode ser dita como algo casual à primeira vez e a expressão e empolgação pode ser estruturada à medida que as pessoas percebem as implicações — o Deus do universo ama a todos, até mesmo eu!

## Quando os convidados chegam

Explique o plano da noite. O pastor pode explicar que o texto será transformado em um jogral e a forma como ele planeja usá-lo em seu sermão. Você pode fornecer um pequeno antecedente sobre o valor do jogral. Explique que os convidados estarão preparando a leitura e depois conversarão sobre os *slides* que ilustrarão a leitura.

Os *slides* podem ser tirados durante a festa ou agendados para um outro dia. A parte final da sessão de trabalho será gasta com o ensaio da leitura.

Lembre-se de que este evento tem de acontecer pelo menos três semanas antes que seus resultados sejam partilhados com a congregação. Você precisa de tempo para praticar a leitura muitas vezes, tirar as fotos, revelá-las e coordenar os *slides* ilustrativos com a leitura.

## A leitura

Selecione duas pessoas para ler a Bíblia diretamente, conforme está escrito na Bíblia. Isso dará a todos uma idéia da emoção do texto todo.

Depois divida o grupo em duas forças de trabalho.

Cada grupo tem de considerar o significado do texto e como as vozes do grupo podem melhor retratar o significado. Lembre-se de que todas as combinações utilizadas para cantar são combinações possíveis para leitura — o grupo todo, solos, duetos, trios. Dê tempo para que o grupo experimente, para que se divirta planejando a melhor maneira para compartilhar este texto.

Quando as falas forem distribuídas, cada grupo deve começar a praticar e refinar o que já fez. Refinar incluiria a seleção correta, a decisão do volume apropriado e a seleção das palavras especiais a serem enfatizadas.

Estabeleça um tempo limite para esse planejamento. Vá de grupo em grupo nos primeiros estágios do planejamento para responder qualquer questão que possa surgir e para certificar o grupo de que ele está indo na direção correta. Quando estiver faltando cinco minutos, dê um aviso aos grupos, para que eles possam dar os toques finais.

Depois que o planejamento estiver acabado, peça que cada grupo apresente o que fizeram para o outro.

O roteiro final deve ser desenvolvido a partir do melhor que existe nos dois grupos. Utilize todas as pessoas na leitura. Aqueles que não têm uma parte especial serão importantes quando o grupo ler em uníssono. Um roteiro final pode assemelhar-se ao seguinte:

**Alice:**

Porque Deus amou o mundo de tal maneira (suavemente).

**Alice e Jane:**

Porque Deus amou o mundo de tal maneira (mais alto).

**Todos:**

Porque Deus amou o mundo de tal maneira que deu o seu Filho unigênito, para que todo aquele que nEle crê não pereça (*vá em um crescente até chegar ao final como se fosse um trompete*).

**Bob:**

Mas tenha a vida eterna (*alegremente*).

**Alice:**

Porque Deus amou o mundo de tal maneira (*suavemente*).

**Todos:**

Porque Deus enviou seu Filho ao mundo não para que condenasse o mundo, mas para que o mundo fosse salvo por Ele (*comece suave e vagarosamente. Vá em um crescente no fim*).

**Jack:**

Condenasse (*bravo e alto*).

**Alice:**

Salvo (*suave*).

**Jack:**

Condenasse (*bravo e alto*).

**Alice:**

Salvo (*mais alto*).

**Todos:**

Salvo, salvo, salvo (*muito alto e alegre*).

**Jack e Alice:**

Porque Deus AMOU o MUNDO de tal maneira que DEU (*enfatize as palavras-chave*).

## Algumas dicas para melhorar o jogral

Um jogral tem de selecionar um líder, alguém que tem uma voz expressiva. Os outros copiarão as expressões dessa pessoa em todas as partes de leitura do grupo. Isso permitirá que o grupo soe como as ondas que varrem a areia em um ritmo incessante. O padrão previsível é entediante. Na melhor das hipóteses um jogral sem expressão comunica apenas palavras, não o significado nem a emoção dessas palavras. Um líder é também responsável por iniciar cada parte do grupo total. Isso elimina aqueles horríveis falsos começos, quando todos sabem que é hora de falar, mas ninguém se habilita ser o primeiro.

As partes mais difíceis do jogral serão aquelas seções em que todos falam em uníssono.

*Sobreposição*: Depois que seu grupo pegou a idéia do jogral, você talvez queira tentar algumas coisas mais criativas. Por exemplo, é interessante ter alguém para iniciar a fala logo antes que a última pessoa tenha terminado a sua — especialmente se esta pessoa estiver repetindo a mesma frase.

A diagramação da leitura se assemelharia a isso.

*Pessoa 1:*
Porque Deus amou o mundo de tal maneira.

*Pessoa 2:*
Porque Deus amou o mundo de tal maneira.

As palavras da pessoa 1, "de tal maneira", e as palavras da pessoa 2, "porque Deus", estão sobrepostas. Isso demanda muita prática, pois a pessoa tem a tendência natural de esperar, antes de começar, até que a outra tenha parado de falar. Se você utilizar essa técnica, talvez queira usá-la muitas vezes para que as pessoas da congregação percebam que o grupo planejou isso; não que cometeu um erro.

*Posicionamento*: Faça com que o jogral fique de pé em grupos que ajudem a apresentar a mensagem. Esse jogral será ilustrado com *slides*. Portanto, o grupo pode ficar de pé ao fundo da igreja.

Em leituras sem *slides*, talvez seja apropriado dividir o grupo em dois e falar de lá para cá, um grupo com o outro, através da igreja.

Em um jogral para missões, o líder ficou no meio da congregação, e o resto do grupo foi dividido em quatro, e cada um desses subgrupos ficou em um canto da igreja — representando os quatro cantos do mundo. O líder entregava a mensagem de salvação, e os grupos respondiam com trechos da Bíblia que se ajustavam às suas respostas.

*Faces expressivas:* Se o jogral ficar em um lugar em que toda a congregação possa vê-lo, as faces das pessoas têm de expressar o que a voz está transmitindo. João 3.16,17 está repleto de empolgação e drama. As faces daqueles que aceitam a mensagem "salvo" tem de mostrar seus sentimentos ou a mensagem fica esmaecida. As pessoas que representam a expressão "condenasse" devem utilizar a expressão vocal e facial para comunicar a desgraça daquela decisão.

*Contato visual:* Quando os oradores podem ser vistos por toda a congregação, eles devem estabelecer contato visual com todas as pessoas. Os oradores praticaram suas falas. Eles saberão muitas de suas linhas de cor devido às repetições. Em muitos pontos da leitura, eles podem levantar os olhos de seu papel e olhar a congregação. O contato visual diz: "Estamos fazendo isso porque nos importamos com você. Por favor, escute". E em resposta, a congregação pode até mesmo escutar!

Algumas pessoas podem temer que se eles tirarem os olhos das partes que conhecem, podem perder o local na folha em que precisam ler novamente. Eu utilizo o polegar da mão esquerda como um marcador de linha. Eu o movo à medida que minha leitura progride. Posso tirar os olhos em qualquer momento e retomar ao local da leitura novamente em um segundo apenas ao checar a linha acima de meu polegar.

## Os slides

Faça um intervalo na prática de leitura do jogral para discutir que *slides* podem melhor ilustrar a passagem. As fotos devem ser literais, ou elas devem transmitir uma idéia ou emoção?

Enumere as idéias de todos. Depois, em grupo, selecione aquelas que são as melhores. Ou tire as fotos agora, ou encarregue alguém como responsável por tirá-las. Se você tiver um jovem de quinze a dezessete anos ou um universitário que goste de fotografia, essa será uma excelente oportunidade para usar os talentos dessa pessoa para Cristo.

Eis aqui algumas idéias que podem funcionar com João 3.16,17.

| | |
|---|---|
| Porque Deus amou o mundo de tal maneira. | Fotos do mundo todo, projetadas com cinco segundos de intervalo. |
| Porque Deus amou o mundo de tal maneira. | Fotos de pessoas de nossa congregação. Fotos projetadas rapidamente. Muitas dessas provavelmente estão disponíveis com as pessoas que já freqüentam a igreja há algum tempo. |
| Porque Deus amou o mundo de tal maneira que deu o seu Filho unigênito, para que todo aquele que nEle crê não pereça. | Muitas fotos do nascer do sol ou de plantas para simbolizar novos começos. Mãos de crianças em posições diferentes também transmitem essa mesma mensagem. |
| Mas tenha a vida eterna. | Fotos de crianças sorridentes. |
| Porque Deus amou o mundo de tal maneira. | Mais fotos da igreja. |

| | |
|---|---|
| Porque Deus enviou seu Filho ao mundo não para que condenasse o mundo, mas para que o mundo fosse salvo por Ele. | Símbolos que representem Cristo. |
| Condenasse. | Um fósforo aceso. |
| Salvo. | Fósforo que se apagou — mas ainda fumegante. |
| Condenasse. | Um fósforo aceso. |
| Salvo. | Fósforo que se apagou — mas ainda fumegante. |
| Salvo, salvo, salvo. | Traga cores — amarelo, vermelho, verde. Elas podem ser produzidas com tecidos e luzes atrás deles. |
| Porque Deus amou o mundo de tal maneira que deu. | Muitas fotos projetadas rapidamente em que as pessoas estão batendo palmas — talvez apenas as mãos. |

Tire mais fotos do que precisa. Tire fotos de ângulos distintos e mude o cenário para cada foto. Isso lhe dará oportunidade de escolha e aumenta as chances de que você tenha um projeto final muito profissional.

## Período de oração

As pessoas que estão envolvidas em estudos bíblicos. Primeiro, eles lêem a Bíblia. A seguir, eles estudam para ver a melhor forma de comunicar isso aos outros. Alguns podem ter memorizado pequenos trechos à medida que praticam. Por fim, eles interpretam visualmente o que aprenderam. Os *slides* tornam-se uma paráfrase visual. A oração segue naturalmente esse estudo.

Oriente a oração ao sugerir tópicos. Peça que essas pessoas façam oração de uma sentença sobre o tópico. Elas podem orar o quanto quiserem. Permita que a pessoas fiquem em um tópico enquanto estiverem fazendo contribuições.

Quando perceber que todos já acabaram, sugira o próximo.

Eu gosto desse tipo de oração de uma sentença com tópicos predeterminados. Quando era criança e estava aprendendo a orar em público, a maior parte da reunião de oração servia para que eu reunisse coragem para orar em voz alta. Eu enumerava mentalmente as coisas sobre as quais poderia falar e as repassava em minha mente. Quando finalmente fazia minhas orações de uma sentença, já havia perdido muito de meu entusiasmo. Mas neste tipo de oração, agora proposto, o tópico é escolhido para mim. As pessoas que têm facilidade para orar em público não farão essa oração sobre quase todos os tópicos, deixando-me quase nada para que eu partilhe em voz alta com Deus e seu povo. E como o objetivo é orar algumas palavras ou uma única sentença, aqueles que são novos nessa atividade de compartilhar orações podem ousar tentar.

Tópicos de oração variam, obviamente, dependendo da situação. Se estivesse dando uma festa agora, poderia usar uma lista como a seguinte:

Agradeça a Deus pelo que sua Palavra significa para você — talvez selecionando um versículo em especial.

Louve a Deus pelos líderes de nossa igreja que regularmente partilham a Palavra de Deus conosco.

Peça para que o projeto de jogral seja bem executado para que o nome do Senhor seja glorificado; as pessoas podem mencionar seus medos individuais de participar no jogral.

Ore pelas pessoas que estarão escutando o jogral. Talvez, algumas pessoas possam mencionar aqueles que precisam da mensagem.

Anfitrião e anfitriã devem encerrar, agradecendo a Deus pelos alimentos.

## Sugestão de cardápio

Falar pode deixar as pessoas famintas! Por que não providenciar para que sejam feitos sanduíches maravilhosos e deixar que as pessoas também participem com sua criatividade?

Assim, as pessoas podem cortar os sanduíches ao meio e trocar metade do sanduíche com uma outra pessoa. Sugira que as pessoas dêem metade do sanduíche para alguém que gostariam de conhecer melhor.

Ou você pode conseguir pães tipo baguete francesa, preenchê-los com recheios gostosos e cortar um sanduíche para cada um. Você pode incluir lanches de carnes, queijos, alface picada, tomate, salada de ovo, salada de atum ou os seguintes recheios de sanduíche.

### Picadinho de carne enlatada

Carne enlatada picadinha misturada com um *piccles* bem saboroso e umedecido com maionese, para passar entre os pedaços de pão integral é maravilhoso. Adicione folhas de alface para dar um sabor de frescor.

### Pasta de creme de queijo

Misture dois pacotes de creme de queijo, duas colheres de sopa de creme, 1/2 pepino ralado e uma colher de sopa de cebola ralada. Quando tudo estiver misturado e homogêneo, espalhe no pão.

Para incrementar, adicione anilina colorida para que a pasta de queijo fique verde vivo.

### Especial para crianças

Experimente pasta de amendoim com bananas fatiadas no topo. Ou pasta de amendoim com geléia de uva, o favorito dos pequenos há muito tempo.

**O presunto grelhado favorito das crianças**

Misture uma xícara de presunto cozido e picado, uma xícara de queijo ralado, 1/2 xícara de sopa de tomate concentrada, 1/2 colher de chá de mostarda e 1/2 colher de chá de raiz-forte. Toste o pão e espalhe essa mistura. A seguir, toste novamente na grelha.

**Carne seca**

Experimente carne seca no meio de pão preto, no qual já foi passada manteiga e *cream cheese.*

**Especial de queijo com nozes**

Deixe um pacote de pasta de queijo bastante temperada em temperatura ambiente. Adicione duas colheres de sopa de *catchup*, uma pitada de sal e suco de cebola para dar gosto. Depois adicione 1/2 xícara de nozes picadas e espalhe em pão de centeio.

**Sanduíche de pão de milho**

Faça pão de milho. Espere esfriar. Ponha uma xícara de leite com 250 gramas de queijo cortado em quadrados em banho-maria. Deixe até que derreta e forme uma massa homogênea. Fatie o pão de milho e cubra com uma fatia de presunto frito. Cubra com uma segunda fatia de pão de milho. Derrame o molho de queijo derretido sobre o sanduíche. Cubra com uma fatia de bacon crocante e sirva quente.

## Formas de expandir a idéia do jogral

*Paráfrases*

As pessoas jovens, com freqüência, gostam de fazer suas paráfrases da Escritura — adaptando a situação bíblica para nossa época.

Um exemplo de paráfrase do Salmo 23 o ajudará a perceber o que quero dizer. Você pode também ler esse exemplo para os jovens a fim de dar-lhes uma idéia do que devem fazer. Esta foi escrita por Bob Cook, dezenove anos, de Monmouth, Illinois. Aqui, ele usou gírias que seriam muito compreensíveis para a maioria dos jovens da Geração X e da Próxima Geração.

> O Senhor é minha mão direita e eu não vou amarelar.
> Ele sempre vai garantir que eu vou conseguir a minha, mesmo quando os outros caras querem se bancar.
> Ele não permitirá que eles me façam afinar.
> Sua espada e seu 38 me ajudarão a continuar.
> Ele me garante mesmo quando o bando está zoando na minha área.
> O mundo é meu.
> Sem sombra de dúvida sobreviverei às batalhas, pois com Ele, depois de toda noite escura, você descobre um dia mais claro.

*Dicionário*

Minha mão direita = alguém em quem você pode confiar.
Amarelar = pânico, medo (não o estado induzido pela droga).
Caras = neste caso, aqueles que não fazem parte de seu grupo, os inimigos.
Bancar = diante de sua face, confrontando você, vindo a feri-lo ou pegando você.
Fazer afinar = machucar, remover sua força ou intensidade.
38 = revólver de 38 milímetros.
Garante = respeito, boas coisas.
Bando = gangues familiares.
Zoando = se aproximando, cometendo infrações.
Área = minha panelinha, minha gangue, meus amigos.

Talvez não seja essa a forma que você utilize para escrever esse salmo em sua vizinhança, mas não fica claro que Bob sabe o que Davi sentiu, como também sente a segurança da proteção e amor de Deus?

*Colagem das Escrituras*

Algumas vezes a mensagem que queremos compartilhar pode ser encontrada em várias passagens ao longo da Bíblia. Encoraje as pessoas a pesquisar os melhores versos para transmitir a mensagem e desenvolver um jogral feito de colagens. Que grande maneira para aprender o que está na Bíblia. Será que você já não escutou um cristão, novo convertido, dizer: "Há este grande versículo sobre ter uma atitude de agradecimento em algum lugar desse livro e continuarei buscando-a até que a encontre"?

*Canção das Escrituras*

Aqui, cantaremos de verdade! Experimente uma canção de louvor e adoração, utilizando as palavras diretamente da Bíblia. É uma excelente forma de aprender os versículos bíblicos. Se você tem músicos talentosos em sua igreja, encoraje-os a musicar alguns trechos bíblicos. Alguns amigos podem ilustrar as canções com *slides*.

*Visão e som e som*

Em adição ao jogral e aos *slides* experimente um fundo musical. Que maneira multimídia maravilhosa para louvar a Deus. Cuidado — isso exigirá muito trabalho. Certifique-se de que o produto final reflete a mensagem da Palavra de Deus, e que todas as pessoas envolvidas percebam que o propósito de ler é glorificar a Deus, não glorificar as pessoas que participam.

Em todas as áreas, enquanto trabalhamos para servir a Deus, devemos buscar a excelência. Não são muitas as pessoas que diriam em voz alta: "Deus aceitará muito menos do que nossa suprema excelência; portanto, por que trabalhar tão duro?" Parece que muitas vezes essa é a atitude em relação a muito do que lhe oferecemos com o nome de louvor e adoração. Objetive mais alto. Objetive a excelência. Permita que o jogral — e outras manifestações que você faz para Deus — falem muito alto que nosso Deus não merece nada menos do que nosso melhor.

## Projeto: conscientização da missão

***Uma festa para planejar um evento para toda a igreja***

***Objetivo:*** Os membros da igreja que estão interessados em missões planejarão um evento para que toda a igreja tenha consciência da missão.

***Idéia básica:*** Este é um evento prévio para planejar um evento. As pessoas se encontrarão e planejarão totalmente uma conscientização da missão para toda a igreja, talvez organizando um domingo à noite para o evento. No planejamento da sessão, as pessoas aprenderão métodos para estruturar uma boa festa, e terão uma experiência positiva para compartilhar as idéias e vê-las tornarem-se parte de um evento para toda a igreja.

Já fiz parte de quatro eventos de conscientização para missões. Eles podem ser bastante divertidos, como também podem ser grandes experiências de aprendizado.

Na primeira festa, eu era um dos três adultos convidados. Toda a noite fora preparada por um grupo de meninas de onze anos que faziam parte do clube semanal patrocinado pela igreja. Naquela noite, elas compartilharam um pouco do que haviam aprendido sobre o trabalho de Deus na China, o país que haviam escolhido para estudar. Incluíram, para a noite, vídeos de cristãos que compartilhavam Jesus, enquanto ensinavam inglês, alguns jogos culturais, um relato retirado de fontes enciclopédicas e uma refeição tipicamente chinesa. Aquela noite saí dali com a certeza de que não haveria uma garota sequer, das que ali estavam presentes, que se esqueceria de orar pela China.

Na segunda festa, meu amigo Dee e eu trabalhamos juntos para planejar uma noite com experiências interculturais para as pessoas que faziam parte de nossa força tarefa de missões da igreja. Naquela época, eu havia retornado de uma viagem de três anos ao Japão, em que servi como professora missionária, e estava considerando a idéia de tornar-me missionária naquele país. Cerca de quarenta pessoas participaram dos jogos e da refeição japonesa. Foi uma grande experiência de aprendizado e, é verdade, Dee agora está em um campo missionário em tempo integral.

Quando Jack e eu estávamos namorando, planejamos a terceira festa para missões. Gladys, nossa boa amiga, acabara de retornar da Rússia, onde viajara por várias semanas com cristãos nativos. Que histórias ela tinha para contar! Jack e eu convidamos cerca de trinta pessoas para um jantar russo que foi seguido pelas histórias e *slides* de Gladys. Aprendemos o quanto gostávamos de exercitar a hospitalidade, e nossos amigos tiveram um vislumbre único de missões. Nossa quarta festa seguiu os padrões daquela festa russa. Só que desta vez, Gladys acabara de retornar da China. A comida chinesa foi bem mais fácil de ser organizada do que a russa!

Todas as festas missionárias foram bem-sucedidas! As pessoas ficam interessadas em missões, quando podem estabelecer uma conexão com pessoas que conhecem. Esses eventos hospitaleiros permitem que eles renovem o interesse ao abordar o assunto de uma forma bastante singular.

## Quem convidar

Primeiro, apresente toda a idéia ao pastor e decida com ele qual é a melhor época para realizar essa festa. Inclua-o no planejamento da festa. De antemão, convide dez a quinze pessoas que já estão interessadas em missões e já partilham esse interesse com outras pessoas na igreja. Como essa é uma festa de trabalho, talvez você queira convidar todos pessoalmente. Deixe que eles saibam que esta também será uma noite divertida, pois é basicamente uma festa para planejar uma outra festa. Encoraje-os a vir com idéias para a festa missionária que beneficiariam toda a família da igreja.

## O programa da noite

Eis aqui uma forma para organizar sua noite. Eu a estarei seguindo à medida que lhe dou idéias que podem incentivar outros em seu grupo.

Selecione um país em especial.
Estabeleça os objetivos para a festa de missões para toda a igreja.
Faça uma associação livre de idéias para a festa de missões para toda a igreja.
Faça uma associação livre de idéias para os alimentos.
Distribua as tarefas e o grupo de oração.

*Selecione um país em especial*

Qualquer um servirá. Você talvez queira encorajar as pessoas a selecionar algum sobre o qual tenham informações. Por exemplo, já fiz missões na Venezuela, Colômbia, México, Filipinas e Japão. Esses serão países óbvios para que eu sugira. Também conheço missionários na França e Grécia e poderia obter informações desses países.

Faz sentido selecionar um país no qual a igreja dê apoio financeiro a um missionário. Quando todos os países forem sugeridos, faça uma votação para decidir que país será o ponto central da noite de conscientização em missões para toda a igreja.

*Estabeleça os objetivos para a festa de missões para a igreja*

Sem eles, você realmente não saberá o que quer alcançar e certamente não será capaz de avaliar o que alcançou quando a festa acabar. Estabelecer esses objetivos em grupo ajudará as pessoas a sentirem a importância daquilo que estarão fazendo. Todos devem fazer associação livre dos objetivos, e o grupo deve selecionar aqueles que ele quer que sejam alcançados. Esses objetivos devem ser escritos, e cada pessoa que participar dessa seção de planejamento deve receber uma cópia. As pessoas devem ter isso em mente enquanto planejam e oram para o evento vindouro.

*Eis aqui uma amostragem de alguns objetivos*

- Nossa igreja obterá uma maior compreensão do trabalho de Deus em (nome do país).
- (Missionário ou obreiro nativo) receberá oração e apoio financeiro.
- Nosso grupo de jovens da igreja receberá uma maior responsabilidade em relação a nossa comunidade global.

Faça uma associação livre de idéias para a festa de missões para toda a igreja

Agora já é tempo de falar sobre o que acontecerá na noite desse evento para toda a igreja. Encoraje todos a verbalizar suas idéias. Peça que os planejadores pensem em "participação". Muitas pessoas jamais participaram de uma noite missionária. Eles apenas vieram, sentaram-se e escutaram. Como esse padrão pode ficar um pouco mais animado ao fazer com que todos estejam ativamente envolvidos?

Compartilharei algumas das idéias que tive. Você pode querer partilhar uma ou duas das melhores com o grupo para conseguir que a animação comece a fluir.

- Escreva aos missionários que conhecem nos países escolhidos e peça-lhes para enviar um vídeo de cinco minutos em que falem sobre o que acontece em um dia típico deles. Peça que o missionário inclua um ou dois pedidos específicos de oração.
- Planeje uma peça pequena sobre a vida no país escolhido. Talvez algumas pessoas na congregação já tenham visitado este país e possam ajudar. Essa pode ser uma área em que as crianças entre nove e onze anos possam se envolver.
- Mostre um vídeo sobre o país.
- Envie um *e-mail* ao missionário ou a um obreiro cristão nativo durante o planejamento e obtenha idéias dele diretamente.
- Planeje o oferecimento de um projeto. Faça cópias de um mapa desse país e distribua uma para cada pessoa. Explique o projeto e peça que as pessoas escrevam no mapa a quantidade

de dinheiro que serão capazes de doar para o projeto. (Você pode pedir que as pessoas assinem esse compromisso e escrevam a data em que doarão a quantia prometida.) Qualquer um, mesmo aqueles que não são capazes de doar, mas que também querem desempenhar um papel importante nesse projeto, devem escrever uma oração no mapa, junto com o tempo que dedicarão a este propósito em suas orações diárias. Tudo isso deve ser recolhido como ofertas. Seria ótimo se os compromissos de tempo e dinheiro pudessem ser calculados durante a noite, para que as pessoas saibam imediatamente se seu projeto será realizado ou não.

Seja criativo em sua escolha de projetos. Por exemplo, sei de uma igreja que ganhou dinheiro suficiente para enviar construtores ao México a fim de construir valas de irrigação junto com cristãos mexicanos. Os mexicanos ficaram tão felizes com seus parceiros bastante dispostos a ajudá-los que o grupo realizou duas vezes mais do que o objetivo estabelecido. Os não-cristãos partilharam com seus vizinhos que aqueles cristãos viviam o que pregavam.

Outra igreja levantou dinheiro para enviar, por várias semanas, adolescentes, entre quatorze e dezessete anos, para o campo de missões a fim de terem uma experiência em primeira mão do que Deus estava fazendo em outras culturas.

- Planeje os jogos. O país possui algum jogo típico que pode ser jogado no espaço disponível? Verifique em uma enciclopédia e faça pesquisa com as pessoas. Ou talvez você possa utilizar coisas desse país para dar uma idéia de jogos originários dele, os quais transmitem um sabor daquela terra.

Por exemplo, você pode ter uma corrida de revezamento de *hashi*[1] se seu país for Taiwan. Em Taiwan provavelmente não tenha corrida de revezamento, mas esse jogo talvez dê às pessoas da igreja uma idéia de como é difícil utilizar o *hashi*. Eles poderão ter uma noção dessa habilidade cultural de forma que jamais tiveram antes. Em um revezamento de *hashi* o grupo será dividido em equipes e cada uma formará uma fila. Uma tigela de uvas será colocada do outro lado do recinto para cada fileira. Assim que a campainha soar a primeira pessoa de cada fileira pegará o *hashi*, correrá até a tigela, pegará a uva com o *hashi*, a comerá e correrá de volta para sua fileira e entregará o *hashi* para a segunda pessoa, que repetirá o procedimento. A primeira fileira que acabar vence.

Eu participei de um jogo parecido como esse em minha juventude quando estive no Japão. Como a mais nova professora missionária, eu fui designada para a mesa de almoço dos adolescentes — uma tarefa que poucos adultos cobiçariam. O jogo naquela mesa era saber quem comeria mais gelatina com *hashi* sem quebrar os pequenos cubos. Fiquei bastante habilidosa com o *hashi* e acho que foi devido àquele jogo que ganhei o respeito daqueles garotos especiais, não devido a minha posição de professora.

Uma idéia de jogo. Se o seu país for a Colômbia, divida as pessoas em equipes para uma disputa de bandas de ritmo. Eles terão dez minutos para conseguir os instrumentos (pentes, latas de lixo, etc.) e praticar uma música utilizando a batida sul-americana.

Planeje uma *blitz* (ataque repentino) de cartões-postais. Ofereça os cartões-postais para as pessoas que participam da festa para a igreja toda, e peça-lhes para que escrevam imediatamente para os missionários que vivem naquele país. Uma pessoa será responsabilizada por enviar os cartões-postais, dois ou três de cada vez, nos meses seguintes. Utilize selos comemorativos.

Uma variação disso poderia ser o início de uma carta comunitária, na qual toda pessoa que participa da festa para toda a igreja adiciona alguns parágrafos. Ou algo mais fácil, falar alguns minutos em uma gravação de vídeo.

Planeje várias situações de representação nas quais as pessoas que planejam o encontro demonstrarão algumas das experiências típicas dos missionários.

Fale sobre a decoração. Como o ambiente poderia refletir o país em particular? Talvez uma exibição de curiosidades, de *posters* de viagem ou um mural feito pelo departamento de jovens possa ser considerado.

Você pode, ainda, incluir notícias sobre esse país. Faça uma cobertura dos eventos cristãos e seculares. Isto pode ser feito como um noticiário em que o âncora diz: "E agora levaremos vocês ao ________ (nome do país) para uma atualização". Outros repórteres podem ler seus itens. Mais uma vez, esse é um bom projeto para os adolescentes entre doze e dezessete anos.

Obviamente, você estará desenvolvendo idéias que são mais apropriadas para sua situação. Utilize minha lista como um início, mas jamais se esqueça que você está planejando uma noite única e particular para sua situação.

*Faça uma associação livre de idéias para os alimentos*

Talvez você queira planejar uma refeição que se pareça muito com aquelas servidas no país em questão.

Ou talvez você queira preparar uma refeição de arroz, para dar à igreja uma idéia da pobreza das refeições consumidas por muitas pessoas de nações do Terceiro e Quarto Mundo.

Ou talvez você possa preparar lanches do mundo todo. Cada lanche deve ser rotulado com um nome e um país. Muitos desses estão agora disponíveis na seção de alimentos especiais nos armazéns mais sofisticados.

Eis aqui as receitas de minha segunda festa de conscientização de missões. Se você escolher um país oriental, talvez queira copiá-las. De outra forma, pode servir como um exemplo do tipo de coisa que é possível. Esta refeição custa cerca de quinze reais por pessoa. Convide aqueles que são capazes de ajudar a custear as despesas.

**SALADA ORIENTAL**

Serve 24 porções.

*6 pés de alface*
*12 cebolinhas pequenas, com cabo, bem picadas*
*3 latas grandes de laranja*
*Um punhado de salsinha*

**MOLHO**:

*1/4 de xícara de vinagre de vinho*
*1/4 de xícara de suco de limão*

*1 xícara de açúcar*
*1 pitada de pimenta*
*6 xícaras de azeite de oliva*

Bata bem e derrame sobre a salada pouco antes de servir. Cubra com amêndoas carameladas.

**Amêndoas carameladas**

*2 xícaras amêndoas em pedaços e sem pele*
*1 xícara de açúcar*

Misture tudo na frigideira em fogo baixo. Mexa as amêndoas até que o açúcar derreta e as cubra. Deixe esfriar e quebre as amêndoas em pedaços.

***Teriyaki*[2] de alcatra**

*3 kg de alcatra, cortados em tiras de 2,5 centímetros de largura*

Peça que o açougueiro corte no sentido da fibra. Enrole-os e segure com um palito de dente e deixe de lado em uma panela rasa.

**Marinada**

*3 colheres de chá de gengibre*
*3 colheres de sopa de azeite*
*1/4 de xícara de xerez*
*1 1/2 xícara de molho de soja*
*3/4 de xícara de açúcar*
*2 dentes de alho amassados*

Misture os ingredientes da marinada e ponha sobre a carne. Cubra e deixe ficar no refrigerador por três dias. Se a marinada não cobrir totalmente os rolos de carne, vire-os depois de um dia e meio.

Um pouco antes da hora de servir, coloque os rolos de carne na grelha. Pincele com a marinada uma vez e grelhe, a uma distância de dez a quinze centímetros do fogo, por sete minutos. Vire, pincele mais uma vez com a marinada e grelhe por mais sete minutos, ou até que esteja pronto.

Sirva o *teriyaki* com rodelas de abacaxi e arroz.

Se você quiser adicionar um prato de vegetais, misture uma lata de broto de feijão com vagem francesa.

## Sobremesa

*Sherbet*[3] é bastante apropriado para a ocasião. Você talvez queira adicionar alguns biscoitos de arroz, agora disponíveis em muitas seções de comidas estrangeiras nos supermercados ou em lojas especializadas em artigos exóticos. Esses biscoitos têm vários nomes, mas geralmente você encontra no pacote escrito *O Sembi*,[4] nem que seja em letras minúsculas.

Ou se você realmente quer ter uma sobremesa diferente, experimente pudim de caqui.

**Pudim de caqui**

Serve 24 porções.

*6 xícaras de polpa de caqui*
*3 xícaras de leite*
*6 xícaras de açúcar*
*6 xícaras de farinha*
*1/2 colher de chá de sal*
*6 colheres de sopa de manteiga*
*1/4 xícara de bicarbonato de sódio*
*1 1/2 colher de chá de baunilha*
*4 xícaras de nozes*

Misture os ingredientes. Asse em uma assadeira untada, com cerca de 20 centímetros, por uma hora em forno à temperatura de 300 a 350°.

## Uma palavra sobre o planejamento de reuniões com lanches

Talvez você queira tentar alguns lanches de outros países, comprando tudo em uma seção de comidas estrangeiras no supermercado ou armazém. Há muita disponibilidade de itens. Ao longo da noite você pode anunciar o que está servindo e oferecer às pessoas que estão trabalhando. Eis aqui algumas coisas que minha loja possui:

*Marshmallow de chocolate de Israel*
*Biscoitos de arroz do Japão*
*Amendoim torrado*
*Guacamole*[5] *com salgadinho de milho*
*Laranjas mandarim (servir com palitos de dente)*
*Biscoito da sorte*
*Doce de arroz*

*Distribua as tarefas e o grupo de oração*

Agora é hora de distribuir as tarefas para os grupos. Apenas uma ou duas pessoas não conseguirão fazer com que esse evento aconteça.

**Uma parábola**

Era uma vez uma pequena galinha vermelha que possuía um campo de trigo.

*Ela perguntou: "Quem me ajudará a colher o trigo?"*

*O porco disse: "Eu não. Eu não sei como fazer isso".*

*A vaca disse: "Eu não. Eu sou muito desajeitada".*

*O cachorro disse: "Eu não. Eu estou muito ocupado com outras coisas".*

*Então a pequena galinha vermelha fez isso sozinha.*

*Ela perguntou: "Quem me ajudará a moer o trigo para obter farinha?"*

*Disse o porco: "Eu não. Eu nunca fiz isso antes".*

*Disse a vaca: "Eu não. Você pode fazer isso melhor".*

*Disse o cachorro: "Eu não. Talvez, alguma outra hora".*

*Então a galinha fez isso sozinha.*

*A pequena galinha vermelha perguntou: "Quem me ajudará a fazer pão?"*

*Disse o porco: "Eu não. Ninguém me ensinou como fazer pão".*

*Disse a vaca: "Eu não. Você jamais confiou em mim antes para que eu fizesse qualquer coisa para você".*

*Disse o cachorro: "Eu não. Você fez isso. Você é o manda-chuva por aqui".*

*Então a galinha fez isso sozinha.*

*Aquela noite, os convidados chegaram para um jantar na casa da pequena galinha vermelha, mas ela não tinha nada para servir-lhes exceto o pão. Ela estava tão ocupada que não teve tempo de planejar o resto do cardápio, fazer as compras, preparar a refeição e nem de tirar os talheres do faqueiro. A festa toda foi um desastre, e a pequena galinha vermelha viveu infeliz para sempre.*

*Moral: um bom líder treina e envolve os outros conforme suas habilidades. A galinha, ou alguém que tenta fazer tudo por si mesmo, deve apenas botar um ovo.*

(Utilizado com permissão da *Leadership with a Human Touch* — Liderança com Toque Humano —, editado por Arthur F. Lenehan.)

O que você decidiu fazer no evento de missões determina que grupos você precisa acionar. Eis aqui alguns grupos possíveis.

- Grupos de orações — encontros semanais até a festa.
- Grupo de propaganda — talvez entrar em contato com cada pessoa da igreja pessoalmente.
- Comitê dos alimentos — isso não significa que eles farão todo o trabalho de preparação. Mas eles decidirão o que precisa ser feito e liderarão esse processo.
- Comitê do programa de conscientização de missões.

## Uma simulação de missões

Depois que o grupo de tarefas completou seu trabalho, talvez você queira fazer uma simulação de missões para transmitir às pessoas a sensação do que acontece aos missionários quando eles vão para uma sociedade nova com a qual não estão familiarizados. Este é um jogo tolo, mas divertido, o qual foi planejado para ajudar os participantes a solidarizar-se com o chamado de Deus para servi-lo dessa forma única e bastante difícil. Uma coisa é certa: se o seu pessoal levar a sério esse jogo de simulação, os novos missionários de sua igreja serão sustentados em oração como jamais aconteceu antes.

Em jogos de simulação não há vencedores nem perdedores. Esse é um jogo de experiência, não de competição, como damas. Em uma simulação, as pessoas estão envolvidas em uma realidade simulada ou fictícia. Uma nova experiência cultural é reduzida em tamanho, para que as pessoas possam participar dela por alguns minutos e compreender um pouco o que significa o choque cultural. Nesta simulação de missões, você não fará as pessoas sentirem toda a frustração do aprendizado de uma nova linguagem e novos costumes, mas permitirá que eles sintam, por alguns minutos, algumas das frustrações de ser diferente, de não ajustar-se, de ser solitário e ineficiente.

Cuidado! Simulações podem mudar as atitudes das pessoas. Essa simulação pode fazer com que as pessoas encarem missões de uma nova forma, pois elas ali estiveram por cerca de meia hora ou mais.

Escolhi desenvolver uma simulação sobre as diferenças culturais, pois essa é uma área na qual enfrentei algumas frustrações. Acho que outras pessoas que moraram em países de culturas diferentes concordariam comigo.

Lembro-me de estar na Venezuela como missionária a curto prazo. Achei que seria algo excelente conseguir organizar os garotos da escola bíblica de férias em equipes de beisebol. Utilizamos nossos braços como tacos e limões ressequidos e duros, que haviam caído das árvores, como bolas. Aquilo foi muito divertido, até que o líder de missões explicou que beisebol não era permitido! Na Venezuela as pessoas apostam em jogo de beisebol da mesma forma que nos Estados Unidos as pessoas apostam em cavalos e cachorros. Portanto, como testemunho para os incrédulos, aqueles cristãos não jogavam beisebol.

O mesmo acontece, é claro, às pessoas que têm contato com nossa cultura ocidental. O filho de um missionário que passara toda a sua adolescência no Japão retornou aos Estados Unidos para freqüentar a faculdade. Ele foi expulso de uma loja de sapatos na primeira semana que retornou, quando repetidamente disse ao gerente que usava o número vinte e oito. O gerente achou que ele era apenas um outro garoto sem educação que estava bancando o espertinho. O garoto teve muita dificuldade para reunir energia e dirigir-se a uma outra loja.

## Choque cultural

*A simulação de uma experiência missionária*

*Explicação*

Quando os missionários chegam a uma nova cultura, eles tentam se ajustar aos hábitos e costumes das pessoas, desde que não violem os princípios ensinados na Bíblia. Isso pode ser muito difícil, pois estamos extremamente acostumados a nossos hábitos culturais. Acrescente a isso a pressão de aprender uma nova língua, novas situações de moradia e hábitos alimentares e a distância dos amigos e locais familiares. É apenas pela ajuda de Deus que os missionários sobrevivem ao primeiro ano. Hoje, enfrentaremos o choque cultural enquanto fingimos que somos missionários chegando àquele país estranho, a Terra do Rebanho.

Nessa simulação, nossa linguagem será o português, é claro, mas tornaremos a experiência difícil ao estabelecer um conjunto maluco de imperativos culturais, a saber, as regras essenciais dessa cultura. Há coisas que os recém-chegados têm de fazer, se esperam comunicar-se efetivamente com o povo da Terra do Rebanho.

Obviamente, a lista é boba, mas quem tem autoridade para dizer que essas regras culturais são mais estranhas que as nossas — apenas estamos mais habituados às regras de nossa cultura.

*Regras culturais*

Aqui, você pode fazer sua própria lista ou utilizar a minha. Quem sabe, uma combinação das duas. Talvez você queira pô-las em um quadro ou em uma folha grande de papel, de forma que fiquem diante das pessoas durante essa primeira parte da simulação.

- Na Terra do Rebanho uma pessoa culta jamais usa pronomes — apenas nomes completos.

- Na Terra do Rebanho, quando as pessoas se encontram elas pulam para cima e para baixo duas vezes e batem palmas uma vez. Quando se despedem, elas esfregam os narizes.
- Durante a conversa, é considerado extremamente descortês rir ou mostrar seus dentes. Satisfação e alegria são demonstradas ao passar a língua rapidamente no lábio inferior.
- As conversas na Terra do Rebanho são limitadas a dois minutos. Conversas mais longas indicam que a pessoa é preguiçosa, faz mau uso de seu tempo e vocabulário.
- Ninguém se senta com uma perna encostada na outra.
- As pessoas estalam os dedos em um ritmo regular quando estão conversando em público com alguém do sexo oposto, até mesmo o cônjuge.
- Uma pessoa refinada jamais dá um passo maior do que vinte e cinco centímetros.
- Um sinal de amizade é arrancar um fio de cabelo e dar de presente à pessoa com quem você está conversando. Isto também pode ser um sinal de que você está dizendo a verdade.
- Quando for se despedir de uma pessoa você deve lhe expressar um desejo. Marlene LeFever deseja chuva para Margaret Jones para que as batatas da Margaret Jones cresçam bastante.
- Quando uma pessoa da Terra do Rebanho se senta é descortês e inadequado inclinar-se para trás. Ao contrário, a pessoa tem de sentar-se na beira da cadeira.

*Prática:*

Diga ao grupo para passar cinco minutos se acostumando com as regras. Interaja com as pessoas como se você fosse da Terra do Rebanho. No fim deste breve período, a lista com as regras culturais deve ser retirada e os participantes terão de atuar sem vê-las.

Anote os erros que os outros fazem e os corrija. Isso não é a parte principal da situação; é mais para praticá-la.

Será impossível para a maioria das pessoas passar os cinco minutos sem cometer muitos deslizes de etiqueta na Terra do Rebanho. Obviamente, as regras são ridículas, mas em muitas terras, como Japão, Zaire e França, se os missionários desobedecerem às regras culturais, sua credibilidade será reduzida, poucas pessoas escutarão sua mensagem; e, em algumas culturas primitivas, os missionários correm perigo de morte quando isso acontece.

No fim de cinco minutos, dê tempo para que as pessoas compartilhem alguns de seus sentimentos e experiências. Se necessário, mantenha a conversa com algumas perguntas:

- Como você se sentiu depois dos cinco minutos? Tolo? Cansado? Um fracassado?
- Para nós, essas coisas são bobas. No entanto, considere um aluno estrangeiro que chega ao nosso país. Que coisas em nossa cultura ele poderia considerar engraçadas ou estranhas?

*A simulação*:

Divida os participantes em dois grupos iguais. Um grupo será de nativos da Terra do Rebanho. Eles se sentem totalmente confortáveis com sua cultura e com seus conterrâneos. Para ilustrar isso, eles devem agir normalmente. Os participantes partirão do pressuposto de que estão fazendo a lista de coisas que são culturalmente corretas na Terra do Rebanho.

O fardo sobra para o segundo grupo. Eles serão os missionários e têm de se lembrar de todas as regras da Terra do Rebanho. (Retire as regras que estavam expostas.)

A responsabilidade para estabelecer amizades com o povo da Terra do Rebanho é do segundo grupo, que tem de se lembrar de todas as regras culturais, procurando obedecê-las.

Sempre que um missionário cometer um deslize, o nativo o deixa falando sozinho. Os nativos e missionários devem interagir por cerca de cinco a oito minutos.

Lembre-se, o grupo um age de forma totalmente normal e todos os jogadores desse grupo partem do pressuposto de que estão obedecendo todas as regras. O outro grupo representa os missionários que enfrentam desafios culturais.

Se você tiver tempo, talvez queira trocar os grupos. Depois da simulação interrogue os participantes. Essas questões podem ser úteis:

- Quantos de vocês sentiram que conseguiram lançar os fundamentos para uma amizade? Você se concentrou mais em fazer amigos ou na precisão das regras?
- O quanto você acha realista assumir o pressuposto de que os nativos se desinteressarão pela mensagem de Cristo se o missionário violar as regras culturais?
- Que papel o Espírito Santo desempenha na apresentação de Cristo em uma experiência intercultural real?
- O que você aprendeu com essa experiência?

Este jogo foi planejado para um grupo que já está interessado em missões. Não é recomendado para a festa geral de conscientização de missões.

Entretanto, talvez você queira escolher quatro pessoas para demonstrar a parte final do jogo para toda a igreja, para depois discutir o que eles sentiram e o que essa representação lhes ensinou sobre os novos missionários e a necessidade de apoiar missionários com orações consistentes de apoio.

**Notas do Tradutor**

[1] Também conhecido como fachi.

[2] Prato japonês.

[3] Bebida refrescante de suco de frutas.

[4] *Sembe*, em japonês, significa doce de arroz; *sembi*, biscoito de arroz.

[5] Prato salgado mexicano. Um tipo de patê feito com abacate.

# Capítulo 8
## Deus Abençoe meu Lar

*Tragam seus balões e borboletas, seus buquês de flores... tragam as tochas e segurem-nas alto! Pintem seus sentimentos, cantem suas canções, assobiem, riam. A vida é celebração e afirmação do amor de Deus.*

— Ann Weems

Celebre a família — aquele maravilhoso grupo de pessoas diversas que moram sob o mesmo teto! Idéias para reunir a família da igreja não ficariam completas sem algumas delas dirigidas à família nuclear.

Esses eventos são apropriados para todos — solteiros que vivem sozinhos, solteiros que dividem apartamentos com amigos, casados — que estão construindo um lar em que Deus é glorificado. Esses eventos se ajustam aos solteiros, ou pais de família, ou casal sem filhos. *Lar* é uma palavra especial para todos, mesmo para aquelas pessoas que nunca vivenciaram isso. Celebre o lar centrado em Cristo!

## A apresentação de sua casa

### Este lar, Senhor, é teu!

***Objetivo:*** O lar será apresentado a Deus na presença de amigos especiais.

***Idéia básica:*** As pessoas planejarão uma apresentação para seu lar, convidando os amigos mais íntimos como testemunhas e participantes. Nessa apresentação eles dirão que esse lar, as coisas que existem dentro dele e as pessoas que nele vivem são de Deus, o qual está no controle.

A apresentação do lar usualmente serve às pessoas que acabaram de mudar para uma nova casa, mas essa definitivamente não é a única finalidade. Se você gostar da idéia e nunca apresentou seu lar, por que não planejar sua própria celebração? Antes tarde do que nunca!

Talvez você queira dividir a idéia com pessoas de sua congregação que mudaram há pouco — a cada ano mais de dezoito pessoas em cada cem mudam de casa.

A apresentação do lar faz muito sentido. No início do casamento, os cristãos planejam uma cerimônia especial em que pedem a Deus para Ele ser o terceiro parceiro no relacionamento. Esse compromisso assumido diante de amigos torna o evento todo mais especial. A marca da presença de Deus na vida dos noivos não é facilmente apagada. Na apresentação do lar, a casa é tratada, até certo grau, com a mesma seriedade. Isso torna os que viverão nela mais cientes da presença de Deus. Eles serão prudentes contra o uso do lar e suas coisas de forma inadequada. E, assim como na cerimônia de casamento cristão há uma testemunha do mundo de sua determinação em ser diferente, também acontece na apresentação de um lar cristão.

Compartilharei as idéias da apresentação que Jack e eu fizemos para nosso lar. Use partes dela em sua apresentação, mas acrescente suas idéias. Faça a apresentação de seu lar ser verdadeiramente única — como você é.

## Convidados

Nós mantivemos a lista de convidados pequena, limitando-a a pessoas que achamos que gostariam de participar desse tipo de celebração. Nossa lista, exatamente como nossa vida social, estava dividida igualmente entre solteiros e casados.

Tínhamos uma tarefa para cada solteiro e casal. Queríamos que nossos amigos sentissem um pouco de responsabilidade pelo evento — pelo sucesso de nosso testemunho e de nosso lar. Desejáramos que eles orassem por nós, e se eles achassem que estávamos caminhando em direção a alguma situação problemática, queríamos que se sentissem próximos o suficiente de nós para nos alertar.

Nossos convites foram escritos à mão, e cada um deles incluía uma tarefa especial. As tarefas individuais incluíam:

Por favor, faça uma oração de apresentação para nossa sala. (Ou a cozinha, ou o quarto.)

Por favor, traga um presente verbal que você gostaria que usássemos em nosso novo lar. Isso deve ser algo que você queira desejar para nós.

(Para o pastor) Gostaríamos que você compartilhasse o que Deus espera de nós em nosso lar.

Essas diferentes tarefas abrem a possibilidade para uma variedade de interações, tanto as sérias como as mais casuais. Nossa apresentação seguiu o seguinte formato (de aproximadamente quarenta e cinco minutos):

1. Seja bem-vindo em nosso lar (cinco minutos).
2. Uma explanação sobre a apresentação da casa (dois a três minutos).
3. Uma caminhada pela casa. As orações de apresentação para os cômodos selecionados (quinze minutos).
4. Presentes verbais na sala (dez minutos).
5. Breves palavras proferidas pelo pastor (cinco minutos).
6. (Opcional) Oração de libertação (um minuto).
7. Nossos votos (três a quatro minutos).
8. Brunch.[1]

## Um exame mais detalhado de nossa apresentação

### 1. Seja bem-vindo em nosso lar

Este pode ser o momento para o pequeno histórico da casa, especialmente se não for nova. A nossa foi construída em 1907, e nossa vizinhança partilhou conosco muitas histórias interessantes, embora conflitantes, sobre as pessoas que moraram ali antes de nós. O filho do primeiro proprietário, assim diz a lenda, foi ilustrador de propaganda para cachorros-quentes!

## 2. Uma explanação sobre a apresentação da casa

Jack e eu escrevemos o que queríamos dizer:

*Jack*: Algumas vezes nos sentimos como pessoas que moram em apartamento que foram mal alocadas, mas, lá no fundo, estamos começando a pertencer a essa casa. Morar aqui tem sido um processo educacional diário.

*Marlene:* Sempre percebo barulhos que não consigo identificar e corro para o porão para colar minha orelha à fornalha ou aquecedor de água a fim de determinar de onde vem o tremor, o ruído ou estrondo. O que realmente não sei é o que pretendo fazer quando descobrir a origem desses sons estranhos!

*Jack*: Mais do que tudo queremos que nossa casa seja um lar em que Deus é glorificado. Portanto, pedimos que você participasse da apresentação de nossa casa ao Senhor. Vocês são muito, muito bem-vindos.

## 3. Uma caminhada pela casa

As orações de apresentação para os cômodos selecionados.

As orações que as pessoas ofereceram pelos nossos cômodos foram graciosas. A maioria de nossos amigos escreveu o que queriam dizer. Assim ficamos com um registro duradouro de suas palavras.

*Sala*

"Deus e Pai, que esta porta possa acolher amigos e estranhos em um ambiente cheio de seu amor e em que serão vigiados por seu Espírito. Que estas paredes guardem as confidências do fundo do coração e reverberem com a comunhão e a alegria. Que este chão sustente pés cansados, trazendo conforto aos necessitados. Que estas cadeiras se tornem símbolos de seu amor envolvente para aqueles que compartilham da hospitalidade desse lar."

*Cozinha*

Quando Jack e eu estávamos namorando, fomos convidados para a apresentação de uma casa. Nossa apresentação foi estruturada de forma semelhante a esse evento, o primeiro desse tipo para nós. Recebemos a tarefa de fazer uma oração pela cozinha, a qual reproduzimos abaixo.

Acho que o amor de Jack pela culinária e sua empolgação sobre o que pode acontecer com os amigos ao redor de alimentos foi o motivo pelo qual recebemos essa tarefa. Já se passaram muitos anos desde que fizemos nossa oração pela cozinha. Infelizmente, o casal para quem a oferecemos passou por um difícil processo de divórcio. Eventos como essa apresentação e as orações de amigos não impedem que os casamentos entrem em colapso. Apenas Deus e a determinação do casal podem fazer isso. É verdade, recordo com tristeza um casamento que não durou, mas também sei que aqueles que participaram dessa apresentação feita muito tempo atrás deixaram esse evento com um desejo mais firme de estruturar lares centrados em Cristo.

Jack e eu fizemos nossa oração pela cozinha em forma de jogral.

*Ambos*: Pai, apresentamos esta cozinha para o serviço dedicado ao Senhor.

*Jack*: Apresentamos os alimentos que serão preparados aqui. Que a família seja sempre agradecida e tenha consciência de que muitos a quem o Senhor ama jamais saborearam suas dádivas tão copiosamente. Obrigado, Senhor, pelas possibilidades criativas que deixou aberta a nós cozinheiros — todos os vários alimentos e cores e sabores, que podem ser misturados, temperados ou ingeridos crus. Obrigado pela oportunidade de exercitar, em amor, esse talento diariamente para esta família e aqueles que o Senhor trouxer aqui para fazer uma refeição.

*Marlene*: Apresentamos as horas que esta família passará nesta pequena área trabalhando junta — planejando, cozinhando e limpando. Que esses momentos não sejam permeados pela frustração nem reclamação. Utilize este espaço e as tarefas aqui realizadas para reunir a família em uma unidade de trabalho, amor e comunhão.

*Jack*: Apresentamos as horas que este casal passará nesta pequena área sozinho — planejando, cozinhando e limpando. As tarefas realizadas aqui, com freqüência, favorecem um período de divagação aos trabalhadores. Oriente essa divagação para que tome o rumo dos pensamentos do Senhor. Enquanto as batatas estão sendo descascadas ou pratos sendo limpos, este ambiente pode se tornar um "gabinete de oração". Pai, apresentamos esses momentos livres para dar asas à imaginação ao Senhor.

*Ambos*: Pai, apresentamos em nome deste casal e sua família para o serviço dedicado ao Senhor.

*Quarto*

Carol e Robert tinham acabado de se casar depois de alguns anos muito difíceis que se seguiram ao divórcio deles. Como uma brincadeira bastante divertida, Jack e eu pedimos que eles apresentassem nosso quarto. Quando eles acabaram a leitura, praticamente não havia ninguém que não estivesse com os olhos marejados. E Jack inclinou-se para meu lado e disse: "Como estou feliz que estejamos casados!"

*Robert:* Este é um cômodo de descanso.

*Carol:* E de amor. Duas das dádivas mais agradáveis que o Senhor nos deu.

*Robert:* Descanso, sono, inatividade. Agora, faz-me repousar para dormir. Oro para que o Senhor, meu Pai, guarde minha alma.

*Carol:* O sono que tece as linhas das mangas do cuidado.

*Ambos:* Como é incrivelmente bom relaxar os ossos cansados, alongar sem câimbras, deitar aconchegado nos braços de seu amor, beijar, abraçar, desfrutar.

*Robert:* E depois dormir, em paz a noite toda.

*Carol:* Acordar, e na manhã ensolarada e brilhante ver a face um do outro. E é verdade, os corações desnudos repousam sobre essas faces.

*Robert:* Doce é o sentimento pela manhã quando você se levanta.

*Ambos:* Senhor, neste cômodo, duas pessoas compartilham seu amor e reclinam-se como se fossem um.

*Carol:* Que o Senhor esteja aqui, no repouso.

*Robert:* Que o Senhor esteja aqui, no amor.

*Carol:* Renove-os nessas noites silenciosas.

*Robert:* E nesses momentos tocantes.

*Ambos:* Segure-os próximos a ti, Senhor, do crepúsculo ao alvorecer. Amém.

## 4. Presentes verbais na sala

Após nossa caminhada pelas salas e sua apresentação, retornamos todos para a sala para a apresentação dos presentes verbais de alguns de nossos amigos.

Este foi de Rita e Bob, um casal de namorados.

"Desejamos um bom processador de personalidade a vocês. Esse aparato funciona como um liquidificador. Em vez de combinar diferentes ingredientes, o processador de personalidade ajuda vocês a misturar diferentes pessoas em amizades enriquecedoras.

"Nosso processador de personalidade não funciona com batedeiras rotatórias nem requer energia elétrica. Ao contrário, o processador de personalidades é alcançado com sua palavra de boas-vindas, pelas apresentações e iniciadores de conversa cuidadosos, pelo ambiente confortável e agradável que seu lar nos oferece, pelas atividades divertidas que vocês planejam.

"Seu processador precisa da energia proveniente do amor de Cristo e do cuidado em relação às outras pessoas. Utilize-o com a ajuda de Cristo para compartilhar seu lar e suas amizades."

Monette e Bob decidiram ser totalmente divertidos com seu presente, e cantaram com a música da famosa canção de Natal, *We Wish You a Merry Christmas* [*Desejamo-lhes um Feliz Natal*].

Aqui estão alguns versos:

*Feliz fornalha sem fumaça*
*Feliz telha sem goteira*
*Feliz parede sem trincas*
*Sem chamar a polícia.*

*Feliz muitas plantas verdes*
*E flores o ano todo*
*E muita música no lar*
*Silêncio ao lado.*

*Feliz com sua casa própria*
*Feliz com imposto pago*
*Feliz com o pão na mesa*
*Açúcar e amor.*

Esse não é um grande poema, talvez você diga. Bem, você está errado. Foi um dos presentes mais adoráveis que recebemos.

## 5. Breves palavras proferidas pelo pastor

Ouvir nosso pastor falar sobre nossas responsabilidades diante de Deus foi algo muito especial. Após vinte e cinco minutos de pregação, ele presenteou Jack e eu com um castelo de areia e cimento feito à mão. Ele nos disse: "Isto servirá para lembrar-lhes de que este pequeno teto, 'o castelo' que vocês estão comprando, deve ser um reflexo de seu castelo espiritual interior". Depois, ele cantou junto com o grupo: "A bandeira da alegria tremula no castelo do meu coração quando o rei ali habita".

## 6. (Opcional) Oração de libertação

Pedimos a Karen para fazer uma oração de libertação por nossa casa. Eis aqui sua oração:

Senhor venha agora preencher esta casa com tua presença.
Impregne a atmosfera, a densidade e a concretude deste lugar.

*Sopre teu Espírito aqui.*
*Sopre teu sopro espiritual.*
*Que saia daqui qualquer adversário asfixiante,*
*Qualquer mal que roube nossa respiração,*
*Qualquer coisa que roube nossa vida.*
*Que saia daqui a coisa obscura que veio para roubar.*

*Que esse seja um local sagrado,*
*Consagrado a ti*
*O Sopro da vida e o Doador da vida.*
*Cubra esta casa com o sangue de Cristo.*
*Marque-a como sagrada,*
*E que seja preenchida com a tua presença*
*E nenhuma mais.*
*Que saia todo aquele que não estiver sob a misericórdia do Senhor.*
*E que venha o sopro da vida.*
*Venha com os quatro ventos,*
*Ó Sopro da vida.*
*Sopre sobre todos aqueles que habitam aqui*
*Para que eles possam ter vida.*
*Venha, Sopro da vida.*

## 7. Os votos da família

Na apresentação de uma casa da qual fizemos parte, o pai incluiu suas duas filhas como parte de sua apresentação. O pai fez perguntas simples a cada uma delas, que permitiu que compartilhassem sua fé infantil de que Jesus realmente fazia parte da família deles. As perguntas que fez a suas filhas, com cerca de três e cinco anos, foram as seguintes:

Que cômodo da casa vocês mais gostam?

Quem são suas novas amigas nas brincadeiras?

O que vocês fazem juntas?

Por que vocês acham que Jesus nos deu esta casa especial?

Pelo que você gostaria de agradecer a Jesus?

Como vocês sabem que Jesus é parte de sua família?

As respostas das crianças apresentaram aquela casa a Deus tão completamente como a apresentação que o pai fizera.

Os votos são coisas especiais. Deixe-me partilhar com você o que Jack e eu fizemos, mas utilize isso apenas como uma sugestão. Quando você escrever sua apresentação, pergunte a si mesmo a razão pela qual apresenta sua casa ao Senhor e o que significa para você a frase — Apresentação de minha casa. Tudo que você falar deve ser aquilo que tem intenção de fazer. Essas não são apenas palavras bonitas, elas são promessas feitas diante de Deus das quais Ele fará com que preste contas.

*Nossos votos*

*Jack:* Faço voto diante de Deus e de vocês, nossos amigos, para trabalhar arduamente em nosso casamento — a estrutura real desta casa. Amarei Marlene e compartilharei de suas alegrias e desapontamentos. Lembrar-me-ei que ela é meu lar, e que esta construção é apenas uma estrutura com um teto na qual meu lar habita.

*Marlene:* Faço o voto diante de Deus e de vocês, nossos amigos, para trabalhar arduamente em nosso casamento. Respeitarei Jack como meu marido e meu melhor amigo. Eu o edificarei e o apoiarei. Sei que esta casa perde seu coração quando ele não está aqui.

*Jack:* Por meio do lar que Marlene e eu estamos criando, fazemos o voto de estar sempre conscientes de nosso Criador e sensíveis a Ele, a fim de reconhecer a nós mesmos como servos a quem Ele deu essa tarefa especial — viver, crescer e servir nesta rua.

*Marlene:* Quero que esta casa seja um local em que as pessoas sintam-se confortadas e bem-vindas. Faço o voto de realizar minha parte a fim de tornar *hospitalidade* a palavra-chave em nossa parceria com Deus. Quero que aqueles que atravessem esta porta saibam que Deus está aqui, e que Ele está tão feliz quanto nós com a presença de nossos convidados.

*Jack:* Deus, obrigado por esta casa e pelo que o Senhor fará com ela e conosco. Obrigado pela alegria que já está aqui há dois meses. Obrigado pelas pequenas coisas, pelo homem que conserta a fornalha e por eu ter descoberto como consertar a lixeira.

*Marlene:* Obrigada, Senhor, pela alegria que virá. Dê-nos força para atravessar os momentos difíceis e os momentos em que falharmos um com o outro e com o Senhor.

*Jack:* Dê-nos a sabedoria para continuar estruturando este lar — não com tijolos nem telhas, mas com amor, compreensão e alegria.

*Marlene:* Obrigada por ter criado nosso primeiro lar.

*Jack:* Apresentamos a nós e este lar ao Senhor.

Você pode terminar seus votos com uma canção em que as palavras e música digam exatamente o que você quer que elas transmitam. Se você não encontrar uma que se ajuste bem, então selecione uma canção que todos conhecem e escrevam as palavras que permitam que você louve e glorifique o Senhor pela casa que Ele lhes deu.

Este exemplo de palavras originais para uma melodia familiar foi estruturado com a canção *Come Ye Thankful People, Come* (Venha, Povo do Senhor).

*Deus, teu povo grato vem*
*Cantar a nova casa.*
*Para telhado e chão*
*Louvar todo espaço.*
*Encontro com vizinhos*
*Refeições que faremos*
*E louvar Pai e Filho.*
*E louvar teu Espírito.*

*Deus, teu povo grato vem*
*Dar-te a nossa casa.*
*Aceite a oferta.*
*Louvores gratos soam.*
*Também é tua esta casa,*
*Bem-vindo, Senhor, aqui.*
*E louvar Pai e Filho.*
*Que moram em nosso lar.*

## 8. Brunch

**CESTA DE FRUTAS**

Selecione laranjas ou *grapefuits* grandes com uma casca que não seja muito fina. Corte-as ao meio e remova os gomos. Separe as cascas em forma de concha.

Corte a fruta e remova as sementes e polpa. Misture com outras frutas frescas ou enlatadas e ponha de volta na concha da casca. Ponha no refrigerador. Antes de servir, borrife com guaraná e cubra com nozes. Guarneça com folhas de hortelã lavadas.

**SANDUÍCHE DE METRO**

Serve de 10 a 12 porções.

1 *filão de pão inteiro*
*Manteiga*
*2 pacotes grandes de cream cheese*
*3 colheres de sopa de leite*
*Azeitonas maduras*
*Pimenta-da-jamaica*
*Salsinha*
*Agrião*

Remova a crosta do pão e corte em quatro fatias na longitudinal, com cerca de dois centímetros de espessura. Passe manteiga em três fatias. Ponha uma fatia em um prato ou tábua. Cubra com patê de atum. Nas duas outras fatias restantes passe em uma delas patê de presunto, e na outra, patê de queijo *cheddar*. Remonte o pão, cubra com uma toalha úmida e leve à geladeira. Antes de servir, ponha a cobertura de *cream cheese* (creme de queijo). Bata o *cream cheese* e o leite até que tenham a consistência de cobertura. Espalhe nos lados e topo do filão de pão e leve à geladeira. Decore com azeitonas, pimenta-da-jamaica, salsinha e agrião. Talvez você queira fazer uma pequena flor em que a pimenta-da-jamaica será as pétalas. Leve à geladeira até servir.

**Patê de atum**

*1 pote grande de atum*
*maionese*
*5 azeitonas verdes*

Corte as azeitonas em pedaços pequenos. Misture todos os ingredientes, adicione a maionese até que você obtenha uma consistência boa para patê.

**Patê de presunto**

*1/2 xícara de queijo suíço ralado*
*1 lata pequena de presunto bem temperado*
*1 colher de chá de cebola picada*
*1 colher de sopa de picles doce condimentado*
*1 colher de sopa de pimentão verde bem picado*
*1/2 colher de chá de noz-moscada*

Quando o queijo suíço estiver na temperatura ambiente, adicione a pasta de presunto, a cebola, o picles condimentado e o pimentão verde. Bata.

**Patê de queijo *cheddar***

*1 1/2 xícara de queijo cheddar ralado*
*1/4 de xícara de leite*
*1/4 de colher de chá de molho inglês*
*1/2 colher de chá de curry*
*2 colheres de sopa de azeitonas maduras picadas*

Deixe que o queijo *cheddar* fique em temperatura ambiente. Adicione o leite e o molho inglês. Bata até ficar homogêneo. Misture bem as azeitonas.

Se você tiver um grande número de crianças, talvez queira servir os alimentos de acordo com a faixa etária! Por exemplo, cachorrinhos-quentes de milho podem ser muito mais populares do que um sanduíche de metro.

**Cachorrinhos-quentes de milho**

*500g de salsicha tipo Frankfurt*
*1/2 xícara de catchup*
*1/2 xícara de flocos de milho triturados*

Corte as salsichas em 4 ou 5 pedaços e envolva-as no *catchup* e nas migalhas de flocos de milho. Asse por quinze minutos em um forno à temperatura de 350°.

Ou se preferir, utilize mostarda em vez do *catchup*.

**Presuntada especial**

*Presuntada fatiada*

*Açúcar mascavo*

*Guaraná*

Polvilhe as fatias de presuntada com uma pequena quantidade de açúcar mascavo, e noz-moscada, canela e borrife um pouco de guaraná. Coloque em um forno à temperatura de 350° ou até ficar dourado. Sirva em uma torrada de pão integral amanteigada.

***Scotcharoos*[2] de chocolate**

*1 xícara de açúcar cristal*

*1 xícara de glucose de milho*

*1 xícara de pasta de amendoim*

*6 xícaras de flocos de arroz*

*1 xícara de pingos de chocolate (ou pingos de caramelo)*

Misture o açúcar com a glucose de milho, coloque em fogo moderado até o ponto de fervura. Mexa constantemente. Retire do fogo e adicione a pasta de amendoim. Mexa. Despeje a misture sobre os flocos de arroz. Ponha em uma caçarola, com aproximadamente dois centímetros de profundidade, untada com manteiga. Refrigere. Derreta os pingos de chocolate (ou de caramelo) e espalhe no topo.

## Algumas idéias adicionais para a apresentação da casa

*Jogral*

Por que não preparar um jogral sobre as Escrituras em que participem os convidados e a pessoa ou casal cuja casa está sendo apresentada? (Veja as páginas 140 a 149), para algumas outras idéias de como escrever um jogral.)

Este jogral pode ser uma extensão do tópico 7, acima — Os votos da família. Eis aqui algumas linhas para demonstrar a você como essa leitura final pode ficar. Todas as referências são retiradas da *Bíblia de Estudo Pentecostal*, Almeida Revista e Corrigida. Mudei o pronome "eu" para "nós" quando o grupo lê junto. As referências não devem fazer parte da leitura. (Se não-cristãos estiverem participando da apresentação, reescreva qualquer coisa que eles teriam de dizer ou pelo grupo todo para que você não peça que eles falem mentira.)

*Todos:* "Cantaremos sobre o amor fiel e a justiça, cantaremos a ti, ó Senhor".

*Família*: "Tomaremos bastante cuidado para andar sempre pelo caminho certo, mas para isso preciso muito da tua ajuda! Quero começar pela minha própria casa, tendo sempre um coração puro e sincero".

*Pai*: "Escolham hoje a quem querem dar obediência".

*Família*: "Quanto a mim, escutem! Eu e a minha casa serviremos ao Senhor!"

*Todos:* "Nós escolhemos servir ao Senhor!"

*Pastor*: "Ouviram o que vocês mesmos disseram! A escolha é de vocês; vocês resolveram obedecer ao Senhor".

*Todos:* "Sim, nós somos testemunhas".

*Família*: "Sim, nós vamos servir e obedecer somente ao Senhor" (Js 24).

*Convidado 1*: "Continuem a amar-se uns aos outros com amor fraternal verdadeiro. Não se esqueçam de ser bondosos com os estranhos, porque alguns que fizeram isso hospedaram anjos sem percebê-lo".

*Convidado 2:* "Honrem a Deus e sejam puros".

*Convidado 3:* "Partilhem o sofrimento daqueles que estão sendo maltratados, pois vocês sabem o que eles estão passando".

*Convidado 1*: "Deus deu a cada um de nós a habilidade de fazer bem determinadas coisas. Se tiverem o dom de prestar serviços a outros, então sirvam bem. Se Deus lhes deu dinheiro, ajude aos outros com generosidade".

*Convidado 2*: "Não finjam apenas amar aos outros: amem realmente. Amem-se uns aos outros com afeição fraternal e tenham prazer em honrar uns aos outros".

*Convidado 3*: "Fiquem alegres com tudo que Deus está planejando para vocês" (Rm 12.6-12).

*Família*: "Quanto a mim, escutem! Eu e a minha casa serviremos ao Senhor!"

*Todos*: "Quanto a nós e às famílias aqui representadas, nós serviremos ao Senhor".[3]

*Presentes simbólicos*

Para uma família com filhos, um presente simbólico pode ganhar grande significado. Por exemplo, enquanto a mãe e seu filho preparam um presente antes da apresentação da casa, cujo significado depois partilharão com os convidados, eles estão afirmando que essa casa realmente pertence a Deus. Para a criança que já tem alguma compreensão, este símbolo pode causar um impacto duradouro. O símbolo deve permanecer em exposição na casa — fazendo com que a criança e os pais se lembrem diariamente dos votos que fizeram.

Eis aqui alguns símbolos possíveis.

*Pedras* – Estas podem simbolizar tanto a estabilidade do lar quanto o fato de que o lar está fundamentado em Jesus Cristo, nossa Rocha. Imagine o que esse símbolo pode significar para um garoto de onze anos, cujos pais acabaram de se divorciar. Ele pode ter escutado que está seguro e que é amado, que não é a causa do que aconteceu. Esse lembrete visual o ajudará para que essa realidade torne-se parte de seu ser.

*Uma colagem dos itens que pertencem a cada membro da família*. Talvez você possa organizá-los no formato de sua casa.

No centro pode estar um símbolo de Cristo. O bebê pode contribuir com um ruído. As crianças em idade escolar podem fornecer um trabalho de escola bem feito. A criança que está aprendendo a andar pode adicionar um desenho de *crayon*. A mãe pode acrescentar algo importante para ela. Por exemplo, eu adicionaria um *mouse* de brinquedo, pois passo a maior parte de meu tempo livre escrevendo em meu computador. Tudo isso pode ser colado na moldura em formato de uma casa que seria a "nossa foto".

*A família poderia fazer uma bandeira que a represente.* Utilize um brasão e adicione algumas indicações específicas a respeito do rei de quem a família é súdita. A família talvez queira içar essa bandeira em dias especiais: aniversários, feriados e o aniversário da apresentação da casa.

*O presente dos convidados.* Talvez seja apropriado para os convidados dar a esse lar presentes simbólicos.

Em uma apresentação de uma casa, eu trouxe uma pequena árvore para ser plantada no quintal de minha amiga. Disse-lhe que queria que sua casa crescesse de todas as formas especiais e peculiares em que um lar vivo pode crescer. À medida que observasse o crescimento daquela pequena árvore ano após ano, ela se lembraria de como Deus foi bom ao suprir suas necessidades e do quanto seu amor por Ele cresceu.

## Outras idéias de presentes simbólicos

*Um porta-retratos bonito, com cerca de 20 cm x 25 cm.* Especifique que o porta-retratos deve ser renovado todo ano a fim de mostrar uma forma em que a casa foi usada por Jesus no ano que findou.

*Um pote ou uma lata de fruta de cada pessoa presente.* Esse é um símbolo do fruto que esse novo proprietário pode potencialmente dar se ele viver por Cristo nessa comunidade.

*Um cartão grande e feito em casa, no qual todos os presentes possam escrever uma oração.* Cartões feitos em casa são sempre especiais.

## Comunhão familiar

*"Lembre-se de mim até que eu retorne"*

***Objetivo*:** Duas ou três famílias se lembrarão da morte e ressurreição de Cristo, ao realizar um culto de comunhão juntas.

***Idéia básica*:** A celebração da comunhão será feita em casa. Este evento pode ser especialmente pungente para pais solteiros e seus filhos. Considere a inclusão de algum solteiro sem filhos, o qual é próximo dessas crianças. Este evento possibilitará que os pais conversem com os filhos sobre o significado dos elementos, assim como possibilita que os filhos façam perguntas. Também oferece oportunidade para uma refeição comunitária, seguida por alguns jogos que exaltem a família.

Esse culto de comunhão está planejado para acontecer em um lar em que um dos membros da família assume a liderança dessa consagração. Algumas pessoas sentem-se desconfortáveis em celebrar a comunhão sem a liderança do pastor. Se este for seu caso, convide o pastor para partilhar essa experiência com você. Peça que ele ofereça os elementos, enquanto você assume a responsabilidade por todo o resto da noite.

O que você fará depende da idade de seus filhos, mas o esboço a seguir pode servir como ponto de partida.

1. Preparação — a noite anterior.
2. Cante canções sobre a ressurreição.
3. Dê testemunho de uma ação que se assemelhe a Cristo.
4. Fale sobre o propósito da Ceia do Senhor.
5. Passe algum tempo em oração silenciosa.
6. Sirva aos outros uma refeição.
7. Faça um jogo de louvor.
8. Cante novamente canções sobre a ressurreição.

Se você deixar quarenta e cinco minutos para a refeição, toda a noite de comunhão levará cerca de duas horas para duas famílias com três membros em cada uma.

*1. Preparação — a noite anterior.*

Explique o que acontecerá. Certifique-se de que todos estarão livres no dia marcado. Encoraje os jovens a esperar com entusiasmo por essa noite. Se você tem pré-adolescentes ou adolescentes em sua casa envolva-os em todo o planejamento, inclusive o preparo da refeição. Cada pessoa deve comparecer ao período de comunhão com alguma oferta pessoal especial — algo que expresse o amor dessa pessoa e seu agradecimento a Jesus. Os pais precisam ajudar as crianças menores. Um pequeno desenho de um garoto de quatro anos feito para Jesus pode ser tão significativo neste estágio de desenvolvimento quanto uma canção original seria para você e seu filho adolescente.

## A noite

*2. Cante canções sobre a ressurreição.*

Em comunhão, estaremos recordando a morte de Cristo — aquela horrível e dolorosa expressão de seu perfeito amor por nós. Também estaremos lembrando que Ele voltará. Comece com canções que focam a alegria que embasa nossa compreensão de comunhão. Essas podem ser as canções favoritas sugeridas no momento da festa ou a seleção de canções pode ser feita durante o planejamento na noite anterior. As canções devem incluir hinos antigos como *Cristo já Ressuscitou* (Charles Wesley e Lyra Davídica) e *Celebrai a Cristo* (Gary Oliver).

*3. Dê testemunho de uma ação que se assemelhe a Cristo.*

Cristo fez alguma diferença em nossas vidas e se estamos nos tornando cada vez mais parecidos com Ele, estas diferenças entre nós e os não-cristãos também estão crescendo todos os dias. Peça que cada pessoa compartilhe alguma coisa positiva que mostre para ela, e talvez para os outros, que esse crescimento está acontecendo.

Talvez você queira ajudar crianças pequenas com algumas perguntas para ajudá-las a assim fazer: "Como Jesus ajudou você hoje?"

Uma criança entre seis e nove anos pode responder: "Não chorei hoje quando senti medo. Ao contrário, lembrei-me que Jesus estava comigo".

Um adulto pode dizer: "Eu realmente testemunhei hoje. Um colega no escritório perguntou-me se a igreja era um acordo social para mim ou se eu realmente acreditava nas baboseiras que pregavam. Eu abri minha boca sinceramente e disse-lhe o que Deus significa para mim.

*4. Fale sobre o propósito da ceia do Senhor.*

Nesta sessão, envolva todas as pessoas nessa atividade de perguntas e respostas. Aqui é o momento em que você tem a oportunidade para treinar seu grupo de pessoas mais jovens, a fim de orientá-las em direção a uma maior compreensão dessa ordenança, a Ceia do Senhor, do que seriam capazes de conseguir em uma reunião para a igreja toda. Leia 1 Coríntios 11.23-31 em voz alta. Talvez você queira utilizar uma versão moderna ou paráfrase desse texto familiar. (Gosto muito de um parágrafo escrito por Eugene Peterson em *The Message* [A Mensagem].) Dê uma expressão à sua voz, que conforme você acredita, soe parecida àquela que os líderes da Igreja Primitiva podem ter usado quando leram essas ordenanças.

Eis aqui algumas perguntas sobre comunhão que foram organizadas por grupos etários. Selecione aquelas que parecem melhor para você e seu grupo. Não utilize todas as perguntas direcionadas para as crianças em idade pré-escolar de uma vez para depois continuar com outra faixa etária. Intercale as faixas etárias para que todos participem juntos.

*Crianças em idade pré-escolar*

Como você sabe que Jesus ama você?

Que história sobre Jesus você não gostaria de esquecer?

Você pode nos levar a cantar *Jesus me Ama* (Anna Warner e David McGuire)?

Perceba que nenhuma dessas questões exige qualquer compreensão simbólica da parte da criança. Se a jovem Cheryl cresceu em um lar cristão, ela sabe, em seu coração, que Jesus a ama.

Obviamente, Cheryl não compreenderá todas as ramificações do que está acontecendo, mas ela pode sentir-se segura no amor de Jesus e de outros adultos e crianças que a amam. Ela toma parte, e, à medida que ela amadurece, esse evento especial terá um significado mais profundo.

*Crianças entre seis e nove anos*

Você tem certeza de que Jesus ainda ama você, mesmo quando se comporta mal?

Como você sabe isso?

Você pode nos contar a história da morte de Jesus na cruz?

Talvez você tenha de ajudar as crianças, mas permita que elas partilhem com você o quanto possível. Ajude-as a lembrar-se de mais detalhes. Por exemplo, você pode dizer: "Jesus e seus discípulos estavam em um jardim. Jesus estava orando, quando de repente..., o que aconteceu?"

Você pode nos dizer por que Jesus teve de morrer na cruz?

O que queremos dizer quando afirmamos que vamos participar da Ceia?

Dê uma razão pela qual você ama Jesus.

Se você estiver certo de que a criança compreende o que Jesus fez por ela, peça-lhe para que partilhe com todos a razão pela qual é importante ter Jesus como um amigo para a vida toda. Se a criança afirmar sua fé publicamente, você pode pedir para que ela partilhe o significado daquela ocasião.

*Pré-adolescentes e adolescentes*

Usualmente quando fazemos a Ceia na igreja nós temos apenas um bocado de suco de uva e um pequeno pedaço de pão. Portanto, por que a chamamos de "A Ceia do Senhor"?

Conte-nos a história de Jesus tendo sua última ceia com seus discípulos, a noite em que tiveram o culto da ceia como uma maneira de lembrar-se dEle.

Peça a um bom orador para ler Mateus 26.26-29 e Marcos 14.22-25.

Como você define o pecado para um adolescente que nunca esteve na igreja?

Suponha que tenhamos uma visitante em nossa igreja, e ela pergunte-lhe se poderia participar da celebração da Ceia no culto. O que você diria?

*Todos os outros*

O que é um símbolo? O que a Ceia simboliza? Ou em que o pão e o vinho transformam-se quando participamos da Ceia? O que torna isso importante para nós?

Se você fosse explicar a Ceia para um cristão muito jovem, o que você diria?

Isso servirá como uma recapitulação do que os outros disseram. As perguntas obrigam as pessoas a pensar em quê acreditam e declarar isso sem os clichês que tão freqüentemente limitam nossa conversação com não-cristãos ou novos convertidos.

Em que áreas de sua vida você está mais interessado em se entregar mais profundamente a Cristo? (Não dirija a ninguém essa pergunta. Permita que voluntários a respondam.)

Compartilhe como você se sentiu na primeira vez em que participou da Ceia.

Diga algumas coisas que, com freqüência, fazem a Ceia parecer menos especial para você hoje, do que quando participou dela pela primeira vez. Como podemos reavivar nossa participação pessoal nessa ordenança?

*5. Passe algum tempo em oração silenciosa.*

Cada pessoa pode pedir a Jesus para limpá-la do pecado. Este é um momento importante, totalmente realizado de acordo com a Escritura. Para enfatizar a importância deste momento, você talvez queira reler 1 Coríntios 11.27. Escolha a versão que as crianças terão mais facilidade de entender.

Ao final desse tempo, ponha uma música tranqüila.

*Idéias para os tópicos:*

Converse sobre as coisas especiais que Deus fez por sua família este ano. (Se este foi um ano de dor, essa questão pode ser especialmente significativa.)

Fale sobre as boas coisas que aconteceram na igreja. Compartilhe alguns dos sonhos que você tem para o crescimento das crianças que estão à mesa. (Cuidado para não deixar ninguém em uma situação embaraçosa. Por exemplo, uma mulher pode partilhar com seu sobrinho, David, de oito anos: "David, espero que este ano você aprenda a ler tão bem para que seja capaz de ler algumas das histórias sobre Jesus diretamente da Bíblia. Isso não seria maravilhoso?")

Quais são algumas das coisas que nos tornam diferentes por ser cristãos? Quais são algumas das coisas que devemos exercitar a fim de que se torne mais óbvio aos outros que pertencemos a Cristo?

Fale sobre alguns dos problemas que preocupam os membros da família. Talvez, a mãe possa compartilhar sua frustração com seu trabalho, ou um adolescente pode compartilhar que realmente necessita de oração para que se saia bem com sua álgebra. Encoraje todos a aceitar essas sugestões como problemas "familiares", não apenas como problema da pessoa que está diretamente envolvida com ele. Todos devem ter consciência dos problemas e oferecer oração e apoio pessoal. (Este não é o momento para falar sobre problemas de disciplina.)

Talvez você queira terminar a refeição com a família toda cantando algumas canções ou louvores ou o primeiro verso de alguns hinos favoritos.

*6. Faça um jogo de louvor.*

Por que não? Faça com que o jogo seja divertido e encoraje todos a participar.

## O louvor a Deus feito pelos personagens da Bíblia

Antes do início da noite, corte pelo menos vinte e cinco quadrados de papel, grandes o suficiente para que as pessoas possam ficar em pé sobre eles — 1, 2, 3 e assim por diante. Pinte dois ou três desses quadrados.

Coloque os quadrados em fila ao redor do ambiente. À medida que as pessoas respondem à pergunta, elas andam na fila e ficam sobre o quadrado apropriado.

Você precisa de um dado ou uma moeda para dizer a cada pessoa quantos quadrados tem de andar de cada vez. Por exemplo, se o dado cair no 3, a pessoa move-se três quadrados à frente. Ou, se utilizar a moeda, cara pode significar dois quadrados e coroa apenas um.

Procurei ajudá-lo a escrever dez perguntas de exaltação, mas você precisará de muitas outras. O objetivo do jogo é ser a primeira pessoa a passar pelos vinte e cinco quadrados. Se esse não parece serem um jogo muito longo, faça com que o vencedor seja a pessoa que passar duas vezes por todos os quadrados.

As pessoas têm de ficar de pé em seus quadrados. Se responderem corretamente à questão, elas podem mover adiante conforme o número indicado pelo dado. Se não conseguirem responder adequadamente à questão, elas andam para trás o número de quadrados indicado pelo dado. Quando a pessoa cair sobre um quadrado colorido, faça uma pergunta pessoal, em vez de uma pergunta sobre o louvor a Deus feito pelos personagens da Bíblia. Forneci-lhe várias perguntas pessoais, mas você precisa desenvolver outras. Quando você preparar este jogo, ele verdadeiramente será um jogo criado por você!

*Questões de louvor*

O cabeça da casa fará as questões e não participará do jogo.

(Todas as questões são estruturadas em torno das pessoas da Bíblia que tinham razões para louvar a Deus.)

1. Que mulher louvou a Deus pelo nascimento de um filho e depois o entregou no templo para que servisse a Deus? (Ana.)

2. Pedro andou sobre as águas. De repente, ele começou a afundar. Minutos mais tarde ele estava salvo. Que motivo

ele tinha para louvar a Jesus? (Jesus estendeu a mão e o puxou da água.)

3. Uma menina muito esperta salvou a vida de seu irmão ainda bebê. Anos mais tarde, quando o bebê cresceu, ele tornou-se um grande líder. Qual era o nome desse bebê? (Moisés.)

4. Um anjo disse a uma mulher que ela teria um bebê que cresceria e seria o homem que salvaria as pessoas de seus pecados. Qual era o nome dessa mulher? (Maria.)

5. Que chuva horrível! Mas o homem e sua família que estavam naquela arca podiam louvar a Deus, pois estavam a salvo. Qual era o nome do homem? (Noé.)

6. Os discípulos louvaram a Deus, pois seu Filho os escolhera para serem pescadores de homens. Nomeie esses discípulos. (Procure fazer com que o número de discípulos esteja de acordo com a capacidade da pessoa que tem de responder essa pergunta.)

7. *Uma senhora já era bem idosa e ainda não tinha um filho.* Depois ela teve Isaque. Qual o nome dessa senhora que louvou a Deus pelo nascimento miraculoso desse bebê? (Sara.)

8. Que razão especial Cornélio tinha para louvar a Deus? (Sua família não era judia; no entanto, Deus deixou claro que todo o mundo seria incluído em sua nova família.)

9. Que profeta não louvou a Deus quando Ele salvou uma cidade toda por intermédio de sua pregação? (Jonas.)

10. Que livro da Bíblia está repleto de canções de louvor a Deus? (Salmos.)

Agora você está sozinho. Escreva algumas questões de louvor. Elas são divertidas e fáceis — como também são uma forma maravilhosa para envolver os jovens no planejamento dessa noite.

*Quadrados coloridos*

Quando a pessoa chega a um quadrado colorido, ela tem de responder uma questão de louvor pessoal, ou dizer: "Passo!", e perde a vez seguinte. Eis aqui algumas questões de louvor pessoal. Você precisará escrever algumas outras. Faça com que elas sejam divertidas e leves.

Nomeie um motivo pelo qual você deve louvar a Deus esta semana.

Soletre a palavra "louvor" de trás para a frente.

Diga-nos a razão pela qual o louvor desempenha um papel importante na vida de Cristo.

O que a palavra "louvor" significa para você?

O que acontece quando um cristão negligencia o louvor a Deus?

7. *Cante novamente canções sobre a ressurreição.*

Cante novamente algumas das canções que já cantou anteriormente. Entre essas canções, cada membro pode, em frente do grupo, apresentar a Jesus a oferta especial que preparou na noite anterior.

*Opcional*: Se a maioria dos participantes tem dez anos ou mais, talvez você queira terminar essa noite de comunhão familiar com a escrita e leitura de orações em forma de acrósticos. Em um acróstico, você começa com uma palavra-chave. Neste caso, talvez você queira selecionar a palavra LOUVOR, que foi o foco

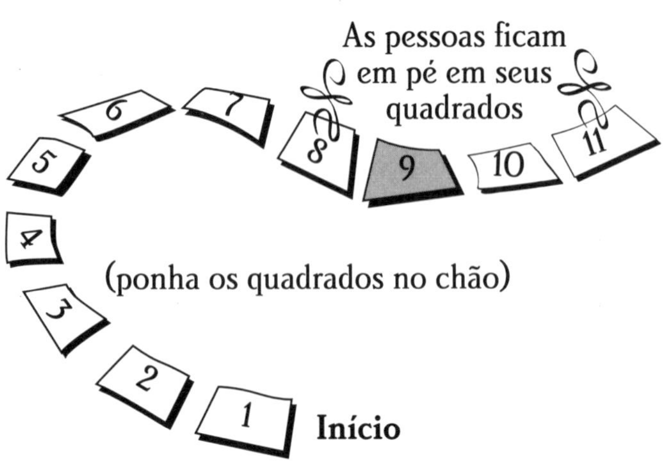

dessa noite. Cada pessoa escreve uma sentença de oração de louvor ou uma frase para cada letra da palavra.

Eis aqui meu exemplo. Talvez você queira fazer um para sua família para dar uma idéia do que você quer dizer. Este é um poema especial para Deus. Se ninguém conseguir pensar em algo para dizer sobre uma das letras, ele deve passar para a letra seguinte. Ninguém tem de terminar. Após alguns minutos em que vocês estiverem escrevendo, toda pessoa que desejar pode fazer uma oração em voz alta sobre o que foi escrito.

**L** – Louvo o teu nome, Senhor, pois tu me amas.
**O** – O teu amor se manifestou em Cristo Jesus, que enviaste para me salvar.
**U** – Uma vez alcançado pelo teu amor, será que tenho demonstrado minha gratidão a ti?
**V** – Vezes sem conta me esqueço de dizê-lo, mas te sou grato, Senhor.
**O** – Ouça então meu poema de louvor esta noite.
**R** – Recordar-me-ei de dizê-lo a cada dia de minha vida que eu amo a ti, Senhor.

O objetivo desse culto é a família cristã da igreja. Entretanto, muitas famílias têm pessoas que não estão comprometidas com Cristo. Elas devem ser deixadas de fora deste momento familiar?

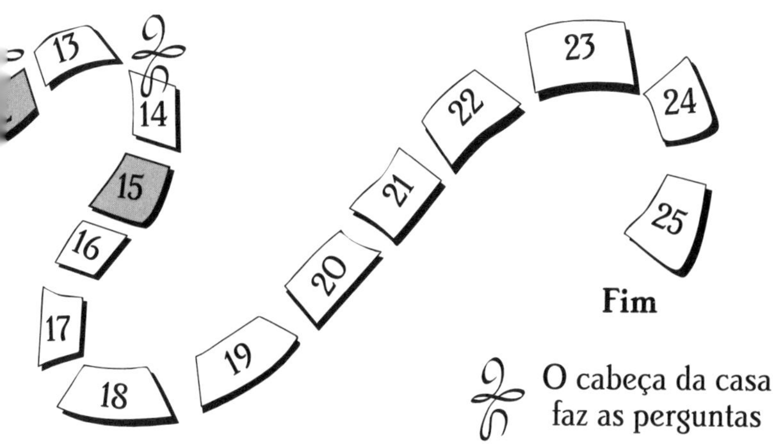

Minha opinião é que elas devem ficar sabendo exatamente o que acontecerá e devem ser convidadas carinhosamente a participar o tanto quanto quiserem sem macular o significado da comunhão.

Por exemplo, elas podem gostar das canções sobre a ressurreição. Talvez, nessa comunhão, possam responder algumas das perguntas que não exijam respostas pessoais. Elas participariam da refeição e talvez do jogo. Faça o que puder para que essas pessoas não se sintam como se tivessem sido excluídas.

Se pessoas não-cristãs vierem, não modifique nenhuma de suas respostas para que elas se ajustem ao que você acha que essa pessoa precisa escutar. Essa noite é para os cristãos. Não se sinta obrigado a apresentar o plano completo da salvação nem a fazer um convite. Isto não apenas limita a eficácia do período de comunhão para os cristãos, mas talvez ofenda o familiar não-cristão que concordou em participar.

## Inauguração progressiva da casa

***Objetivo***: A igreja fará a "inauguração" dos lares das famílias que acabaram de se mudar para uma nova casa ou que se juntaram recentemente à igreja.

Adaptação: Recepcione os novos vizinhos que não pertencem à igreja com uma versão da similar à que encontramos na igreja, denominada A Carroça das Boas-Vindas. Planejar este evento para incluir o novo lar de alguém que não faz parte da igreja pode ser complicado. De antemão, pergunte à pessoa se sete ou oito pessoas da igreja podem comparecer ao jardim da frente da casa deles com um jantar (ou sobremesa), às 18 horas. Explique que esta é a forma que sua igreja dá as boas-vindas e que nada é exigido daqueles que se mudaram para uma nova casa ou apartamento. Talvez você não seja convidado a entrar na casa, e isso é perfeitamente aceitável. Peça permissão para orar para que a bênção de Deus esteja presente na vida dessa pessoa que está se juntando à sua comunidade. Uma pessoa pode ser designada a convidar a pessoa para o culto da igreja ou um estudo bíblico no lar. Certifique-se de que este período é curto, divertido e em nada parecido com algo da "igreja". Alguns não-cristãos rejeitarão um convite como esse. Outros o considerarão um pouco estranho, mas divertido. Para outros, no entanto, este será o primeiro passo para uma nova vida.

***Idéia básica***: Os membros da igreja visitarão, pelo menos, três lares de pessoas que se mudaram para uma casa nova, e farão um dos pratos da refeição em cada uma dessas casas. Os membros da igreja oferecem os alimentos.

Muitos anos atrás, nossa casa foi a parte do meio de uma festa de inauguração de três casas.

- Casa 1: um casal recém-casado.
- Casa 2: Jack e eu em nossa primeira casa.
- Casa 3: uma mulher solteira e sua filha adolescente.

Cada um de nós, nessas três casas, havíamos recentemente comprado essa residência e ainda estávamos em processo de mudança. Nossos convidados eram amigos cristãos que queriam conhecer nossa casa e dar-nos as boas-vindas nessa nova vizinhança.

As pessoas se inscreveram para trazer uma entrada, um prato principal ou uma sobremesa, para uma das três casas. Isso fez com que os alimentos fossem providenciados e deixou os novos proprietários livres para cuidar da organização e limpeza da casa.

### Sugestão de convite

**Passando à Frente suas Habilidades**

**Entrada, na casa de**
**Prato principal, na casa de**
**Sobremesa, na casa de**

Responda, por favor, informando qual o prato que você trará.

Hora:

Data:

**Idéias acolhedoras opcionais:**

*Um cartão de boas-vindas, para cada casa.*
*Uma planta de boas-vindas para cada casa.*
*Uma lata de sopa de boas-vindas para cada casa.*

Jamais, em hipótese alguma, tente fazer essa inauguração de casa como uma surpresa para as famílias.

Quando as pessoas vieram para nossa casa, eu estava preparada. Ainda havia um buraco no degrau de entrada de minha casa, o vidro de baixo da porta estava faltando e não havia luz em dois quartos do andar de cima. Eu não me importei com isso; aquelas eram apenas áreas das quais ainda não tínhamos tido tempo de cuidar.

Mas como sabia que as pessoas estavam vindo, tive tempo de limpar o local — mais ou menos — e empilhar organizadamente as caixas vazias. Havia tantas pessoas, que elas tiveram que se sentar no tapete. Foi reconfortante saber que ninguém teria de lavar suas roupas depois da festa!

Como eu sabia que a casa seria inaugurada, também tive tempo de comprar um vaso de flores e colocá-lo em um dos cômodos bastante vazios. Não acredito que muitas pessoas o notaram, como também não se importaram que ele estivesse ali, mas aquilo foi bom para mim. Aquelas flores serviam para dizer que a noite era especial. Eu não tinha de desculpar-me pelo que ainda não fora feito. As flores anunciavam: "Ei pessoal, estamos florescendo. Divirtam-se nessa inauguração da casa, porque estamos preparados para isso!"

Um dos cômodos foi tomado por uma pilha enorme de caixas. Eu não fizera nada ainda ali. Pus um gritante bilhete roxo à porta, implorando para que as pessoas não entrassem ali. Muitas pessoas riram daquele bilhete e outras tantas ameaçaram dar uma espiada, mas, até onde sei, ninguém fez isso!

Começamos a inauguração progressiva da casa em um condomínio em que dois jovens se divertiram bastante nos mostrando os cômodos vazios e sonhando acordados conosco sobre como o local ficaria depois que estivesse pronto e mobiliado.

O prato principal foi em minha casa e de Jack. Foi divertido cumprimentar todas as pessoas que vieram — creio que cerca de trinta ou quarenta delas.

Saber que eles se preocupavam o suficiente conosco e com os outros da lista de novos moradores fez-nos sentir acolhidos, pois separaram uma noite inteira de seus muitos compromissos para nos ajudar a celebrar.

Talvez essa tenha sido a primeira noite em que realmente me senti em casa em nossa nova residência. Ela era muito maior que nosso apartamento e, portanto, estava inacabada. Ansiava por voltar à velha residência — de volta ao apartamento. Mas esse acontecimento, junto com a apresentação de nossa casa, fez com que eu sentisse que o local era meu. Decidi que ficaríamos!

Em cada uma das casas, um amigo do anfitrião era quem fazia as orações. Gladys quis orar por nossa casa e eu fiquei encantada. Fiquei solteira por mais de trinta anos antes de me casar com Jack. O último mês antes do casamento ela sugeriu que eu morasse com ela em vez de ficar em meu apartamento. Ela disse: "Fui solteira por mais de cinqüenta anos. Eu não podia imaginar o que seria acrescentar repentinamente alguém à minha vida. Suspeito que você enfrentará alguns problemas também. Você precisa se acostumar a compartilhar o banheiro e estar com alguém por perto a maior parte do tempo". Quando ela ofereceu seu quarto de hóspedes para mim, ela disse: "Considere esse período em que moraremos juntas como uma prática para as partes mais difíceis do estar casada".

Ela orou por nossa casa:

"Que a paz esteja nesta casa e com aqueles que aqui habitam. Que a paz esteja com aqueles que aqui entram e com aqueles que saem daqui.

"Deus Todo-poderoso, abençoe e consagre esta casa, este lar, para que pelo teu poder e amor este possa ser um lugar puro e feliz para abrigar Marlene e Jack das tempestades da vida, e que sirva de provisão para as necessidades do corpo, mente e alma que eles têm.

"Ó Deus, cujo Filho habitou por trinta e três anos entre nós, permita que Marlene e Jack, sob a direção do Espírito Santo, vivam juntos em gentileza amorosa, em paz e em oração. Que o lar deles sempre seja um lugar apropriado para a tua presença.

"Proteja-os das doenças e privações, das calamidades e acidentes, do fogo, da inundação e de todos os perigos naturais e da violência do homem.

"Que este lar, ó Senhor, esteja sempre unido ao lar da fé, sempre recebendo a inspiração da comunhão cristã e sempre aberto àqueles que necessitam. Permita que outros venham aqui livremente em busca de amor e compreensão e permita que teu amor irradie alegria e paz dentro destas paredes. Venha a esta casa, Senhor Jesus. Habite aqui, nosso Salvador e Senhor. Amém".

Aqueles que estão inaugurando a casa podem querer deixar uma nota pessoal em cada local. Um cartão feito à mão é uma excelente idéia. Uma lata de sopa, um símbolo da hospitalidade acolhedora é também uma boa idéia. Ou que tal uma planta, um símbolo de crescimento!

A sobremesa em nossa inauguração da casa foi na casa de uma mãe solteira e sua filha. Foi maravilhoso ver como Cathy, de doze anos, participou de toda a celebração. Ela era bastante jovem quando os pais se separaram e passou, bem recentemente, vários anos morando em uma casa junto com outras pessoas, onde havia crianças mais velhas o tempo todo. Mas esta casa, de certa forma, era toda dela. Ela levou as pessoas a conhecer a casa, gastou muito tempo mostrando seu novo quarto todo cor-de-rosa.

Acho que durante a sobremesa ela estava sentindo o que senti durante o prato principal — sentimentos agradáveis que acontecem quando uma pessoa percebe que sua casa está se tornando um lar.

**Notas do Tradutor**

[1] Refeição matinal que serve ao mesmo tempo de desjejum e almoço.

[2] Flocos de arroz caramelizados. Este é um doce que se encontra em seções de comida japonesa nos supermercados.

[3] Textos extraídos da Bíblia Viva.

*Capítulo* **9**

# Celebrações em Feriados Especiais

*Cristo não diz respeito a macarrão com frango e bazar. Cristo diz respeito à conquista do perdido e libertação do oprimido.*

— Michael Slaughter

## Jantar e adoração de Ano Novo

***Objetivo:*** Alguns adultos da família da igreja se encontrarão para jantar juntos em casa. Após o jantar eles se dividirão em grupos de tarefas para planejar o culto de adoração. Depois da meia-noite todos juntos participarão do louvor a Deus por meio do culto que planejaram.

***Idéia básica***: Um grupo de cerca de dez ou doze pessoas planejará seu culto de adoração sobre o tema: Pai, nós o louvamos por este tempo — os anos passados, este ano e os anos por vir.

Eu realmente deleitei-me em nossa celebração de adoração no Ano Novo. Essa celebração foi um misto de adoração e participação que há muito ansiava por ter.

Cresci participando de cultos noturnos, em que apenas observava, em minha igreja. Eu os achava pavorosos. Havia muitos filmes cristãos, o relatório anual, um rápido intervalo com ponche e biscoito e um longo período de oração enquanto esperávamos o Ano Novo. Era uma maratona sentada. Não tinha a sensação de participação pessoal, de estar envolvida no louvor a Deus pela entrada do Ano Novo. A quietude e as pessoas que me circundavam, à direita, à esquerda, em frente e atrás, me faziam sentir como se estivesse encaixotada.

Obviamente, muitos de meus amigos celebravam o Ano Novo de uma forma totalmente secular. Jack e eu passamos nossa lua-de-mel na Cidade do México. A celebração do Ano Novo aconteceu em nosso quarto dia juntos — uma oportunidade perfeita para nos juntar às festividades do mundo. Fizemos reservas para às 22:00 horas, em um restaurante francês. A noite foi terrível. As pessoas falavam alto, estavam levemente bêbadas e pateticamente determinadas a se divertir. Tudo parecia forçado e artificial. Terminamos nossa refeição rapidamente e voltamos para o hotel. A celebração secular não era uma opção para mim se quisesse começar o novo ano de uma forma dirigida por Deus.

Depois de muito pensar, Jack e eu tivemos a idéia desta festa. Ela funcionou para nós e o povo de nossa família na igreja. Será que funcionaria para você?

## Sugestão de convite

JANTAR E ADORAÇÃO
DE ANO NOVO

## Jantar e Adoração de Ano Novo

**Jantar: 21:00 horas**
**Local:**

Depois do jantar, ajude a planejar uma celebração que honre o trabalho de Deus em nossa vida e no mundo. À meia-noite, na passagem para o Ano Novo, apresentaremos nossa adoração a Ele.

### Grupos de Planejamento da Adoração (Escolha Um):

1. Louve a Deus por todos os anos passados.
2. Louve a Deus por este ano.
3. Louve a Deus por todos os anos por vir.

Convidamos treze pessoas para um jantar em nossa casa que foi seguido pelo tempo de planejamento no qual cada um de nós apresentou idéias de como poderíamos louvar a Deus pelo passado, presente e futuro. Quando os planos de adoração estavam feitos — que músicas cantaríamos, quem daria testemunho, etc. —, adoramos a Deus juntos. Todos estavam envolvidos nessa celebração e todos louvavam a Deus.

Quando nosso amigo Ken telefonou para nos dizer que viria, ele disse: "Recebi três outros convites, mas esse pareceu ser diferente. Já não quero mais nem escutar falar de festa de Ano Novo, mas sua festa pode reavivar meu entusiasmo".

Ele e Carol, sua esposa, vieram cheios de idéias para contribuir para o planejamento da adoração. Ela trouxe o violão e cópias de novas canções que escrevera especialmente para louvar a Deus pelo futuro. Olhar em retrospectiva para esse detalhe é algo amargo e doce. Este foi o último Ano Novo de Carol. Antes da celebração do Ano Novo seguinte, ela morreu de tumor cerebral. Fiquei com essa idéia fantasiosa de que Deus e um pequeno coral, que caminhava pelo céu, a vieram recepcionar, dando-lhe as boas-vindas, cantando suas canções de louvor de uma forma que apenas os corais celestiais podem fazer.

À meia-noite e meia, depois que nosso culto de adoração terminou com uma canção de louvor, todos nós batemos palmas. Havíamos encontrado uma forma cristã e pessoal para celebrar o Ano Novo.

*Uma precaução*: Certifique-se de que todos saibam que este não é um evento para casais. As pessoas podem participar como indivíduos. Os casais não estarão necessariamente no mesmo comitê de planejamento de adoração.

## Nosso esboço de planejamento

Utilize nosso esboço como uma diretriz. Mude-o para que se ajuste a sua celebração pessoal do Ano Novo.

*Convites*

Envie-os no dia 1º de novembro. Limite o número de convidados ao número que você acolher em apenas um ambiente. (Se você tem uma cozinha muito pequena e não tem sala de jantar, faça uma fileira de mesas de armar ao longo da sala.) É bom que todos ceiem em volta da mesma mesa. Para nós, isso acrescentou uma sensação crescente de unidade, enquanto trabalhávamos juntos em nosso culto de adoração. Para nossa celebração, convidamos apenas pessoas que são cristãos dedicados.

*A noite de Ano Novo*

- 20:00 horas. As pessoas começam a chegar. É o momento para os petiscos.
- 21:00 horas. Jantar sentado à mesa.
- 22:30 horas. Uma hora para o planejamento da celebração de adoração.
- 23:30 horas — até após a entrada do Ano Novo. A celebração de adoração.

Observemos a noite um pouco mais de perto.

20:00 horas. As pessoas começam a chegar. É o momento para os petiscos.

**Rumaki**[1]

*Fígado de frango (cada fígado servirá para duas entradas)*
*Castanha d´água (cada castanha servirá para fazer duas entradas)*
*Bacon (cada fatia fará duas entradas)*
*Molho de teriyaki (veja a página 208 para a receita)*
*Palitos de dentes*

Corte o fígado de frango ao meio e a castanha d´água em quatro pedaços. Derrame o molho de *teriyaki* sobre eles e deixe-os embebido nesse molho na geladeira por, pelo menos, seis horas. Tire o molho.

Corte as fatias de *bacon* ao meio e envolva um pedaço de fígado e dois de castanha d´água em uma fatia de *bacon* e use o palito de dente para segurar.

Ponha na grelha por cerca de seis minutos ou até que o *bacon* esteja crocante.

**Chapéu de cogumelo recheado**

Cogumelos (cada chapéu de cogumelo será uma entrada. Receita para meio quilo de cogumelos — cerca de vinte e cinco chapéus)

*3 colheres de sopa de manteiga*
*1/4 de xícara de pimentão verde picado*
*1/4 de xícara de cebola picada*
*1 1/2 xícara de farelo de pão*
*1/4 de xícara de queijo parmesão ralado*
*1/2 colher de chá de sal*
*1/2 colher de chá de tomilho*
*1/4 de colher de chá de pimenta*
*1/2 xícara de azeitonas pretas picadas*

Lave os cogumelos, remova o talo e corte-os para adicionar ao recheio do chapéu. Derreta três colheres de sopa de manteiga em uma caçarola. Cozinhe, mexendo sempre, os talos de cogumelos picados, o pimentão e as cebolas por cerca de cinco minutos ou até que estejam tenros. Retire do fogo e misture todos os outros ingredientes, exceto o chapéu de cogumelo.

Recheie o chapéu do cogumelo com essa mistura. Ponha o cogumelo recheado voltado para cima em um prato refratário e cozinhe por quinze minutos. Depois deixe dourar por cerca de dois minutos.

*21:00 horas. Jantar sentado à mesa.*

**Salada de galantine de salmão**

*3 xícaras de salmão enlatado (em salmoura)*
*1 colher de sopa de gelatina sem sabor*
*2 xícaras de água quente (use a salmoura do salmão)*
*1 colher de sopa de salsinha ou pimenta verde bem picadinha*
*1 colher de chá de cebola ralada*
*1 ovo cozido picado*
*1 xícara de aipo bem picadinho*
*Alface bem picada*

Deixe a gelatina de molho em duas colheres de sopa de água fria por dez minutos; depois dissolva em duas xícaras de água quente. Quando esfriar, adicione o resto dos ingredientes, exceto a alface. Enxágüe as fôrmas individuais com água fria e encha três quartos com essa mistura. Deixe no refrigerador até que fique firme.

Desenforme sobre a alface picada e guarneça com azeitonas fatiadas. Ponha um pouco de maionese em cada porção individual. Serve de 6 a 8 porções.

**Frango com presunto e semente de girassol**

(Serve 12 porções)
*16 metades de peito de frango, desossado e sem pele*
*16 fatias de presunto (magro)*
*1 xícara de semente de girassol salgada*
*4 xícaras de mistura para recheio temperado com erva*
*2/3 de xícara de leite em pó, sem diluir*

*2/3 de xícara de manteiga derretida*
*Palitos de dentes*

Achate os peitos de frango até que fiquem com cerca de 0,5 centímetro de altura. Coloque cada um deles sobre um pedaço de presunto. Misture as sementes de girassol à mistura para recheio e o leite em pó. Mexa bem. Coloque porções iguais dessa mistura sobre cada pedaço de peito de frango. Enrole e prenda com um palito.

Ponha os rolos de frango e presunto, com a junção para baixo, em uma assadeira; pincele o topo com a manteiga. Asse por cinqüenta minutos em forno à temperatura de 350°.

Pincele várias vezes com mais manteiga. Retire os palitos.

**Croquete coração dourado**
(Serve 12 porções)
*12 cenouras pequenas*
*2 1/2 xícaras de carne de boi ou vitela cozida*
*1 lata grande de ervilhas sem a água*
*1 cebola média*
*1/2 colher de sopa de sal*
*1/4 de colher de chá de noz-moscada*
*1/4 de colher de chá de pimenta*
*1 colher de chá de molho inglês*
*2 ovos*
*2 colheres de sopa de água*
*1 xícara rasa de farinha de rosca*
*Óleo vegetal para fritura*

Cozinhe as cenouras em água salgada até que estejam macias. Escorra a água.

Passe a carne, a ervilha e a cebola através do fatiador do processador de alimentos. Adicione os temperos e um ovo levemente batido. Misture. Cubra cada cenoura com esta mistura. Molde os croquetes.

Bata o segundo ovo com água. Mergulhe os croquetes na mistura e depois passe na farinha de rosca.

Encha uma frigideira baixa com dois terços de óleo vegetal. Aqueça vagarosamente. Coloque um pedacinho de crosta de pão no óleo. Quando ficar dourada, significa que a temperatura correta foi alcançada (375$^{0}$). Ponha cuidadosamente os croquetes na frigideira. Aumente o fogo por um minuto para prevenir o esfriamento. Frite até que estejam dourados. Coloque-os em papel toalha para retirar o excesso de gordura. Sirva com molho branco ou de tomate.

**Batatas doces com canela**

(Serve 12 porções)

*2 kg e 250 gramas de batatas doces descascadas e cortadas em cubos*

*2 1/2 xícaras de água fervendo*

*3 colheres de chá de sal*

Cubra e ferva vagarosamente por doze minutos ou até ficar macia. Não escorra a água.

Adicione:

*8 colheres de sopa de açúcar mascavo*

*1 1/2 colher de chá de canela*

*2 xícaras de leite em pó*

*4 colheres de sopa de manteiga*

Cozinhe vagarosamente, sem tampa, até que o molho engrosse, por cerca de cinco minutos. Sirva imediatamente.

**Bananas nutritivas**

*6 bananas firmes partidas longitudinalmente ao meio*

*3/4 de xícara de manteiga*

*2 xícaras de açúcar mascavo*

*1 xícara de nozes picadas*

*1 pitada de canela e noz-moscada*

*Sorvete cremoso de baunilha*

Doure levemente as fatias de banana na manteiga. Salpique açúcar mascavo sobre elas. Se o molho estiver muito grosso, adicione duas colheres de sopa de suco de laranja. Acrescente as nozes, a canela e a noz-moscada. Deixe dourar no fogo por dois minutos. Ponha as bananas e o molho sobre o sorvete.

22:30 horas. Uma hora para o planejamento da celebração de adoração.

## A preparação do casal anfitrião

Leia o seguinte material e decida o que você quer usar, mudando ou adaptando o que achar necessário. À medida que as pessoas telefonam dizendo que comparecerão, explique um pouco o que você tem em mente. Cada pessoa escolherá se quer louvar a Deus pelo passado, presente ou futuro. Na verdade, à medida que as pessoas telefonam, elas podem decidir durante este telefonema de que grupo querem fazer parte. Desta forma, elas podem pensar sobre algumas canções ou idéias de oração que se ajustem para seu grupo.

Por exemplo, uma mulher pode escolher fazer parte do grupo que louvará a Deus pelo presente — este ano. Este foi o ano em que a ala educacional de sua igreja acabou de ser finalizada e ela tem fotos para mostrar o progresso. Ela traz as fotos e depois, com seu grupo, compõe uma oração de louvor para ler a Deus enquanto as fotos são passadas ao redor do grupo.

Você talvez queira ter alguns suprimentos à mão que todos os grupos podem utilizar: blocos de papel, pincéis mágicos, retroprojetor, computador e impressora.

## Planejamento da adoração

O que a frase *planejamento da adoração* significa? Simplesmente que cada um dos três grupos defrontar-se-á com o mesmo processo que os líderes da igreja enfrentam todas as semanas. Eles escolherão canções que se ajustem a seus objetivos. Eles pensarão em formas para envolver as pessoas. Eles passarão tempo em oração sobre a parte que apresentarão no culto de adoração.

Sugeri algumas idéias que seriam úteis para cada grupo. Se os grupos estiverem caminhando bem sem qualquer ajuda externa isso é maravilhoso. Neste caso, não introduza essas idéias. Mas é sempre bom ter alguns exemplos à mão para os casos em que os grupos que estão planejando a adoração tenham um branco.

*Grupo 1*: Louve a Deus pelo passado, os anos que já se foram.

*Tema:* Pai, nós louvamos ao Senhor pela direção que nos deu ao longo desses anos que hoje são passados.

Comece discutindo como você poderia liderar outros dois grupos no louvor a Deus por esses anos do passado.

Que canções seriam úteis? Que tal *O Deus de nossos Pais* (Daniel Roberts e George Warren), *Rocha Eterna* e *Castelo Forte?*Adicione algumas das canções de louvor mais novas. Talvez você queira escrever a letra em folhas grandes de papel ou imprimi-las no computador para que todos possam participar do louvor.

Perguntem-se: "Como podemos envolver os outros na adoração?" Talvez você queira pedir testemunhos de louvor a Deus por coisas específicas que Ele fez no passado. Ou talvez você queira pedir que as pessoas compartilhem versículos que foram bastante significativos para eles nesses anos passados.

Será que daria para fazer um jogral fundamentado em um trecho da Bíblia que permitiria que você louvasse a Deus por seu cuidado em épocas passadas?

O grupo tem talento para o teatro? Talvez dois membros desse grupo possam começar uma representação entre um cristão e um não-cristão. O cristão diz ao não-cristão por que é maravilhoso ter Deus como guia ao longo de sua vida pessoal.

*Grupo 2*: Louve por este ano.

*Tema*: Pai, nós louvamos ao Senhor por este ano.

Comece discutindo formas como você pode levar os outros a louvar a Deus por coisas que fez este ano.

Será que duas pessoas no grupo podem fornecer três frases que dêem um panorama de como Deus as guiou neste ano?

Será que o grupo pode desenvolver a leitura de um evento atual? Uma pessoa atuaria como o repórter que apresenta as notícias de eventos-chave deste ano. Outras pessoas do grupo podem responder com versículos que demonstrem que Deus está no controle ou testificar com afirmações pessoais que Deus tem sua mão sobre toda a história e está no controle do resultado final.

Será que o grupo poderia escrever algumas palavras para um hino ou coro que louve a Deus por este ano? Utilize uma música conhecida para compor sua própria canção.

Você pode preparar questões para discussão e pedir ao grupo todo para participar na apresentação de assuntos do ano passado? Por exemplo: De que forma os cristãos são responsáveis pelo governo que temos? De que forma podemos influenciar como o "sal da terra"?

Fontes seculares relatam sobre grupos que oferecem "família" para aqueles que querem se juntar a eles — algo que aqueles que necessitam de uma família não conseguiriam em outro lugar. De que formas você acha que Deus queria que nós, a igreja, fôssemos família para o mundo no ano passado?

Que evento você acha que mais abalou a fé das pessoas este ano? Como sabemos que Deus está realmente no controle?

Que tal um momento de oração no qual as pessoas possam apresentar louvores e preocupações atuais diante de Deus e do grupo? O grupo poderia planejar um mini-sermão, ilustrando com vidas de personagens da Bíblia que louvaram a Deus em meio a circunstâncias terríveis? Por exemplo, Abraão levantou seu braço para matar seu único filho. Puá, a parteira, concordou em levantar-se contra Faraó para não matar os bebês hebreus do sexo masculino. Pedro, que ficou sozinho na multidão depois de negar a Cristo. João, que foi exilado. Nenhuma dessas pessoas sabia no momento de crise como Deus usaria aquela experiência difícil deles para sua glória. Mas Ele assim fez! Podemos ter essa mesma certeza?

*Grupo 3*: Louve pelos anos por vir.

*Tema*: Pai, nós louvamos o Senhor pelo futuro.

Comece a conversar sobre que rumo o mundo tomará nos próximos anos. Como os cristãos podem ter segurança total de que Deus está realmente no controle? Selecione algumas canções que falem sobre o retorno de Cristo. Considere tocar algumas canções bem típicas de algum grupo religioso, como, por exemplo, algumas músicas *gospel* de negros. Muitas dessas canções estão repletas do desespero em relação ao presente, mas as pessoas têm a certeza de que além da dor de hoje podem esperar por Jesus e pelo céu.

Você pode proporcionar um círculo de sentenças? A primeira pessoa começaria com algo sobre a fé pessoal em Deus como aquEle que controla o futuro, e os outros acrescentam elementos a essa idéia.

Que tal compartilhar um pouco sobre as pessoas que apresentaram Cristo a você? Quem sabe você queira selecionar algumas pessoas que já desfrutam o futuro eterno com Cristo?

Na adoração, dê a todos uma folha de papel. Peça para que cada um recorte um símbolo de seu sentimento como cristão em relação ao futuro. Todos devem compartilhar o que seus símbolos significam.

23:30 horas – *até após a entrada do Ano Novo. A celebração de adoração.*

*A celebração da adoração*

Cada grupo lidera os outros grupos na parte pela qual é responsável nesse culto de adoração. Tenha um feliz e maravilhoso Ano Novo!

No fim de nosso culto de adoração, as pessoas imediatamente começaram a perguntar sobre o ano seguinte. Decidimos que não nos reuniríamos no mesmo grupo novamente. Ao contrário, utilizaríamos o que havíamos feito em outras celebrações de Ano Novo a fim de aumentar o círculo das pessoas que pudessem participar.

Esta idéia funcionou perfeitamente na igreja que estávamos freqüentando, pois a igreja decidira não planejar um culto noturno de vigília. Uma precaução: a igreja é de importância primária no crescimento da comunidade cristã. Não entre em competição com ela, mesmo se você achar que sua idéia alcançará pessoas que o culto tradicional da igreja não alcançaria. Por que não presentear seu pastor com essa celebração do lar, sugerindo que toda a igreja se divida em lares para cultos comunitários menores e mais informais? Divida os membros e pessoas que freqüentam regularmente a igreja entre as famílias anfitriãs e tenha um período maravilhoso de louvor a Deus pelo passado, presente e a segurança de nosso futuro nEle.

## Páscoa[2]

### Uma celebração da Páscoa libertadora

***Objetivo:*** A família da igreja celebrará a Páscoa cristã. Essa celebração começa com a história de Deus libertando seu povo do Egito e acaba com nosso louvor a Ele para nossa salvação por intermédio de Jesus Cristo.

***Idéia básica*:** Membros da família da igreja seguirão algumas das tradições judaicas associadas à Páscoa, o festival judeu mais importante de todos. Os seguidores de Cristo discutirão a Páscoa descrita em Êxodo, celebrarão uma refeição pascal e concluirão com um serviço comunitário. Esta deve ser uma ocasião significativa para todos e uma oportunidade de ensino especial para pais com crianças maiores.

## Quem convidar

Por que não dividir a congregação em grupos nos lares? Os anfitriões serão responsáveis por convidar o grupo que foi designado para ir a sua casa. Nossa igreja fez isso por muitos anos, e essa se tornou uma de nossas tradições mais significativas. Esse é um evento bastante singular que serve para aguçar a curiosidade das pessoas que estão investigando o cristianismo. Seria apropriado convidar várias pessoas a comparecer como participantes naquilo que é preparado, exceto a ceia. Alguns iriam simplesmente gostar de aprender sobre esse feriado histórico. Outros talvez se interessem pela conexão entre judaísmo e cristianismo. Trabalhe duro para não permitir que aquele que busca consiga mudar o tom da noite. Este é um período da "família da igreja", não um momento para discutir assuntos polêmicos. É uma celebração de ensino, não evangelismo para alcançar as pessoas. (Isso não quer dizer nem por um momento que Deus não utilizará o que os visitantes vêem e sentem durante esse evento para encorajá-los a uma "passagem" para uma nova vida.)

Peggy Wehmeyer, a correspondente de religião para a *ABC* News, disse o que muitos em nossa comunidade acreditam: "Eu definitivamente estou em uma jornada espiritual, mas minha igreja não é o ponto focal" (em "Why Bother with the Church?" Por que se importar com a igreja? *Christian Century,* 24 de janeiro de 1996). Para alguns, uma noite como esta pode redefinir a direção de sua jornada.

## Preparativos

Se a família anfitriã tem crianças pequenas, o significado da Páscoa pode se iniciar com a limpeza da casa para o evento. Anos atrás, as famílias judias se reuniam para a limpeza da casa e a limpeza especial para a celebração que chamam de *Pessach* (Páscoa, passagem). As paredes eram lavadas, a mobília esfregada e polida, e até mesmo as roupas eram arejadas. Tudo isso fazia parte da preparação do lembrar o que Deus fez pelo seu povo.

## As boas-vindas

O cabeça da casa na qual será realizada a celebração deve estar no comando da organização do culto. Todos devem estar sentados no mesmo cômodo. Faça com que a organização das cadeiras seja confortável, informal — sem fileiras de cadeiras. Na verdade, é apropriado para as crianças pequenas sentarem-se no chão.

O líder dá as boas-vindas a todos: "Bem-vindos todos vocês que não fazem uma celebração em seus lares. Bem-vindos todos vocês que estão famintos. Venham e festejem conosco. Bem-vindos todos que desejam se juntar a nós. Bem-vindas as lembranças do passado e os vislumbres que temos do futuro".

O anfitrião encherá um copo com suco de uva para cada convidado. Cada um deve tomar um gole. A seguir, o anfitrião pega três *matzos* (pão sem fermento disponível na maioria dos grandes armazéns especializados). Originalmente, as famílias judias sofriam muito para fazer esse pão especial de farinha que fora colhida e debulhada sob o olhar cuidadoso de um rabi. O anfitrião deve colocar estes pães, um em cima do outro, em uma grande travessa e cobri-los com um guardanapo.

A seguir, ele explica: "*Matzo* significa unidade. Para o povo judeu, o *matzo* do topo representa o sacerdote, o do meio representa o levita, o terceiro é conhecido como o israelita. E quando esses pães estão um em cima do outro, significa que todos os judeus são irmãos.

"Será que vocês poderiam me dizer o que esses três pedaços de pão sem fermento poderiam significar para nós cristãos aqui hoje à noite?".

Um jovem poderia sugerir que para os cristãos eles também podem representar unidade. Todas as pessoas que crêem em Cristo como seu Salvador são irmãs e irmãos em Cristo.

O líder deve, a seguir, pegar o pão que está no topo e passar ao redor do grupo. Cada pessoa deve retirar uma porção pequena e comê-la. Depois, ele deve entregar isso para a próxima pessoa e dizer: "Estou feliz porque pertencemos à família de Deus".

## A história de Êxodo

Um bom leitor, que deve ser escolhido antes que o culto de Páscoa aconteça, deve ler a história dos israelitas no Egito. Se há muitas crianças presentes, talvez o leitor queira ler a história a partir de um livro de histórias bíblicas, em que a história pode ser resumida da Bíblia a partir dos seguintes trechos: Êxodo 1.18-14; 2.1-10; 3.4, 7-10; 11.1-6; 12.1-14.

Depois que a história for lida, as crianças participam ao responder a perguntas feitas pelo anfitrião. Eis aqui algumas questões que podem ser úteis.

- Por que os israelitas queriam sair do Egito?
- Por que os egípcios não queriam deixá-los ir?
- Como Deus ajudou seu povo, os israelitas?
- Por que Deus disse às pessoas para que celebrassem, como nação, por todas as épocas, a forma como conseguiram sair do Egito?
- Quais são alguns dias especiais que os cristãos celebram?
- O que cada um deles significa?
- Qual é o feriado cristão mais importante? (Páscoa.) O que aconteceu na Páscoa?
- Na Páscoa lembramos que Deus salvou seu povo da escravidão do Egito. Do que Deus salvou seu povo na Páscoa?

## Os símbolos de Êxodo

O anfitrião deve agora explicar que o grupo participará de uma celebração de rememoração similar à que os judeus estarão celebrando no *Pessach*. Cada coisa que o grupo comer aponta para algo que eles não querem esquecer — e eles não querem que seus filhos nem os filhos de seus filhos esqueçam.

*Maror (raiz-forte)*

O anfitrião deve pegar o segundo pão *matzo* e colocar um pouco de raiz-forte nele. Cada pessoa pega um pouco de raiz-forte e um pedaço de *matzo* e come. Ele deve explicar que a raiz-forte amarga faz parte da cerimônia, a fim de ajudar as pessoas a se lembrar da amargura da escravidão e da vida no Egito. O Talmude diz: "Em toda geração, todo judeu deve ver a si mesmo como se fosse ele quem tivesse sido libertado da escravidão no Egito".

O líder deve fazer um paralelo entre a amargura da escravidão física e a amargura da escravidão espiritual no pecado.

*Charosset (mistura de nozes picadas, maçãs e suco de frutas)*

O líder deve dizer que essa mistura se parece um pouco com argila. Talvez o líder possa pedir a uma criança para que fale sobre o que o povo hebreu deveria trazer à lembrança quando visse um alimento que se parecia com a argila. (Esse alimento simboliza os tijolos que os israelitas faziam para o Egito quando eram escravos.) A mistura é passada ao redor e cada um prova um pouco.

*Ovo cozido*

O ovo é quebrado em pedaços e passado em redor. À medida que cada pessoa pega um pedaço do ovo e o come, ela deve se lembrar dos sacrifícios oferecidos no Templo pelos pecados. O anfitrião deve perguntar por que os cristãos não mais oferecem sacrifícios pelos pecados.

*Água salgada e salsinha*

A água salgada representa as lágrimas amargas derramadas pelos judeus quando eram escravos sob opressão do Egito, e a salsinha representa a nova vida que Deus prometeu a seu povo. Cada pessoa deve pegar um pouco de salsinha mergulhar na água salgada e comer.

*Orações e canções*

Na celebração do *Pessach* (Páscoa) judeu, as pessoas cantam canções de agradecimento a Deus. Os cristãos nessa Páscoa devem cantar canções sobre a alegria de serem cristãos e de terem uma nova vida em Cristo. Os participantes podem sugerir alguns de seus hinos e corinhos favoritos.

A seguir, o anfitrião deve orar, agradecendo a Deus pela grande dádiva de ter sido libertado do pecado.

*Suco de uva*

Agora todos devem tomar um novo gole de suco de uva. Na celebração judaica, as pessoas tomam quatro goles de vinho. Ninguém sabe por que apenas quatro, mas as pessoas acham que cada gole representa a promessa que foi feita aos israelitas quando foram libertos do Egito. "Eu os retirarei da terra da escravidão." "Eu o salvarei." "Eu os libertarei da escravidão." "Eu os elegerei meu povo escolhido."

*A refeição*

Na casa dos judeus, essa refeição é, tradicionalmente, a melhor que a família puder oferecer. Dependendo de seu entusiasmo pela comida judaica, talvez você queira tentar alguns de seus pratos tradicionais, como sopa de ovo e bolinhos de *matzo*. Talvez você queira assar um frango ou cordeiro como prato principal. Outros toques tradicionais que você pode comprar na maioria dos supermercados são: figos, arenque marinado, picles *kosher*, bananas, mel (para mergulhar as maçãs) e *kumquat*.[3] Em um lar judeu, uma das crianças pequenas esconde a sobremesa. O pai vira-se para a criança e implora que ela ache a sobremesa. A criança, por fim, concorda, mas apenas se houver uma recompensa. O pai e a criança trocam brincadeiras verbais e, por fim, o pai concorda — para o benefício da sobremesa. A família anfitriã pode querer representar essa brincadeira especial para adicionar alguma diversão para as crianças nessa noite.

A refeição termina com todos agradecendo a Deus. Talvez você queira escrever uma oração que todos podem ler em uníssono.

"Deus, nós louvamos ao Senhor pela maneira como cuidou de seu povo. As histórias do Antigo Testamento são empolgantes e repletas do exemplo de seu poder. Mas nossa história está no Novo Testamento. É a história da ressurreição! O Senhor entregou sua vida para pagar por nossos pecados; venceu a morte e ressuscitou. O Senhor, Filho de Deus, é o nosso Messias. Louvamos ao Senhor. Amém."

*Moedas para o milho*

Talvez você queira recolher uma oferta especial para as pessoas que precisam de uma ajuda nesse período de Páscoa. As pessoas jovens devem ser encorajadas a participar sozinhas dessa parte da Páscoa.

*Cerimônia da abertura de portas*

Explique que a tradição judaica diz que Elias visita os lares dos judeus nessa noite. Ele abre a porta e anuncia que o Messias virá, aquEle que liderará seu povo para sua terra natal.

Nesta noite mais do que em qualquer outra, o povo judeu — que não acredita que o Messias veio continua a orar para que Deus o envie logo.

Talvez você queira mudar essa cerimônia e convidar as crianças pequenas a participar. Explique que dentro de alguns dias, os cristãos celebrarão a ressurreição de Jesus. Cante um hino de celebração da Páscoa. Depois, peça para as crianças abrirem a porta e gritarem em voz alta: "Jesus, o Senhor é bem-vindo nesta casa".

## Ceia

Para os judeus que não aceitaram a Cristo como Messias a celebração acabou. Mas para os cristãos que sabem que Jesus é o Messias, a parte mais importante da celebração ainda está por vir, a ceia. Ao celebrar a ceia, os cristãos lembram o que Cristo fez por eles e são lembrados de que Ele voltará. Eles olham para a frente, para a segunda vinda do Messias.

Antes de você servir os elementos, certifique-se de que as crianças pequenas compreendem essa transição. Você pode explicar isso uma vez e pedir-lhes que respondam a essas questões, que exigem que elas afirmem sua compreensão daquilo que você acabou de dizer:

- Por que estamos terminando a Páscoa com a celebração da ceia?
- Por que o povo judeu que não aceitou a Jesus como Messias não celebra a ceia?
- O que a Páscoa nos faz lembrar? O que a ceia nos faz lembrar?
- Para o que a Páscoa aponta? Para o que a ceia aponta?

Para a ceia deve haver um pedaço de pão que sobrou para os cristãos partirem e passarem às outras pessoas. Não deve sobrar suco nos copos.

## Encerramento

Peça para que as pessoas saiam em silêncio (ou para as crianças irem para a cama silenciosamente). Dessa forma, os pensamentos podem ficar mais completamente voltados para o que acabou de acontecer nessa celebração de Páscoa. Foram rememoradas as coisas que Deus fez no passado, a tristeza da morte de Cristo por nós e a alegria que podemos ter por sabermos que Ele retornará para nós.

## Festa de Natal com reciclados

***Objetivo*:** Cada cristão deve convidar uma pessoa de fora da igreja para cantar canções natalinas em casa e aumentar o potencial de amizades para o evangelismo.

Na preparação desta noite, um grupo de guerreiros de oração deve se encontrar para pedir a Deus que guie os cristãos quando enviarem "o segundo convite", abandonando qualquer medo de prosseguir com uma fala sobre Deus quando uma oportunidade aparece naturalmente.

***Idéia básica*:** Cada pessoa deve trazer um ornamento que foi feito de material reciclado para pendurar na árvore. Todos julgarão todos os ornamentos, jogarão o jogo do reciclado, cantarão cantigas natalinas e conhecerão uns aos outros melhor, removendo talvez os medos e estereótipos que as pessoas que não vão à igreja podem ter em relação aos cristãos.

## Sugestão de convite

Envie dois convites para cada cristão. Os convites devem ser feitos de papel reciclado — cartões velhos de Natal, o verso do papel de embrulhar o pão ou de rótulos de sopas — seja criativo. Quem recebe o convite fica com um e envia o outro para um amigo que precisa saber que o cristianismo não é enfadonho nem triste.

# Festa de Natal com Reciclados

## Por que Perder (Data da Festa) Dezembro?

Por que Perder (Data da Festa) Dezembro?

Reúna as SOBRAS de sua casa de maneira artística.

Adicione um gancho e venha pendurá-lo em nossa árvore de Natal.

RECICLE sua tranqueira!

IDÉIAS DE TRANQUEIRAS:

*8 copos de papel usados, que são pintados e colados um ao outro.*

*Sinos de Natal feitos com latas velhas de suco.*

*Guirlanda de tampinhas de refrigerantes.*

**R.S.V.P.**[1]

**Você pode até ganhar um prêmio reciclado.**

## A chegada dos convidados

Recolha os ornamentos reciclados das pessoas à porta. Ponha um número em cada um deles e pendure-os na árvore. Tente evitar que os convidados saibam que ornamentos os outros trouxeram.

Você ficará surpreso com a criatividade que algumas pessoas possuem. Na festa de reciclados, em que era convidada, as pessoas fizeram pombas com garrafas de detergente, bolas geométricas com cartões de Natal antigos e com embrulhos de presente do ano passado, como também penduraram bolsos de calças com as bordas coladas, exceto no topo, e cheios de flores de palha. Todas as pessoas, com freqüência, precisam de uma idéia inicial. Você já lhes deu alguma idéia com o tema: reciclados. Não se surpreenda se esta festa for muito divertida.

Nesta festa, como muitas outras nas quais as pessoas podem não conhecer umas às outras, planeje utilizar crachás com nomes. Faça-os, com todo tipo de material reciclado — similares aos materiais que você usou para os convites — antes que os convidados cheguem! Cada crachá deve ser original e diferente. Isso acrescentará um início festivo para a noite. Por exemplo, você pode utilizar a bandeja de isopor de alguns legumes que você compra no supermercado e escrever o nome do convidado nelas. Decore a base com cartões de Natal do ano anterior, com celofane colorido retirado de doces e chicletes e sabe-se lá o que mais! Eu começaria minha coleção de *materiais potencialmente recicláveis* (um título estiloso para *tranqueira*) cerca de três semanas antes da festa. Não é difícil fazer um trabalho artístico de gosto duvidoso quando você tem todos os materiais diante de você.

Depois que todos os convidados chegarem, dê a cada um deles uma cédula e peça que votem nos ornamentos que agora estão na árvore.

- O ornamento reciclado de forma mais criativa ________
- O ornamento reciclado mais surpreendente ____________
- O ornamento que livra o mundo da maioria das tranqueiras _________

Os prêmios devem ser engraçados. À medida que você os entrega, explique a razão pela qual o prêmio se qualifica como um reciclado atraente. Por exemplo, estou reciclando uma vela meia consumida que tenho em minha casa há anos. Ela pinga e respinga em todo lugar. Queimei-a o tanto quanto fui capaz de suportar sua feiúra e ficaria feliz de reciclá-la na casa de alguém.

Uma idéia melhor para mim seria reciclar um pacote das dez receitas favoritas do Jack. Na verdade, esse é um presente muito interessante.

Há revistas feitas em papel reciclado e papéis de carta feitos com material reciclado. Se você quiser gastar dinheiro com os prêmios, essas são algumas possibilidades.

## Cantigas

Você já se cansou de cantar cantigas de Natal? Eu não. Amo cantá-las e sempre espero pela primeira aparição delas com tanto entusiasmo quanto espero pelo primeiro sinal da primavera.

Portanto, reúna todos em volta de um piano ou violão (e quem sabe apenas uma pessoa possa cantar afinado) e cante. Ofereça a letra das canções, se possível. Desta forma você pode cantar mais do que apenas os refrões mais conhecidos.

Intercale as canções com leituras. As pessoas podem trazer um artigo sério ou engraçado para partilhar com o grupo. *Seleções* (*Reader´s Digest*) pode ser uma boa fonte. Limite as leituras a três ou quatro minutos. O que você está fazendo aqui é a reciclagem de histórias que outras pessoas já desfrutaram — passando para frente o entusiasmo sobre o Natal.

Uma sacola surpresa também pode ser útil nos intervalos do período de canções. Antes que todos cheguem, ponha o nome de cada um em uma sacola. Após cerca de quatro canções, apite, pare tudo, pegue a sacola e retire um nome. Esta pessoa tem de responder a uma questão reciclada. Eis aqui algumas questões que seriam fantásticas para essa reciclagem:

- Recicle a história sobre o melhor presente de Natal que você já recebeu.

- Fale sobre algo que você ganhou de segunda mão e de que gosta muito.
- Se você pudesse reciclar um evento que aconteceu neste ano, para que pudesse vivê-lo novamente no próximo ano, qual seria ele?
- Recicle o primeiro verso de uma cantiga que já cantamos esta noite.
- Fale sobre algo em sua casa que você realmente recicla.
- Se você pudesse reciclar um ano de sua vida, que ano escolheria? Por quê?

## Jogos reciclados

Esses dois jogos possuem a mesma idéia básica. Portanto, utilize apenas um deles.

*Roupas novas para a família*

Comece a juntar jornais por várias semanas.

Divida a festa em grupos de reciclagem. Explique que o papai e a mamãe precisam de roupas novas, e cada grupo estará reciclando o jornal para confeccionar essas roupas.

Cada grupo deve selecionar duas pessoas para vestir. Não ofereça tesoura. Apenas com o jornal, fita adesiva, alfinete e, talvez, algum papel cartão, o grupo tem de apresentar uma roupa estilosa para o casal.

Por que não premiar o grupo vencedor com um pacote de chicletes? Explique que o chiclete é novo, mas que pode ser facilmente reciclado se for grudado no pé da cama todas as noites.

*Músicas de Natal recicladas*

Divida os participantes em grupos de reciclagem — reciclagem de objetos para a confecção de instrumentos musicais. Explique que cada grupo tem de vasculhar a casa para pegar instrumentos musicais singulares. Eles têm de usar a voz e os instrumentos musicais para apresentar uma cantiga de Natal.

Há muitas idéias para instrumentos musicais. Por exemplo, alguém pode encher copos com quantidades diferentes de água para tentar tocar uma música, batendo nesses copos com um lápis. Ou alguém pode pôr papel celofane em um pente e tocar assoprando com os lábios fechados. Ou que tal apenas pegar uma panela e uma colher e começar a bater?

Novamente, o prêmio pode ser um chiclete novo — perfeito para a reciclagem!

Gosto desses jogos por que eles estimulam as pessoas a criar algo do nada. Praticamente, todo mundo gosta de participar deste tipo de tolice e se surpreende com o que o grupo é capaz de produzir — nem sempre acham as descobertas agradáveis, mas ficam sempre surpreendidos!

*Sugestão de cardápio*

Bolinhos de Natal. Você pode pedir para que cada convidado traga oito bolinhos ou você pode oferecê-los.

**Mistura de frutas**

*1 1/2 xícara de açúcar*
*1/2 xícara de margarina*
*3 ovos*
*3 xícaras de farinha de trigo*
*1 colher de chá de baunilha*
*100 gramas de tâmaras picadas*
*125 gramas de nozes picadas*
*1 colher de chá de bicarbonato de sódio, dissolvido em água quente*

Misture o açúcar, a margarina, os ovos, a farinha de trigo e a baunilha. Bata até que esteja firme. Acrescente as tâmaras e as nozes. Misture, adicione o bicarbonato de sódio por último.

Despeje cuidadosamente em tabuleiro para bolinhos e asse por doze a quinze minutos em forno à temperatura de 350° (fogo moderado). Serve 24 ou mais bolinhos.

### Marzipã de aveia

*1 xícara de margarina*
*1 xícara de açúcar mascavo*
*1 xícara de açúcar refinado*
*1/2 colher de chá de baunilha*
*2 ovos*
*1 1/4 xícara de farinha de trigo*
*1/2 colher de chá de sal*
*1 colher de chá de fermento*
*1/2 colher de chá de canela*
*3 xícaras de aveia crua*
*1/2 xícara de nozes picadas*

Misture muito bem a aveia, os dois tipos de açúcar, a baunilha e os ovos. Peneire os ingredientes secos e adicione-os. Acrescente a aveia e as nozes.

Derrame em uma assadeira sem untar. Asse por doze a quinze minutos em forno à temperatura de 350°. Deixe esfriar por dois minutos antes de retirar da assadeira. Serve cerca de 48 porções.

Em uma segunda rodada, por que não adicionar um pacote de pingos de chocolate ao leite?

### Crocante de coco e laranja

*1/2 xícara de manteiga*
*1 xícara de açúcar*
*2 ovos*
*1 colher de chá de baunilha*
*1 colher de sopa de casca de laranja ralada*
*2 1/2 xícaras de farinha de trigo peneirada*
*1/4 de colher de chá de bicarbonato de sódio*
*1 colher de chá de fermento*
*1/2 colher de chá de sal*
*1/4 de colher de chá de canela*
*1/4 de xícara de suco de laranja*
*200 gramas de coco ralado*

Faça um creme com a manteiga e o açúcar até que esteja macio. Bata os ovos, a baunilha e a casca de laranja. Peneire a farinha, o bicarbonato de sódio, o fermento, o sal e a canela. Adicione metade dessa mistura de farinha, misturando bem. Acrescente o suco de laranja. Misture o restante da farinha.

Espalhe o coco em uma assadeira rasa. Com uma colher de chá, derrame a massa do bolinho, que deve estar macia. Enrole no coco para ficar bem coberta. Ponha os bolinhos em uma assadeira afastados, mais ou menos, 4 centímetros um do outro. Asse por quinze minutos em forno à temperatura de 375°.

*Fudge sem erro*
*300 gramas de leite em pó*
*125 gramas de manteiga*
*4 xícaras de açúcar*
*300 gramas de chocolate derretido*
*4 colheres de sopa cheias de creme de marshmallow*
*Nozes picadas (opcional)*

Coloque o leite, a manteiga e o açúcar em uma caçarola. Leve ao fogo, mexendo até chegar ao ponto de fervura. Mexa constantemente. Deixe ferver por cinco minutos.

Retire do fogo e acrescente o creme de chocolate e o *marshmellow*. Mexa até que esteja bem misturado. Acrescente as nozes picadas, se desejar. Derrame sobre uma assadeira de 20 cm x 30 cm. Deixe esfriar e corte em quadrados.

**SANDUÍCHES DE CHOCOLATE**
*4 xícaras de farinha de trigo*
*1 1/2 xícara de manteiga*
*1/2 xícara de açúcar refinado*

Misture e faça cinco rolos com cerca de 2,5 centímetros de diâmetro. Envolva em papel celofane e ponha na geladeira.

Quando estiver frio, corte em círculos do tamanho de uma moeda de um real, com cerca de 0,5 centímetros de espessura, e asse por dez minutos em forno à temperatura de 400°.

Ponha metade das peças e espalhe o recheio de chocolate e ponha em cima a outra metade das peças para criar os sanduíches de chocolate.

***Recheio***

*4 quadrados de chocolate*
*3 colheres de sopa de manteiga*
*3 xícaras de açúcar refinado*
*1 pitada de sal*
*5 colheres de sopa de creme de leite*
*1 colher de chá de baunilha*

Derreta o chocolate e misture todos os ingredientes juntos.

**Barra de laranja e nozes**

*2 xícaras de farinha de trigo*
*1/3 de xícara de açúcar*
*1/2 colher de chá de sal*
*2/3 de xícara de manteiga*

Peneire os ingredientes secos. Corte a manteiga do tamanho de pequenas ervilhas.

Misture:
*1 ovo levemente batido*
*1 colher de chá de baunilha*
Adicione à mistura de farinha, mexendo com o garfo, até que a massa adquira o ponto de liga.

Abra metade da massa de farinha em um pedaço de papel celofane de 22 cm x 33 cm. Abra a massa até a extremidade do papel. Ponha em uma assadeira untada, de 22 cm x 33 cm. Remova o papel.

Espalhe o restante da massa em um papel celofane, em um retângulo de 22 cm x 33 cm. Reserve.

**Recheio**

*2 xícaras de nozes picadas*
*2/3 de xícara de açúcar*
*1 colher de sopa de casca de laranja ralada*
*1 xícara de suco de laranja*
*1 colher de sopa de suco de limão*

Misture todos os ingredientes. Espalhe sobre a massa que está na assadeira.

Coloque o restante da massa sobre o recheio. Retire o papel. Faça muitos furos com o garfo. Asse por vinte a trinta minutos em forno à temperatura de 375°. Ponha a cobertura imediatamente após retirar do forno.

**Cobertura**

*1 1/2 xícara de açúcar refinado peneirado*
*1 colher de chá de raspas de casca de laranja*
*2 1/2 colheres de sopa de suco de laranja*

## Natal

### Idéias para incrementar sua celebração em casa

***Objetivo:*** Para que você comece a pensar a respeito da importância de iniciar celebrações tradicionais significativas em sua casa à época do Natal (e o ano todo).

As tradições são muito importantes em um lar e família cristãos, independentemente de qual seja sua definição de unidade familiar. Essas tradições nos ligam a nosso passado e nos ajudam a lembrar os eventos e emoções que, de outra forma, podem ser esquecidos. Eles dizem: "Sempre celebramos isso juntos, somos uma família".

Pense a respeito da época em que era criança. Que tradições familiares você tinha as coisas que seus familiares sempre faziam juntos? Você tinha certeza de que essas coisas aconteceriam.

Vem-me à mente as sextas-feiras à noite e o sorvete misturado com refrigerante de limão. Sempre que tomo um refrigerante de limão, lembro-me daqueles refrigerantes baratos que comprávamos em um armazém e de minha mãe. Toda sexta-feira à noite, passeávamos até a cidade, habitualmente com apenas alguns centavos para nós duas.

Caminhávamos pelas lojas e conversávamos. Na minha adolescência, era mais fácil contar-lhe o que sentia e o que acontecia na escola enquanto namorávamos as vitrines. Ela compartilhava coisas que aconteceram com ela no trabalho e quais eram seus sonhos para mim e meu irmão. Jamais teríamos conversado assim se apenas nos sentássemos e disséssemos: "Agora, conversaremos". Aquilo seria muito ameaçador para mim. Aquelas duas horas, às sextas-feiras à noite, era uma tradição para nós. Ela já morreu, mas ainda posso recordar as saídas noturnas às sextas-feiras e lembrar-me das maneiras maravilhosas que ela tinha para cuidar de mim e me orientar.

*Tradições familiares.* O que ajuda você a se lembrar daqueles anos que já se foram? Mais importante ainda, o que ajudará as crianças de sua vida a se lembrarem?

O Natal é o período mais fácil para começar ou incrementar as tradições — mas não se atenha apenas ao Natal. As tradições se ajustam em qualquer momento de seu ano e fazem sobressair os sentimentos positivos, como também ajudam as pessoas envolvidas a saberem que pertencem a um grupo.

Eis aqui algumas tradições celebradas por pessoas que conheço. Elas não ocorrem em épocas de festas, mas são ótimas para reunir as pessoas.

*A tradição do primeiro tordo.* Quando alguém da família avista o primeiro tordo da primavera, ele avisa o resto da família. No próximo dia livre que tiverem, acontecerá o piquenique do tordo — mesmo se o chão ainda estiver coberto de neve. Esta família fará seu piquenique de qualquer forma. Vestem os casacos e lá vão eles. A primavera está logo ali na esquina.

*Bandeiras de tradições familiares.* Cada pessoa da família tem uma bandeira. Nos aniversários e conquistas especiais (uma filha que marca o ponto vencedor em um jogo de basquete), a bandeira dessa pessoa é hasteada. As bandeiras podem ser compradas, mas será mais divertido se cada um fizer uma bandeira original que diga algo sobre si mesmo.

*Tradição da boneca.* Uma mãe, com cinco filhas, faz para cada uma delas um vestido no aniversário e um outro idêntico para suas respectivas bonecas. *Tradição da limpeza do pássaro.* Para tornar a faxina da casa mais divertida, a mãe esconde um pássaro de pano. As crianças pequenas têm de limpar até que elas o encontrem. Depois, há um intervalo com bolinhos e leite antes que acabem suas tarefas.

*Tradição da economia.* Uma avó, cujo orçamento é bastante minguado, envia cartões para seus netos em ocasiões especiais. Os cartões funcionam como extratos bancários, dizendo quanto dinheiro a criança tem na conta. Assim, no Natal a conta de Adam pode ser de vinte e sete reais, mas no aniversário pode chegar a trinta e sete reais. A avó guarda o dinheiro e quando a criança tiver economizado o suficiente, ela compra um bilhete de avião para visitar a vovó.

*Tradição do cartão postal.* Uma mulher que viaja muito coleciona nomes e endereços de crianças que precisam do estímulo de um adulto. Ela envia cartões dos mais distintos lugares para onde viaja. Talvez ela jamais tenha filhos seus, mas estruturou uma tradição de cuidado com mais de trinta crianças.

Essas pequenas tradições são trançadas no tecido de nossa vida! Comece a estruturar as tradições durante o ano e comece com o Natal. Isso pode fazer diferença no entusiasmo daqueles que participam e, mais importante ainda, pode fazer diferença no apreço que seus filhos têm pela família.

Nossos três sobrinhos, David, Danny e Douglas, quando eram pequenos, acrescentavam muita vida à celebração, especialmente quando queríamos ficar calmos e escutar a história da Bíblia sobre o primeiro Natal antes que abríssemos os presentes.

As cadeiras rangiam, os papéis de embrulho amarfanhavam-se quando mãozinhas pequeninas os espremiam.

Escutávamos sussurros: "Quando vamos abrir os presentes? Será que demora muito?".

Jack comentou: "O que podemos fazer para torná-los tão interessados no verdadeiro significado do Natal quanto estão pelos presentes?" E ele mesmo respondeu rindo a sua pergunta: "Nada!"

Ele está certo; eles são apenas crianças. No entanto, poderíamos incrementar bastante para que comecem a se interessar pelas histórias da Bíblia e, ao mesmo tempo, melhorar a compreensão que têm em relação à mensagem de Natal.

Assim, decidimos incluí-los na história de Natal, em vez de fazer com que fossem apenas ouvintes. Essas duas idéias foram nossas respostas para uma tradição de Natal significativa. Todos os anos ao longo da infância deles, trabalhamos juntos para tornar a história de Natal animada para as crianças e os membros de nossa família. O nascimento de uma tradição é empolgante. As pessoas mal percebem que ela nasceu até que olhem em retrospectiva e compreendam o quanto essas tradições têm significado para elas e antecipam com alegria à celebração do ano vindouro.

Tente nossas idéias e acrescente coisas a elas, personalizando-as para você.

## Envelopes com histórias de Natal

***Objetivo:*** Envolver cada pessoa da extensão da família nuclear com pessoas de sua faixa etária para recontar a história do primeiro Natal.

***Idéia básica:*** Antes de a família se reunir para abrir os presentes de Natal, escreva uma pergunta para cada uma das pessoas que comparecerão. Ponha esta pergunta em um envelope com o nome da pessoa nele. Faça com que as perguntas se ajustem às habilidades pessoais de cada um. Para uma criança que ainda não lê, desenhe uma figura de pauzinho que ilustre uma parte da história de Natal. Quando vocês todos estiverem juntos, leia a história da Bíblia e pare em alguns pontos específicos para fazer as perguntas. A criança contará a parte da história que aquela figura representa.

Eis aqui o que fizemos para o Natal de toda nossa família. Como temos faixas etárias bastante abrangentes, esse *script* lhe dará uma idéia de como poderá desenvolver o seu.

*Leitor da Bíblia: Lucas2.1-7*

Encoraje a pessoa que lê a ser bastante expressiva. Assim que o leitor acabar de ler os versículos indicados, ele deve chamar a pessoa que responderá a essa questão.

*Envelope 1 para David, oito anos:* Se José e Maria viessem até sua casa e pedissem por um cômodo, o que você teria de dizer?

*Leitor da Bíblia: Lucas2.8-14*

*Envelope 2, para o pai de David*: Suponha que você era um dos pastores. Como você se sentiria quando os anjos chegaram?

*Leitor da Bíblia:* Vamos cantar uma canção de Natal. David, qual você gostaria de cantar (de novo procure envolver os jovens).

*Envelope 3 para Danny.* Ele tem quatro anos e ainda não lê. Em seu envelope encontramos o seguinte desenho. O leitor da Bíblia pediu-lhe que ele explicasse a história.

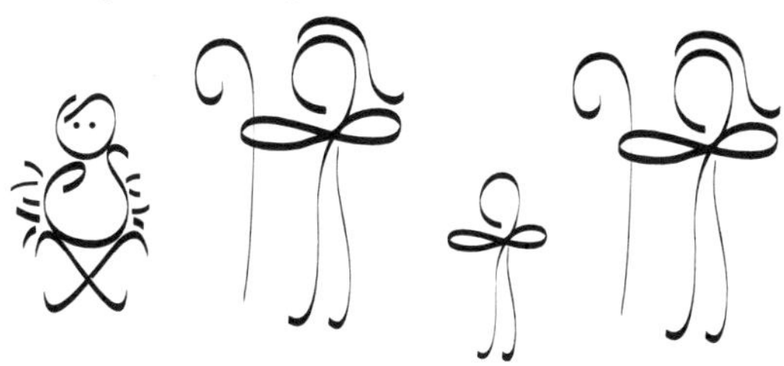

Leitor da Bíblia: Lucas 2.15-19

*Envelope 4 para a vovó*: Finja que você é uma pastora que está retornando para casa após ver o Menino Jesus. Você encontra uma grande amiga no caminho. O que você lhe diz?

Leitor da Bíblia: Lucas 2.1-12

*Envelope 5, para titia*: Deus nos deu um presente maravilhoso quando nos enviou seu Filho, Jesus. Que presentes você daria a Jesus?

*Envelope 6, para tio Marc*: O que torna o Natal tão especial para os cristãos?

Os envelopes com a história de Natal são divertidos e todos participam. Até mesmo abrir os envelopes faz parte da diversão. Ninguém realmente sabe que parte da história lhe cabe.

Essas questões dos envelopes foram planejadas para tornar a história mais clara para as crianças pequenas e para prender a atenção delas, em um cômodo cheio de presentes embrulhados — nem que seja por apenas alguns minutos.

E se sua família for composta de membros mais velhos? A mesma idéia pode ser utilizada, mas você precisará ajustar as questões à faixa etária dos participantes.

Por exemplo, em uma família de adolescentes, você pode utilizar questões como estas:

## Leitor da Bíblia: Lucas 2.1-7

*Envelope 1*: Você encontra alguém no ônibus que está abarrotado com presentes de Natal. Você começa a falar sobre o verdadeiro significado do Natal, e ele acredita em tudo, exceto no nascimento virginal. Como você responderia a ele? Explique a razão pela qual o nascimento virginal é absolutamente essencial para a história do Natal.

Leitor da Bíblia: Lucas 2.8-14

*Envelope 2*: Se Deus fosse enviar seu Filho a nosso mundo de hoje, para quem você acha que Ele enviaria esta anunciação especial? Por quê?

*Envelope 3*: O que a anunciação do nascimento de Jesus lhe transmite sobre Ele?

Leitor da Bíblia: Lucas 2.15-19

*Envelope 4*: Além de sua salvação, qual você diria que é a dádiva mais maravilhosa que Deus lhe deu? Faça uma oração, agradecendo-lhe por esta dádiva tão importante e por todas as outras que Ele nos dá.

## A história do Natal: uma representação familiar

Uma forma fácil para envolver toda a família na leitura da história de Natal é fazer um *script* e distribuir os papéis.

Personagens:

José – pai
Maria – tia
Pastores – jovens
Anjo – avó
O dono da estalagem – tio

Ajustamos os papéis ao número de pessoas que participarão da celebração de Natal em nossa casa. Você terá de fazer o mesmo. Se você tiver um grupo muito pequeno, não há problema algum se alguém for designado para desempenhar dois papéis.

Quando fazemos isso em nossa família, damos às crianças pequenas uma gravura para que elas leiam. Observe que o exemplo a seguir foi escrito para uma faixa etária de crianças. Elas devem ser totalmente envolvidas com essa tradição do compartilhar a verdadeira história do Natal.

*Pai*: Tenho um decreto de César Augusto, o imperador romano. Tenho de retornar para a cidade onde minha família vivia para escrever meu nome na lista de impostos. Sou um membro da linhagem dos reis, portanto tenho de ir a Belém, na Judéia, a antiga casa do rei Davi. Preciso fazer essa longa viagem de Nazaré, na Galiléia, até Belém.

*Tia*: Eu sou Maria e fiz essa viagem com José. Essa foi uma viagem difícil, pois eu estava para ter um nenê. Quando cheguei a Belém, sabia que o nenê estava prestes a nascer. José e eu procuramos em todos os lugares um quarto onde pudéssemos ficar.

*Tio*: Quando Maria e José perguntaram-me se podiam ficar em minha hospedaria, eu disse que não. Todos os quartos estavam ocupados. Mas eu permiti que eles dormissem na estrebaria.

*Tia*: Foi ali que meu bebê, um lindo menino, nasceu.

(Se houver algum bebê no grupo, a mãe pode convidar as crianças pequenas a enrolar um cobertor em volta do bebê, exatamente como Maria fez com seu filho recém-nascido.)

*Pastores (a criança que sabe ler)*: Eu estava pastoreando em um campo próximo ao vilarejo. Estava tomando conta das ovelhas, uma tarefa longa e difícil.

*Pastor (uma criança muito jovem "lê" esta gravura)*: (Um adulto talvez tenha que pedir para a criança que não sabe ler para que explique a gravura e ajudá-la até que ela dê as respostas corretas. A maioria das crianças que moram em lares cristãos ou freqüentam a Escola Dominical sabem qual é a próxima parte da história.)

A criança (*divida o papel dos pastores entre as crianças que sabem ler*): Havia um anjo, e repentinamente muitos e muitos anjos se juntaram a ele para louvar a Deus.

*Criança*: Venham! Vamos a Belém. Vamos ver essa maravilha que aconteceu e de que o Senhor já nos falara a respeito.

*Tia*: Os pastores vieram e adoraram ao Menino. Deus foi maravilhoso ao enviar a esses pastores uma anunciação especial do nascimento de seu filho.

*Pai:* Que maravilhoso Pai celeste nós temos. Vamos entoar canções de Natal agora para agradecer a Ele por enviar Jesus à terra.

## Jogo da velha de Natal

*Um jogo bíblico para a família*

Você precisa de, pelo menos, doze pessoas para jogar o jogo da velha de Natal, um jogo que faz uma revisão da história de Natal e dos louvores ao nosso Salvador.

Organize as cadeiras como se fosse um jogo da velha — três fileiras com três cadeiras em cada uma delas. Em cada uma dessas cadeiras deve ter uma pessoa sentada.

Dois jogadores devem ficar em frente dessas cadeiras. Cada jogador tem seis quadrados de papel cartão. Os quadrados de papel de uma pessoa devem ser vermelhos, e os da outra pessoa, verde.

Os jogadores devem fazer perguntas alternadamente, chamando as pessoas sentadas nas cadeiras para que as respondam. Eles precisam chamar alguém antes que o mediador, a décima segunda pessoa, leia a questão. Se a pessoa chamada souber a resposta, o jogador dá a essa pessoa um de seus quadrados de papel cartão para que ela segure-o de forma bastante visível. Se esta pessoa não souber a resposta, então a vez passa para o próximo jogador. O objetivo, como no jogo da velha, é obter três quadrados vermelhos ou verdes em uma fileira.

## Uma vitória

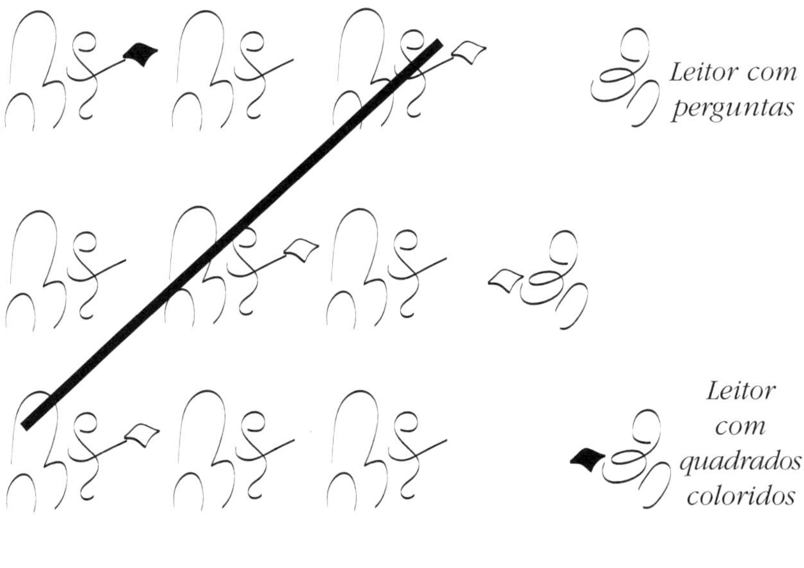


Obviamente, as crianças podem jogar com os adultos. As pessoas que estão lendo cada uma das questões têm de ajustar as perguntas para as crianças menores.

Faça suas perguntas para o jogo e procure fazê-las todas sobre a história do Natal. Eis aqui algumas para dar-lhe uma idéia. Quando todas as perguntas são respondidas corretamente, sua família terá feito uma excelente revisão da história do Natal.

- Por que José foi a Belém?
- Quem era o governante à época em que Jesus nasceu?
- Por que o dono da hospedaria não abrigou José e Maria?
- Quantos pastores vieram à manjedoura para ver Jesus? (Essa é uma pegadinha. A Bíblia não diz quantos eram os pastores.)
- O que os pastores fizeram quando saíram da estrebaria?

## Dádivas de Deus

Adultos e crianças podem participar dessa experiência de adoração. Antes de a família abrir os presentes, forneça a cada membro um quadrado colorido de papel cartão e peça para que escrevam ou desenhem um presente que gostariam de dar a Jesus este ano.

Encoraje os adultos a compartilhar o que eles estão dando a Jesus com um outro adulto e peça para que este último faça com que o primeiro preste contas de como está levando adiante esta dádiva. Por exemplo, posso desenhar um símbolo que represente dinheiro e explicar para minha cunhada que prometi a Deus dar 5% a mais este ano do que eu dei no ano passado. Ela verificaria comigo de tempos em tempos para certificar-se de que eu estava realmente fazendo o que disse que faria. E minha cunhada pode ter escrito em seu presente para Jesus: "Eu entregarei meus filhos a Deus ao fazer um esforço diário para ensinar-lhes mais sobre Ele". Eu, por minha vez, verificaria com ela para saber como suas devoções diárias estão caminhando e de que forma ela percebe que a compreensão de seus filhos sobre Jesus está se aprofundando.

O presente de uma criança pequena tem de ser algo mais imediato, algo que possa ser feito logo. Por exemplo, Caleb pode desenhar uma figura dele conversando com um amigo e explicando que neste dia, mais tarde, quando for visitar o Rodney, ele lhe contará sobre o verdadeiro significado do Natal. Ou pode escrever: "Eu não vou brigar com Lee hoje".

Esses presentes devem ser algo que você pode mensurar. Se esse menino não brigar com Lee o dia todo, ele deu a Jesus o presente que disse que lhe daria. Para os adultos, eu posso mensurar a quantidade de dinheiro que dou ao Senhor.

## Luzes de Natal

Por fim, todos os presentes são abertos e cada pessoa pega uma vela. O cabeça do lar acende a vela maior e a coloca no meio do cômodo.

O líder explica que a vela maior simboliza Cristo, a luz do mundo. Nossas velas menores representam a nós mesmos. Cada pessoa deve pegar uma vela apagada e acendê-la na maior. Desta forma, a pessoa está dizendo como é importante que Cristo brilhe em sua vida; cada uma dessas pessoas quer partilhar a luz de Cristo com as outras pessoas que estão nas trevas.

À medida que Sara acende sua vela, pode, por exemplo, compartilhar uma forma em que cresceu em sua maneira de refletir a Cristo no ano passado. Ou então, pode nos contar uma forma como partilhou sua luz com outras pessoas.

Depois que todas as velas estão acesas, a família pode cantar a doxologia.

Essa cerimônia simples não demora mais do que alguns minutos. Pode ser uma excelente maneira para lembrar à família toda que este lar foi separado por Deus.

## Dádivas de tempo

Cada pessoa apresentará uma dádiva de tempo para os outros membros da família. Que presente difícil! Este não é o tipo de presente que pode ser comprado, dado e esquecido. Esta dádiva exige que doemos algo de nós mesmos.

Esses presentes podem ser escritos ou presenteados em forma de desenhos feitos com traços simples. Se a família for grande, você pode desenhar nomes e pedir que cada pessoa dê uma dádiva de tempo à pessoa cujo nome foi desenhado. Essa é uma excelente tradição para ser iniciada em sua casa. Se assim fizer, enfatize a criatividade.

No primeiro ano, as pessoas podem precisar de algumas idéias. Depois disso, elas certamente poderão ter um bom desempenho sozinhas. Eis aqui algumas dádivas de tempo.

Eu prometo passar o aspirador de pó na casa toda, todas as terças-feiras depois da escola nos meses de janeiro e fevereiro.

Vou levar você para jantar fora com o dinheiro que ganhar tomando conta de nenês. Por favor, separe o dia doze de janeiro para esse grande evento.

Eu prometo ler uma história, por quinze minutos, todas as noites nessas duas semanas seguintes.

Eu pintarei a cozinha e acabarei essa pintura no dia dezessete de janeiro.

Eu separarei quinze minutos de conversa para bater papo com você todas as noites logo após o jantar.

Eu ajudarei você com geometria até que consiga tirar uma nota B — mesmo que você precise do ano inteiro para conseguir isso.

Viu? Esses são presentes difíceis, e eu gosto deles. No Natal há uma inundação de presentes que chegam todos de uma vez. Dádivas de tempo fazem com que a família pense a respeito do que as outras pessoas gostariam de fazer. Elas fazem com que o Natal se estenda até o mês de janeiro. Dádivas de tempo fazem com que eu me sinta amada.

Esta parábola pode ajudá-lo a encorajar seus jovens a experimentar as dádivas do tempo:

## Duas árvores

*Uma palavra sobre o doar*

Duas árvores piscavam uma para outra através da janela de suas casas. O abeto vermelho gabava-se:

— Você devia ver a quantidade de presentes que tem aqui debaixo de mim. Uma caixa vermelha, uma grande caixa verde, uma enorme caixa azul e uma pequena caixa prateada que parece ser muito cara.

O pinheiro sorriu e disse:

— Eu tenho envelopes debaixo de mim.

— O quê?!

O pinheiro balançou levemente suas folhas afiadas e disse:

— Isso mesmo! Eu tenho um envelope branco, um bege e um que tem pequenas rosas impressas nele.

O abeto vermelho solidarizou-se:

— Que horror! Sua família deve ser muito pobre, sinto muito.

Mas o pinheiro apenas sorriu.

Os dias passavam e todos os dias o abeto vermelho relatava os acréscimos maravilhosos e refinados sob sua copa:

— Uau! Aposto que vai demorar horas para abrir todos estes presentes. E os embrulhos! Uau! Eles custam uma fortuna! Eu realmente estou impressionado com o Natal nesta casa.

O pinheiro, de sua casa do outro lado da rua, partilhava com ele o número crescente de envelopes, e o abeto vermelho não podia deixar de escutar a alegria na voz do pinheiro enquanto ele relatava.

O abeto vermelho pensava com seus botões: "Ele está escondendo a verdade porque está muito envergonhado. Todo Natal o sonho de uma árvore é ficar repleta, até a altura dos ramos, de presentes".

O grande dia chegara. O abeto vermelho observava com orgulho enquanto as crianças de sua casa pulavam e gritavam de alegria com seus presentes maravilhosos. E os presentes foram abertos, um depois do outro, depois do outro, depois do outro. Os belos papéis foram amarrotados e jogados em um canto. E, por fim, cada pessoa sentou-se ao lado de seu grande estoque de presentes. O abeto vermelho pensou: "Eles devem estar muito felizes".

Depois, para sua surpresa, ele escutou uma menina dizer:

— Só isso?

O menino replicou: — É... onde está minha bicicleta. Eu queria uma bicicleta, você nunca compra o que eu quero.

A menina pegou um quebra-cabeça e disse: — Vou montá-lo.

O menino gritou e arrancou a caixa do quebra-cabeça da mão dela. O pai berrou:

— Basta! Vocês são crianças mal agradecidas. Já para o quarto, e...

E mais lamentações.

O abeto vermelho estava abismado! Seus galhos murcharam de tristeza, e uma bola de Natal escorregou e espatifou-se no chão. Ele disse ao pinheiro quando a confusão e o barulho acabaram:

— Não é lamentável tudo isso que aconteceu?

— No entanto, o pinheiro estava sorrindo. O abeto vermelho perguntou:

— Sua família não está brigando, gritando e reclamando?

— Não — disse o pinheiro. Primeiro, eles se abraçaram. Depois, a mãe e o menino mais velho ficaram com as faces banhadas de lágrimas. Agora eles estão ceando e conversando sobre seus presentes.

— Que presentes? Você tinha apenas envelopes.

O pinheiro explicou:

— É, mas em cada envelope havia uma dádiva de tempo. Cada pessoa prometeu fazer algo agradável para a outra. Janet prometeu aos pais que faria a cama todos os dias em janeiro. Robert prometeu a Janet levá-la ao aquário municipal e comer pizza depois. O pai prometeu à mãe que ele faria floreiras para as janelas antes da primavera e que plantaria flores. Foi muito divertido abrir os envelopes.

— Daria tudo que tenho se pudesse ensinar a minha família aquilo que sua família conhece — disse o abeto vermelho enquanto limpava a seiva de seus olhos.

## Projeto de Natal

Setembro é o momento para iniciar este projeto. Decida que projeto de Natal você quer completar até o dia em que o celebramos. Por que não fazer um grande projeto — um que você realmente não pudesse fazer sozinho? Depois, a casa terá de ficar na dependência da ajuda de Deus, uma dependência muito saudável.

O que é um projeto de Natal? Não tenho a menor idéia do que isso possa significar para você. Ele é apenas algo que será feito para o Senhor. Habitualmente, ele envolve dinheiro. Obedeça à regra de que o dinheiro tem de ser levantado para este projeto — para que você não recorra no último minuto à conta bancária a fim de apresentar a quantia que prometeu. Todas as pessoas têm de contribuir com uma quantia que lhe seja razoável — uma quantia pequena para as crianças, porém maior para as pessoas com mais posses e com maior compreensão do presente que Deus nos deu.

Ninguém deve completar ou doar a quantia que uma outra pessoa prometeu contribuir. Por exemplo, se Danny, de quatro anos, ofereceu contribuir com um real, ele terá de pensar sobre as maneiras como ganhará essa quantia. Se ele assim não fizer, o projeto terá um real a menos; e ninguém mais pode completar essa diferença. Certifique-se de que a escolha do projeto fundamenta-se em uma decisão familiar. Fale sobre o que está envolvido neste projeto e por que ele faz sentido. Por exemplo, eis aqui alguns projetos com os quais estive envolvida ou os quais já pensei em fazer.

Comprar uma mula para o Ed, um amigo missionário que está no México. Sim, a mula foi comprada. Ed escreveu uma nota de agradecimento e explicou o quanto aquela mula lhe era necessária. Ele acrescentou: "Se você estiver pensando em um projeto para o próximo ano, considere comprar um novo computador para mim. Além da mula, isto é o que eu mais preciso".

Enviar um cheque de trezentos reais para ajudar a Marian em seu trabalho em um orfanato japonês.

Doar uma máquina de fazer café para o centro comunitário que a igreja patrocina e incluir dinheiro suficiente para pagar pelo consumo de café nos três primeiros meses.

Assinar uma revista cristã para quinze pessoas aposentadas de nossa igreja.

Todos esses projetos são grandes e demandam tempo e energia. Que maneira perfeita para manter viva a verdade sobre o presente de Natal que Deus nos enviou em uma época extremamente materialista e voltada para o comércio.

Como uma casa ganha dinheiro? De novo, não tenho a menor idéia. Cada pessoa terá idéias diferentes, mas a palavra-chave é *criatividade*.

Faça um bazar com artigos de segunda mão e diga a todos que vierem comprar qual a finalidade do dinheiro arrecadado. Isso classificaria esse bazar como um tipo de projeto missionário também.

Utilize o dinheiro que você ganha quando toma conta de bebês à noite para comprar ingredientes para fazer bolos. Depois, faça uma venda de bolo na vizinhança. Novamente, deixe que todos saibam qual o destino desse dinheiro.

Os pais podem fazer uma lista de tarefas domésticas que as crianças pequenas podem realizar e pelas quais ganharão uma pequena quantia de dinheiro. Essas tarefas devem ser acrescentadas a suas responsabilidades regulares na casa.

Ofereça-se para retirar o gelo da janela do carro do vizinho antes que ele saia para o trabalho; outras atividades podem incluir retirar a neve, trocar lâmpadas.

Esta lista é interminável.

## Revisão familiar

Selecione seis fotos da família para cada um dos cinco últimos anos. Passe-as ao redor para fazer uma revisão de cada ano. Depois, peça para que as pessoas da família falem sobre as dádivas que Deus lhes deu naquele ano.

Se possível, cada membro da família deve estar nessa coleção de fotos para cada ano.

Se eu fosse fazer isso, e minhas fotos fossem do ano passado, mostraria a casa velha e grande onde morei por quase vinte anos com uma placa "à venda" na frente. Também mostraria minha nova casa onde os cervos vêm comer os brotos das plantas, praticamente 1,6 mil quilômetros distante daquela. Lá está Marc, com seu novo guindaste, sorrindo, pois está trabalhando de novo e dirigir caminhões é o trabalho de que mais gosta. Que tal uma foto de meu pai de noventa anos, que louva ao Senhor por sua boa saúde e pelo jardim que está plantando?

Seja tão específico quanto puder. Encerre a revisão com um período de louvor e com sentenças de oração.

## Cantigas da família

Escreva sua própria cantiga familiar. Essa tarefa não é difícil e pode ser uma grande forma de louvar a Deus. Você deve iniciar com uma cantiga, a predileta de todos, para depois trabalharem juntos a fim de escrever a letra para essa música que já lhes é familiar.

Não é difícil para as crianças, entre sete e onze anos, dar idéias. Cada linha deve se ajustar à música, mas não é realmente importante que a rima e a métrica sejam perfeitas. Essa será uma canção familiar, o que até mesmo torna perfeitas suas imperfeições.

Anos atrás, nossa canção familiar foi escrita com a melodia de *Away in a Manger* (Lá na Manjedoura). É encorajador olhar para trás e observar o progresso da família toda ao longo dos anos. Dougie agora é Douglas e está na universidade.

*Nós agradecemos ao Senhor hoje.*
*Dando-lhe nosso amor o ano todo.*
*Gratos pelo novo bebê na família*
*E todas bênçãos que nos alegraram.*

*Gratos por Marc e seu novo emprego.*
*Pela vovó divertida que nos ama.*
*Por papai e mamãe aqui presentes.*
*Pelos tios e tias que nos abraçaram.*

## Piquenique de Natal

Um piquenique de Natal com a família é muito especial para as crianças pequenas. O propósito do piquenique é mostrar aos pequeninos um pouco das sensações que Maria e José tiveram. Explique às crianças, alguns dias antes do piquenique, que um dia especial está para acontecer. Combine de antemão com uma amiga (alguém que as crianças conheçam e gostem) para que ela diga a você e seus filhos, quando baterem à porta da casa dela, que não há lugar para vocês ali.

Prepare um piquenique. Como faz frio em muitos lugares do mundo na época do Natal, esse piquenique pode ser feito no carro. Explique que, nesse piquenique, você estará revendo a maravilhosa história de Natal. Não diga às crianças para onde elas estão indo — e isso já será divertido. Pare o carro cerca de um quilômetro e meio de sua casa e leia os trechos das Escrituras em que foi decretado o censo (Lc 2.1-5).

Depois, converse com as crianças e pergunte-lhes onde elas acham que estão indo. Pergunte-lhes como elas se sentem sobre essa viagem? Como elas se sentiriam se estivessem viajando ao relento e no frio?

Vá para a casa de sua amiga. Juntos, cheguem à porta com os preparativos para o piquenique. Explique que você gostaria de fazer seu piquenique na casa dela. A amiga deve balançar tristemente a cabeça e explicar que não há espaço para você e seus filhos comerem na casa dela, mas que são bem-vindos para usar a garagem. Os pais devem decidir que essa não é uma boa solução e devem voltar para o carro. Leia Lucas 2.6,7. Peça para que as crianças lhe digam como se sentiram quando a amiga os rejeitou em sua casa. Estabeleça um paralelo entre a experiência que tiveram e a experiência de Maria e José. Como Maria deve ter se sentido? O que ela pode ter dito a José?

Continue sua jornada para um lugar afastado em que haja campos e, se possível, celeiros. Pare o carro próximo de um campo e leia a história dos pastores e dos anjos. Veja Lucas 2.8-20. Converse sobre o que os pastores podem ter sentido. Será que vocês todos não poderiam fingir que são os pastores e conversar como eles devem ter conversado quando voltavam para casa após ver o Menino Jesus?

Aponte para o celeiro, se houver um nas proximidades. Peça para as crianças dizerem o que acham que Maria sentiu ao ter seu bebê em uma estrebaria. Se os pequenininhos acharem que esta é uma grande idéia, oriente-os para que percebam como esse lugar devia ser sujo e mal-cheiroso. Partilhe com elas a razão pela qual Deus permitiu que seu Filho nascesse na terra — esta foi a forma de Ele dizer que nos amava.

Por fim, descubra um local agradável para parar o carro e fazer o piquenique. Converse sobre as demais atividades de Natal deste ano e como elas devem glorificar a Cristo. Fale a razão pela qual damos presentes e como é divertido doar, e receber também.

No caminho de volta para casa, entoe canções natalinas.

# Algumas guloseimas de Natal

**Bolo de frutas**

*1 xícara de frutas cristalizadas*
*1 xícara de nozes picadas*
*1 colher de sopa de essência de rum*
*1 colher de chá de baunilha*
*1 xícara de maionese*
*1 1/2 xícara de leite desnatado*
*3 1/4 xícaras de farinha de trigo*
*1 colher de chá de sal*
*1 1/2 xícara de açúcar*
*3/4 de colher de chá de fermento*
*Casca de uma laranja ralada*

Misture as frutas cristalizadas, as nozes, a essência de rum e a baunilha. Faça uma mistura com a maionese e o leite. Peneire os ingredientes secos sobre a mistura de maionese. Adicione a casca de laranja ralada e misture bem. Misture às frutas cristalizadas. Unte uma assadeira comprida e fina forrada com papel manteiga.

Derrame a massa na assadeira. Asse por duas horas em forno à temperatura de 325°. Retire da assadeira e deixe esfriar.

**Bolo de *fudge***

2 1/4 xícaras de farinha de trigo peneirada
1 colher de chá de fermento
1/2 colher de chá de sal
*1 xícara de chocolate em pó misturado com 1/4 de xícara de água*
*1 1/4 xícara de leite*
*3/4 de xícara de açúcar mascavo*
*1 colher de chá de baunilha*
*2/3 de xícara de manteiga*
*1 xícara de açúcar refinado*
*3 ovos*

Peneire a farinha, o fermento e o sal.

Esquente o chocolate e o leite em uma panela até que estejam bem misturados. Adicione o açúcar mascavo e bata até que fique macio. Misture a baunilha.

Faça um creme com a manteiga e o açúcar refinado.

Adicione os ovos, um de cada vez, batendo bem após cada adição.

Acrescente o trigo e a mistura de chocolate, alternadamente, em pequenas quantidades, batendo bem depois de cada adição.

Ponha em duas assadeiras de 22 centímetros ou em três com 20 centímetros. Asse por trinta a trinta e cinco minutos à temperatura de 350°.

**Bolo temperado com compota de maçã**

*1 pacote de mistura para bolo branco ou amarelo*
*1 pacote de pudim instantâneo de baunilha*
*1/4 de xícara de azeite*
*1 xícara de compota de maçã*
*1/2 xícara de água ou café*
*4 ovos*
*1/2 colher de chá de noz-moscada*
*1/2 colher de chá de canela*
*1/2 xícara de uva passa picada*

Ponha todos os ingredientes em uma vasilha e misture bem. Bata em velocidade média por quatro minutos. Ponha a mistura em duas assadeiras para pão de 10 cm x 20 cm, untadas e polvilhadas com farinha de trigo. Asse por cerca de cinqüenta a cinqüenta e cinco minutos à temperatura de 350° ou até o ponto do palito (você insere o palito no bolo e ele sai sem resíduos). Solte o bolo das bordas da assadeira com uma faca. Cuidado para não tirar do forno antes de estar no ponto certo. Cozinhe por quinze minutos. Retire da assadeira. Deixe esfriar.

**Bolo de maçã**

*2 xícaras de açúcar*
*1 tablete de manteiga*
*2 ovos*
*1 colher de chá de baunilha*
*2 colheres de chá de pimenta-da-jamaica*
*1/2 colher de chá de sal*
*2 colheres de chá de canela*
*1 colher de chá de bicarbonato de sódio dissolvido em uma colher de sopa de água quente*
*1 colher de chá de fermento*
*4 xícaras de maçãs bem picadas em cubos*
*2 xícaras de farinha de trigo peneirada*

Faça um creme com o açúcar e a manteiga. Adicione os ovos e bata bem. Acrescente o restante dos ingredientes. Adicione a farinha de trigo por último, um pouco de cada vez. Coloque em uma assadeira untada, retangular e comprida, de 32 cm x 22 cm x 5 cm. Salpique com a cobertura antes de assar. Leve ao forno por uma hora à temperatura de 350°.

**Cobertura**

*Misture meia xícara de açúcar mascavo e uma xícara de nozes picadas.*

**Bolo crocante**

*1 xícara de margarina*
*2 xícaras de açúcar*
*4 ovos*
*1 xícara de leite*
*1 1/2 colher de chá de baunilha*
*2 2/3 xícaras de farinha de trigo*
*1/2 colher de chá de sal*
*1 1/2 colher de chá fermento*

**Cobertura:**

*120 gramas de manteiga*
*1/3 de xícara de açúcar*
*1 1/4 de xícara de nozes picadas*
*120 gramas de wafer de baunilha triturado*

Misture todos os ingredientes até formar uma massa homogênea. Pressione essa cobertura no fundo e nas laterais de uma assadeira longa ou em duas assadeiras de pão.

Bata um creme com a manteiga e o açúcar. Adicione os ovos e bata bem. Adicione o restante dos ingredientes e misture cuidadosamente. Derrame a massa nas assadeiras que já estão preparadas. Asse por uma hora em forno à temperatura de 350°. Desenforme enquanto quente para que fique parecendo um glacê.

**Torta de nozes**

*1 colher de sopa de manteiga*
*1 xícara de açúcar mascavo*
*1 xícara de glucose de milho*
*3 ovos*
*1 colher de chá de baunilha*
*1/4 de colher de chá de sal*
*1 colher de sopa de casca de laranja ralada*
*1 xícara de nozes cortadas ao meio*

Faça um creme da manteiga com o açúcar. Adicione a glucose de milho, os ovos bem batidos, a baunilha, o sal e as raspas de casca de laranja. Mexa bem. Adicione as nozes. Coloque em uma massa de torta já preparada. Asse em forno à temperatura de 350° por cerca de uma hora ou até o ponto do garfo, a saber, inserir um garfo e ele sair limpo.

**Bolinho de frutas**

*1 1/2 xícara de manteiga à temperatura ambiente*
*3/4 de xícara de açúcar refinado*

*3/4 de xícara de açúcar mascavo*
*1 ovo*
*1/4 de xícara de leite*
*1 colher de sopa de essência de rum*
*4 1/2 xícaras de farinha de trigo peneirada*
*3/4 de colher de chá de sal*
*3/4 de colher de chá de bicarbonato de sódio*
*2 xícaras de frutas cristalizadas*
*1/2 xícara de geléia de laranja*

Faça um creme com a manteiga (ou margarina), o açúcar refinado e o mascavo até que fique leve e macia. Adicione o ovo, o leite e a essência de rum. Bata bastante. Peneire a farinha de trigo, o sal e o bicarbonato de sódio e misture no creme.

Divida a massa em duas partes, faça duas bolas e ponha no refrigerador até esfriar bem.

Em uma superfície bem polvilhada com farinha de trigo, abra cada metade separadamente com a espessura de 3 milímetros. Corte os bolinhos, usando um cortador com aproximadamente 6 centímetros de diâmetro. Use um cortador de aproximadamente 2 centímetros de diâmetro para fazer um buraco pequeno no centro de metade do número de rodelas. Faça uma mistura com as frutas cristalizadas e com a geléia de laranja. Ponha duas colheres de chá dessa mistura sobre cada círculo sem o furo. Cubra-os com a metade dos círculos com furo no centro, una as bordas com um garfo.

Asse o bolinho em assadeira sem untar por dez minutos, ou até que esteja levemente dourado, em forno à temperatura de 375°. Retire os bolinhos da assadeira enquanto estão quentes. Serve 42 porções.

**Bolinhos recheados**

*1/2 xícara de margarina*
*1/2 xícara de açúcar*
*1 colher de chá de baunilha*
*1 gema de ovo*

*1 xícara de aveia*
*1 colher de chá de fermento*
*1/4 de colher de chá de sal*
*Geléia vermelha ou qualquer outro recheio*

Faça um creme com a margarina e o açúcar. Adicione a baunilha e a gema. Misture até ficar homogêneo. Adicione os ingredientes secos e misture até ficar homogêneo. Enrole em pequenas bolinhas. Faça uma concavidade no centro de cada bolinha. Preencha com a geléia antes de assar. Asse em forno à temperatura de 350°.

**Bolinhos macios de gengibre**
*2 tabletes de margarina*
*1 xícara de açúcar*
*1 colher de chá de gengibre*
*1 colher de chá de canela*
*1/2 colher de chá de sal*
*1 colher de chá de bicarbonato de sódio*
*1 xícara de melado*
*2 ovos*
*4 xícaras de farinha de trigo*

Faça um creme com a margarina (ou manteiga) e o açúcar. Adicione as especiarias, o sal e o bicarbonato de sódio. Acrescente o melado, sempre mexendo, e depois, os ovos. Misture a farinha de trigo, uma xícara de cada vez.

Refrigere por vinte e quatro horas.

Enrole um pouco de cada vez. Para bolinhos macios, enrole porções maiores. Asse aproximadamente por doze minutos em forno à temperatura de 350∞. Observe cuidadosamente para que eles não fiquem assados demais, pois, neste caso, não ficarão macios.

**Marzipã**
*2 claras de ovo*
*1/4 de colher de chá de sal*

*1 xícara de açúcar*
*3/4 de xícara de amêndoas moídas*
*1/2 colher de chá de extrato de amêndoa*

Cubra o fundo de um tabuleiro de biscoito com papel pardo. Bata as claras de ovo e o sal até formar uma espuma. Adicione o açúcar, uma colher cheia de cada vez, batendo bem após cada adição. Bata até que fique com consistência firme. Misture as amêndoas e o extrato de amêndoa.

Ponha sobre a assadeira com colheres de chá cheias e a cerca de 2,5 centímetros de distância um do outro. Procure manter os pingos uniformes, do mesmo tamanho. Asse por vinte minutos, ou até que esteja levemente dourado, à temperatura de 350°.

## Festa do vermelho e branco
### Dia dos namorados

***Objetivo*:** Amigos cristãos e seculares participarão de atividades que encorajem a interação e sirvam de fundamentação de amizades para o evangelismo.

***Idéia básica*:** Pediremos a cada pessoa que traga uma sobremesa que seja vermelha ou branca. As atividades da noite serão estruturadas com o tema do vermelho e branco. Um grupo de solteiros ou de adultos da Escola Dominical deve apresentar a lista de convidados.

Se seus convidados têm dificuldade em pensar em receitas vermelhas e brancas, você pode sugerir algumas, porém a maior parte da diversão dessa festa será tomar decisões pessoais que se adaptem ao tema.

## Receitas vermelhas e brancas

**Torta gelada de cereja (ou morango)**
*200 gramas de cream cheese*
*1 xícara de açúcar refinado*
*1 pacote de creme chantilly industrializado*

*1 colher de chá de baunilha*
*1 lata de recheio para torta de cereja*
*Barquinhos de massa de torta assadas, já prontos*

Bata o açúcar e o *cream cheese.* Prepare um pacote de chantilly industrializado de acordo com as instruções e adicione a baunilha.

Misture cuidadosamente o chantilly à mistura de queijo e derrame nos barquinhos de massa já assados. Cubra com o recheio para torta de cereja. Se desejar, adicione algumas gotas de corante vermelho. Refrigere por uma hora.

Se preferir, utilize morangos congelados em vez das cerejas. Descongele e separe o suco. Adicione três colheres de sopa de açúcar ao suco. Engrosse com duas colheres de sopa de amido de milho em fogo baixo. Esfrie, adicione os morangos e derrame nos barquinhos. Refrigere por uma hora.

**Pudim de arroz com cerejas**

(serve 40 porções)
*5 1/2 litros de leite*
*3 xícaras de arroz*
*2 colheres de sopa de açúcar*
*8 colheres de chá de baunilha*
*120 gramas de amêndoas*
*2 latas grandes de cerejas escuras, sem caroço (tirar a calda)*
*1 1/2 litro de creme de leite batido*

Ferva o leite. Adicione o arroz e cozinhe, com a panela tampada, por quarenta e cinco minutos em fogo muito baixo. Retire a panela do fogo e deixe esfriar. Quando estiver morno, misture o açúcar e a baunilha. Mexa ocasionalmente. Triture as amêndoas e adicione. Misture as cerejas e o creme.

Uma idéia: ponha apenas uma amêndoa inteira no pudim.

Anuncie que a pessoa que pegar a amêndoa inteira tem de contar uma história de sua vida apropriada ao dia dos namorados.

**Torta sorvete de framboesa**

*1 1/3 xícara de biscoitos de água e sal triturados*

*1/4 de xícara de açúcar*
*1/2 colher de chá de canela*
*1 pitada de sal*
*1/3 de xícara de manteiga derretida*
*1 litro de sorvete de baunilha*
*500 g de framboesas frescas ou congeladas*

Misture os farelos do biscoito com o açúcar, a canela e o sal. Misture a manteiga derretida. Forre uma assadeira com cerca de 22 centímetros com a mistura, pressionando firmemente na base e nos lados. Resfrie na geladeira. Preencha essa massa com uma camada de sorvete. Cubra com framboesas adoçadas a gosto. Adicione uma outra camada de sorvete e cubra com framboesas. Sirva imediatamente ou mantenha no *freezer* até a hora de servir. Serve cerca de 6 porções.

**Torta branca dos namorados**

*1 massa de torta pronta*
*1 xícara de açúcar*
*4 colheres de sopa de farinha de trigo*
*1/2 colher de chá de sal*
*1 1/2 xícara de leite*
*1 colher de sopa de gelatina sem sabor, dissolvida em 1/4 de xícara de água fria*
*3/4 de colher de chá de baunilha*
*1/4 de colher de chá de extrato de amêndoa*
*1/2 xícara de creme de leite batido, bem firme*
*3 claras de ovos, batidas*
*1/4 de colher de chá de bicarbonato de potássio*
*1/2 xícara de açúcar*
*1 1/2 xícara de coco umedecido*

Misture uma xícara de açúcar, o trigo e o sal em uma panela. Adicione gradualmente o leite, cozinhe em fogo baixo, mexendo ocasionalmente até que ferva. Ferva por um minuto. Retire do fogo. Adicione a gelatina dissolvida. Esfrie. Quando estiver parcialmente solidificada, bata na batedeira até ficar macia. Misture a baunilha e o extrato de amêndoa.

Misture cuidadosamente o creme de leite batido. Adicione vagarosamente as claras batidas, o bicarbonato de potássio e 1/2 xícara de açúcar. Depois acrescente uma xícara de coco umedecido.

Derrame sobre a massa da torta resfriada. Polvilhe o coco ralado umedecido e leve ao refrigerador por duas horas, até que esteja bem firme. Sirva frio.

**Muffins de cerejas e nozes**

*2 xícaras de farinha de trigo peneirada*
*1/2 colher de chá de sal*
*3 colheres de chá de bicarbonato de sódio*
*1/2 xícara de açúcar*
*1/2 xícara de água ou suco de cereja*
*1/2 xícara de nozes picadas*
*3 colheres de sopa de manteiga derretida*
*1/2 xícara de leite em pó*
*1 ovo batido*
*1/3 xícara de cerejas ao marrasquino, cortadas*

Opção da receita para essa festa: adicionar algumas gotas de corante.

Peneire os ingredientes secos. Adicione as nozes. Misture todos os líquidos. Adicione as cerejas. Misture os ingredientes secos aos outros até que fiquem umedecidos. Asse em um tabuleiro de bolinhos untado por cerca de meia hora em forno à temperatura de 350°. Serve 12 *muffins.*

**Massa de torta**

*1 1/4 de xícara de farinha de trigo*
*1/4 de colher de chá de bicarbonato de sódio*
*1/2 colher de chá de sal*
*1 tablete de manteiga*
*2 ou 3 colheres de sopa de leite frio ou água*

Misture a farinha e ingredientes secos peneirados à manteiga. Adicione gradualmente o leite até que adquira a consistência de abrir.

**Massa de torta com cobertura**

*2 xícaras de farinha de trigo*
*1/2 colher de chá de bicarbonato de sódio*
*3/4 de colher de chá de sal*
*1 xícara de manteiga*
*4 a 6 colheres de sopa de leite frio ou água*

Siga as instruções acima.

**Salada de gelatina**

*2 pacotes pequenos de tapioca*
*1 pacote pequeno de gelatina de cereja*
*2 3/4 xícaras de água (menos duas colheres de sopa)*
*1 vasilha grande de creme chantilly industrializado*
*1 lata grande de cerejas, sem a calda*
*1 pote pequeno de compota de maçã*

Ferva a tapioca, a gelatina e a água. Deixe esfriar. Misture o creme chantilly. Adicione as cerejas e a compota de maçã. Mexa tudo e deixe na geladeira por algumas horas.

**Barras cor-de-rosa**

*1 xícara de manteiga, à temperatura ambiente*
*1 xícara de bolinhas de creme de menta*
*2 xícaras de farinha de trigo*
*Corante vermelho (apenas para esta festa!)*
*1 colher de sopa de açúcar*

Em uma tigela grande, bata a manteiga em velocidade média até que fique leve. Adicione as bolinhas de creme de menta amassadas e o trigo. Acrescente o corante. Misture bem em velocidade baixa. Se necessário, deixe a massa na geladeira para que fique mais fácil a manipulação. Em papel vegetal, espalhe a massa em um quadro de cerca de 20 centímetros. Polvilhe com açúcar. Corte em quadrados com cerca de 3,5 centímetros. Asse por dezoito a vinte minutos em forno à temperatura de 300°. Cuidado para não assar demais.

*Em sabor chocolate*:

(Mas não para essa festa!) Adicione uma ou duas colheres de sopa de chocolate em pó à farinha de trigo.

**Sobremesa cor-de-rosa**

*1 pacote de gelatina de morango*
*2 xícaras de água*
*2 xícaras de marshmellows pequenos*
*1 lata pequena de abacaxi em pedaços*
*1 xícara de nozes picadas*
*1 pote de 250 gramas de queijo cottage*
*1 pacote grande de creme chantilly industrializado*

Esquente a gelatina, a água e o *marshmellow*, até que o *marshmellow* esteja dissolvido. Resfrie até a gelatina começar a ficar firme. Misture o abacaxi, as nozes, o queijo *cottage* e o chantilly. Leve à geladeira até ficar firme.

## Questões vermelhas e brancas

Em seu convite, você pediu que as pessoas viessem preparadas para as questões vermelhas e brancas. No início da noite, peça para que todos procurem descobrir, com pelo menos dez outras pessoas, o que as faz enrubescer ou empalidecer.

Os crachás com nomes tornarão esse início de festa mais simples. Talvez você queira imprimir os nomes em cartões infantis de dia dos namorados.

## Sugestão de convite

Talvez você queira imprimir os nomes em cartões infantis de dia dos namorados.

# Festa do Vermelho e Branco do Dia dos Namorados

## As Cores do Dia dos Namorados

Use vermelho e branco.
Traga uma sobremesa vermelha ou branca.
Esteja preparado/a para dizer o que o/a faz corar.

Data:

Local:

## Cabo-de-guerra vermelho e branco

Divida os convidados em dois grupos. Um dos grupos é a equipe vermelha, e o outro, a branca. Já participei de muitos cabos-de-guerra. Mesmo quando o time não faz força suficiente, a interação é divertida.

A receita abaixo, de balas puxa-puxa, foi retirada de um livro de receitas de Betty Crocker.[18] Um dos grupos fará comida vermelha ao adicionar corante à mistura.

**Puxa-puxa de água e sal**

*1 xícara de açúcar*
*1/2 xícara de glucose de milho*
*2/3 de xícara de água*
*1 colher de sopa de amido de milho*
*2 colheres de sopa de manteiga ou margarina*
*1 colher de chá de sal*
*2 colheres de chá de baunilha*

Unte uma assadeira de 20 cm x 20 cm x 5 cm. Em uma panela de dois litros, misture o açúcar, a glucose de milho, a água, o amido, a manteiga e o sal. Cozinhe em fogo médio, mexendo sempre, até alcançar a temperatura de 250° no termômetro para doces (ou até o ponto em que uma pequena gota da mistura endureça ao contato com a água fria). Remova do fogo. Misture a baunilha (e o corante). Ponha em uma assadeira.

Quando estiver frio o suficiente para ser manipulado, puxe a mistura até ficar lustrosa, com uma cor mais leve e dura. Se o puxa-puxa ficar pegajoso, unte levemente as mãos. Abra longas tiras com cerca de 1,5 centímetro de largura. Com uma tesoura, corte em pedaços com cerca de 2,5 centímetros de comprimento. Enrole os pedaços que não serão comidos imediatamente em papel celofane. (Os doces precisam ser embrulhados para manter sua forma.) Serve meio quilo de balas.

## Letras vermelhas

Dê a cada pessoa um lápis vermelho e papel branco e peça que ela escreva uma nota de amor ou de apreciação para alguém da comunidade, do governo municipal, ou alguém que ela quisesse que fosse realmente um membro de sua família (talvez um mentor do passado — qualquer pessoa que mereça seu carinho).

As notas devem ser curtas. Talvez você queira providenciar envelopes para enviar esses cartões que não possam ser entregues em mãos.

## Rosas são vermelhas

Todos terão uma oportunidade de direcionar cartões amorosos, ROSAS SÃO VERMELHAS, para as outras pessoas da festa. Peça que as pessoas sejam cuidadosas enquanto fazem essa atividade para que não firam os sentimentos de ninguém. Esses bilhetes podem ser expressões de apreço real ou pequenos ditos divertidos que transmitem a idéia de: "Eu gosto de você". Lembre-se da rima que deu origem a isso, a qual apresentaremos a seguir.

*Rosas são vermelhas*
*Violetas são azuis*
*Açúcar é doce*
*E você também.*

Eis aqui uma que pode ser direcionada a um pastor respeitado tanto pela comunidade quanto por sua congregação. É divertido e certamente não feriria seus sentimentos.

*Rosas são vermelhas*
*Três palavras dizem muito*
*Você é conhecido por sua pregação*
*Mas as três palavras não são!*

Ou que tal essa mensagem mais genuína para uma viúva idosa que jamais esquece de enviar cartões de aniversário para seus filhos:

*Rosas são vermelhas*
*Louvores aos céus.*
*Meus filhos amam você,*
*E eu também.*

## Leia uma história vermelha

Todos recebem uma folha de papel. O anfitrião lê algumas frases incompletas, e cada pessoa preenche as lacunas. Depois, essa resposta é dobrada de forma que ninguém a possa ler, e a folha é passada à pessoa que estiver à direita.

Esta pessoa preencherá o próximo espaço da história sem saber o que a outra escreveu, e isso continua até o fim da história.

A última pessoa a receber a folha de papel no fim da história, abre a página para ver pela primeira vez o que todos do grupo escreveram. O anfitrião chamará algumas pessoas para que preencham os brancos em suas folhas, à medida que ele relê as partes.

Eis aqui a história:

As linhas em que as pessoas têm de escrever foram incluídas para dar uma idéia de como a história final geralmente fica desconectada e bem divertida.

1. Certa manhã, o vermelho acordou com o sol escarlate inundando sua janela. Ele caminhou até a janela, olhou para fora e empalideceu, pois ali ............

   *Uma resposta possível*: Ele viu o diretor de sua escola chegar com oito malas.

   (Não leia as respostas possíveis. Isso é apenas para lhe dar uma idéia do que pode acontecer em sua festa. Faça uma pausa grande o suficiente após cada interrupção para permitir que as pessoas escrevam.)

2. Ele pulou e.........

   *Uma resposta possível*: agarrou um frasco de aspirina.

3. Isso exigiu uma ação rápida para que ele.......

   *Uma resposta possível*: Conseguisse levar seu carro para ser encerado.

4. Finalmente, ele se acalmou e disse: "Acho que ..............."

   *Uma resposta possível*: comerei um sanduíche de pasta de amendoim.

5. Infelizmente, esta não foi uma boa idéia, pois ..........

   *Uma resposta possível*: o campo de golfe estava inundado.

6. "O que o senhor acha que eu tenho, doutor?", perguntou ele exasperado. O médico olhou-o gravemente e disse: "....................................."

   *Uma resposta possível*: Acho que você tem joanete.

7. Vermelho estava perplexo, para dizer o mínimo. Ele decidiu ouvir uma segunda opinião; portanto, foi até .........

   *Uma resposta possível*: a loja de animais local.

8. Infelizmente, o primeiro diagnóstico foi confirmado. Disseram-lhe novamente que .........

   *Uma resposta possível*: teria de tomar pílulas de água.

9. A opinião de sua namorada em relação a tudo foi............

   *Uma resposta possível*: expressa por grandes vendavais de risada.

10. Vermelho era sempre aquele que dava para trás, portanto, depois desse dia cheio de percalços, ele voltou a ...............

    *Uma resposta possível*: engraxar seus sapatos.

## Examine os motivos

Examinemos nossos motivos — ou, em outras palavras, como lidamos com situações quando nossos amigos não ficam tão empolgados com a festa quanto nós?

Isso acontece. E quando acontece, descobrimos que isso pode macular nosso entusiasmo em relação a toda a festa.

Kathy nos ajudou. Eu a convidei para um evento que ela achou que não gostaria. Em vez de inventar um encontro fictício ou lançar mão de uma terrível dor de cabeça, ela nos disse a verdade.

"Já fiz isso com outros grupos por algum tempo. Simplesmente não quero comparecer. Que tal nós duas sairmos para jantar um dia desses?"

Que azar! Ela era uma boa amiga, e eu sempre a incluía. Ela sempre se ajustava perfeitamente. Agora ela dissera sem rodeios que não queria vir. Pensei seriamente em cancelar todo o evento.

Em vez disso, repensei o significado de um convite. Este não é uma obrigação. Eu queria que as pessoas viessem — se assim quisessem e fossem se divertir naquela noite. Na verdade, Kathy foi muito delicada ao ser honesta comigo e ao reforçar nossa amizade, sugerindo que jantássemos juntas.

As pessoas têm de ter a liberdade de dizer não, da mesma forma que temos a liberdade de convidá-las.

Como podemos esperar que coisas agradáveis aconteçam em uma noite com nossos convidados se nossa atitude for: "Observe todas essas pessoas se divertindo em nossa casa! Vamos, dê tapinhas de camaradagem em nossos ombros"?

O importante é deixar que Deus esteja no controle de nossas festas — não a anfitriã nem o anfitrião.

## Dia de Ação de Graças

### Formando uma grande família com as pequenas

***Objetivo*:** Solteiros, famílias pequenas e famílias estrangeiras que não tenham a tradição da celebração do Dia de Ação de Graças juntarão seus recursos para uma ceia. Todos juntos louvarão a Deus por este ano farto e abençoado.

***Idéia básica*:** Todos oferecerão um prato que será acrescentado à ceia do Dia de Ação de Graças; a família do anfitrião oferecerá o peru. Ao juntar os recursos, a ceia não ficará cara para ninguém.

Jack e eu decidimos buscar na lista de endereços da igreja todos os solteiros, todas as famílias estrangeiras e as pequenas. Achávamos que praticamente todos já teriam um local para ir, assim poderíamos convidar seguramente quantos quiséssemos.

Ficamos abismados quando aqueles que viriam começaram a confirmar sua presença por telefone.

"Muito obrigado", disse uma mulher da Austrália. "Todos nós compareceremos. Estávamos imaginando como os americanos celebram esse feriado, mas achamos que jamais seríamos capazes de ter acesso a essa celebração". Uma outra mulher disse: "Comparecerei com as crianças. Estou sem dinheiro para viajar até a casa de meus pais, na Georgia. É muito bom ter algo especial para fazer perto de casa". Um camarada anunciou que traria o genuíno purê de batatas. Disse-nos: "Estava me sentindo um pouco sem-família".

Essa festa do Dia de Ação de Graças foi uma daquelas que demos e que tivemos a menor idéia de quantas pessoas realmente compareceram. Chegou a ter cerca de sessenta pessoas. Com mais ou menos doze crianças. Quando a multidão lotou nosso ambiente, Diana, nossa vizinha do outro lado do corredor, abriu as portas de sua casa para acolher os excedentes. Depois, a senhora do andar de cima, abriu as portas de sua casa. Graças a Deus, morávamos em um prédio de apartamentos! Uma casa jamais seria grande o suficiente.

## Sugestão de convite

DIA DE AÇÃO
DE GRAÇAS

**G**ratos por convidá-los para a celebração do Dia de Ação de Graças

**R**esidência: (endereço)

**A** começar às 13:30 horas do Dia de Ação de Graças

**T**raga um prato secreto

**O**s pequerruchos são bem-vindos

**S**ó espero que possa comparecer

**D.A.G.**

## Crachás

São fundamentais! Os nossos eram pequenos desenhos de peregrinos gordos. Cada um dizia: "Caso você tenha esquecido, eu sou _________".

## Jogral

Antes da refeição, demos a cada leitor uma cópia do texto do jogral do Dia de Ação de Graças. Havíamos falado com alguns amigos antes da refeição, e eles prepararam pequenas frases pessoais.

*Anfitrião*: Deus, o Senhor derramou bênçãos maravilhosas sobre a terra! O Senhor derramou suas bênçãos sobre a terra e ela produziu fartas colheitas.

*Todos*: Deus, o Senhor derramou bênçãos maravilhosas sobre a terra! Agora traga-nos de volta ao Senhor, nosso Pai amoroso.

*Amigo*: Cantemos ao Senhor! Dê louvores de alegria em honra a nosso Deus!

*Todos cantam*: Hino nº 10 da Harpa Cristã (*Eu te Louvo*).

*Anfitriã*: Deus disse: "O que desejo de você é seu agradecimento verdadeiro".

*Amiga*: Pai, agradeço ao Senhor porque... (esta pessoa deve completar a frase com uma razão pessoal pela qual ela está agradecendo ao Senhor este ano).

*Todos*: Cante seus louvores acompanhados de uma harpa. Que os cometas e as trombetas louvem ao Senhor! Faça uma sinfonia alegre diante de Deus, nosso Rei! Que o bramido do mar em toda a sua vastidão louve ao Senhor! Que a terra e todos os seres vivos clamem: "Glórias ao Senhor".

*Amigo*: Glórias ao Senhor. Que as ondas batam palmas de alegria, e as montanhas cantem seus louvores de alegria diante de Deus.

*Amiga*: Pai, eu louvo ao Senhor, porque...

*Amiga*: Glória ao Senhor.

*Amigo*: Pai, eu louvo ao Senhor porque...

*Todos*: Cante a doxologia, talvez uma das novas melodias, como uma oração de Ação de Graças.

E depois ceamos. Havia mais do que o suficiente para todos. Jack fizera dois perus, e os vinte quilos de carne foram mais do que suficientes. Na verdade, com todas as outras contribuições maravilhosas dos convidados, acho que ninguém se importaria se o peru tivesse acabado.

Algumas de nossas vizinhas eram mulheres mais velhas que passariam o feriado com seus filhos. Quando ficaram sabendo da enorme festa que daríamos, quatro pessoas ofereceram-nos a chave da porta de seus apartamentos e fornos, embora não fossem comparecer a nossa festa. Não pule o pequeno programa do Dia de Ação de Graças para ir imediatamente para a receita de peru. Por quatro anos, planejei em setembro um Dia de Ação de Graças para um grupo de cristãos de países em desenvolvimento que estavam nos Estados Unidos para treinamento. No primeiro ano, imaginei que ficaria muito ocupada com a comida, portanto, sugeri que uma amiga lidasse com o material específico do Dia de Ação de Graças. Ela orou e agradeceu a Deus pelos alimentos. Para os convidados estrangeiros, a ceia era apenas uma grande exibição americana. Eles não escutaram nada sobre essa história nem sobre seu significado para os americanos e canadenses, tampouco, para ser mais específica, atribuíam um significado cristão a essa celebração. Eles comeram bastante, seguindo nosso exemplo, tenho certeza. Mas jamais receberam a recompensa espiritual. Nos três anos seguintes, deixei os alimentos para que os amigos preparassem e cuidei do programa. O Dia de Ação de Graças é um conceito que gostaria de partilhar com todos os amigos do mundo todo.

## A caça do peregrino investigador

Entre o prato principal e a sobremesa tivemos de tirar dezenas de pessoas do apartamento por alguns minutos, para que tivéssemos espaço para reorganizá-lo. Assim, o grupo todo foi dividido em equipes.

As crianças todas foram incluídas. Para alguns adultos, especialmente aqueles sem filhos, foi a primeira vez que eles trabalharam com jovens. Foi divertido observar que essas pessoas escolhidas aleatoriamente, tornaram-se equipes competitivas e cheias de entusiasmo. Todos saíram celebrando e insistindo que o grupo deles voltaria primeiro com todos os itens necessários para vencer a caça do peregrino investigador.

Eis aqui a lista da caça do peregrino investigador que utilizamos. Ela foi adaptada à área em que moramos — em uma comunidade suburbana, a cerca de dois quarteirões de uma linha de trem. Modifique qualquer item requisitado que seja impossível de ser encontrado em sua vizinhança.

*Caça do peregrino investigador*

1. Uma pena de um peru selvagem ou uma cópia.
2. Dez tipos diferentes de folhas provenientes da floresta e vegetação da circunvizinhança.
3. Um tridente que seria perfeito para matar cobras.
4. Uma camuflagem de chapéu para evitar ser detectado em um território de índios hostis.

5. Uma moeda antiga.
6. Cantar uma cantiga de Ação de Graças diante da casa de um vizinho. Peça para que um dos vizinhos assine seu nome aqui (isso não quer dizer que não seja possível confiar nos peregrinos).
7. Munição de mosquete ou um botão redondo.
8. Qualquer fruta silvestre pequena, tipo amora.
9. Qualquer erva daninha — com raiz e tudo — que cresce junto à ferrovia.
10. Um poema de quatro linhas, com rima alternada, sobre o Dia de Ação de Graças.
11. Conte o número de degraus em volta de nosso acampamento (este prédio): ______________
12. Um pedaço de madeira como suprimento de combustão para o inverno.
13. Uma saudação amigável a um estrangeiro peregrino na esquina. Nome da pessoa escolhida: ______________
14. Nome de todas as igrejas que fiquem a cinco minutos de nossa porta da frente.
15. Um fio de cabelo branco, um marrom, um loiro e um ruivo.
16. Examine os arredores — uma impressão do polegar em uma bola de argila.
17. Algo que cresce lá fora e que você poderia comer em uma bocada.
18. Qualquer coisa que rime com torta — e volte para a sobremesa!

Cada membro do primeiro grupo que voltou para mostrar o que havia colecionado recebeu como prêmio um peru de chocolate.

Entretanto, as pessoas dos grupos perdedores, até alguns meses depois, ainda reclamavam que escreveram os versos mais maravilhosos, com rima alternada, mas que não tiveram a oportunidade de mostrar. Portanto, se você copiar nossa festa do Dia de Ação de Graças não copie nosso erro. Espere até que todos os grupos voltem e depois permita que as pessoas criativas de cada grupo compartilhem o que fizeram.

# 10 Capítulo
# Que Venham os Chás

*Em média, 6.657 casais se casam por dia.*

— Thomas H. Heymann

Tinha vinte e três anos antes de perceber que um chá não tinha de ser apenas uma atividade para mulheres. Chás apenas para mulheres podem ser bastante divertidos. O meu chá-de-panela foi bastante animado. Mas os homens podem se divertir nesse tipo de reunião tanto quanto as mulheres.

Pense sobre isso. A maioria dos chás é uma confirmação de um casal ou família — um chá-de-panela ou de bebê. Nestes dois casos, a mulher representa apenas metade dessa grande celebração. Por que não incluir o homem e seus amigos na festa também?

Quando estava na universidade, freqüentava uma igreja em que os grupos de solteiros eram compostos praticamente de alunos que moravam distante de casa. Assim, quando um dos homens do grupo namorava uma menina de sua cidade natal, o grupo discutia a possibilidade de fazer um chá somente para ele. Nós ríamos a valer. De alguma forma, não parecia correto honrar o homem, mas nosso bom senso tomava a dianteira e fazíamos uma grande festa para honrar tanto ele quanto sua decisão de mudança de vida. Ele ganhava alguns presentes magníficos — um avental para homens, um conjunto de ferramentas, utensílios para jardinagem e uma assinatura da revista do tipo *Casa Cláudia*.

Portanto, sugiro que para todos esses chás você considere a participação do casal.

## Para a noiva e o noivo: retrato do casamento perfeito

***Objetivo*:** Homenagear o casal de noivos e confirmar o apoio da igreja quanto à decisão de viverem juntos para Cristo.

### O presente

Em um chá maior, o processo para abrir de quinze a vinte presentes pode ser entediante para todos, exceto, talvez, para a noiva e o noivo. Descobri que quando todos contribuem para um presente, o tempo de interação no chá pode ser maior e mais divertido. Isso também permite que o grupo possa fazer uma contribuição mais substancial para o casal, oferecendo-lhes algo que eles realmente querem. Candy e Joe, por exemplo, pediram-nos sacos de dormir de casal, unidos com um zíper; um presente caro que pudemos lhes dar, pois dividimos o custo por vinte pessoas.

### Sugestão de convite

RETRATO do
CASAMENTO PERFEITO

Estamos homenageando _______ e _______
neste chá para a noiva e o noivo.

Data:

Local:

Envie uma fotografia até (data) que ilustre um conselho que você tem para os noivos.

## O retrato do casamento perfeito

*Parte um —* slides *do casal*

O anfitrião deve tentar obter fotos representativas da vida do casal, preferencialmente sem que eles saibam. Gladys fez isso para meu chá de cozinha. Ela conseguiu que minha mãe doasse fotos minhas: de fraldas, aprendendo a andar, com meu primeiro namorado (o camarada errado), da graduação na escola de ensino médio, como também as primeiras fotos minhas e do Jack. Ela fez *slides* a partir dessas fotos. À medida que ela as projetava, compartilhava extratos de nossa história, de forma que as pessoas que compareceram pudessem saber um pouco mais sobre Jack e eu, a fim de poderem participar mais completamente do grande passo que estávamos prestes a dar.

*Parte dois —* slides *dos convidados*

Essas fotos devem ser transformadas em *slides* e postas na mesma ordem de apresentação que os conselhos dos convidados.

## Ordem sugerida para a festa

*Slides do casal*

Prepare uma pequena apresentação sobre os *slides* do casal. Por exemplo: "Eis aqui uma foto de Jack bebê, com seu baldinho e pá à beira do mar. À direita, mais ao fundo, estão as belezas locais em trajes de banho. Você pode ver que ele não está nem um pouco interessado nelas. Uau, como os tempos mudaram!" Faça com que esta parte da noite seja leve e divertida.

## Apresentação do presente ou dos presentes

*Slides dos convidados*

Cada convidado deve apresentar o conselho ilustrado por seus *slides*. Espera-se que as pessoas sejam criativas ao apresentar essas fotos e conselhos para que esta parte seja bastante divertida.

*Mesa-redonda sobre casamento*

Ponha quatro cadeiras na frente do ambiente em que celebrará a festa. Retire o nome de quatro convidados de um chapéu. Apresente-os como grandes especialistas em casamento e explique que você os estará entrevistando sobre este assunto que dominam. Certifique-se de que todos saibam que esta não é uma atividade séria. Quanto mais engraçada essa mesa-redonda, melhor.

Depois que a mesa-redonda responder a duas ou três questões troque esses especialistas por um outro grupo de quatro pessoas.

Utilize perguntas como as seguintes:

1. Uma das grandes decisões que casais recém-casados têm de tomar é quem colocará o lixo para fora. Vocês poderiam nos dar algum conselho de peso que ajude a solucionar esse dilema?

2. Percebo que a maioria dos homens gosta de comer ovos pela manhã. Será que você pode dar algumas instruções à noiva sobre a melhor maneira de prepará-los.

3. Se você entrevistasse mil pessoas que estão casadas há vinte e cinco anos ou mais, quais, conforme sua opinião, seriam os três motivos mais comuns para essa longevidade?

4. Os especialistas dizem que é importante que um casal continue a namorar depois do casamento. Que tal sugerir algumas idéias surpreendentes e inusitadas de encontros?
5. A celebração do casamento pode ser bastante dura para o noivo. Que conselho você lhe daria?
6. Escutei que há três ou quatro coisas que a mulher realmente não apoiaria. O noivo tem de saber quais são elas para que não tenha um mau início de casamento. Você pode dar algumas dicas para ele?
7. Habitualmente, metade de um casal fica mais próxima do que a outra metade. Que sugestão você daria a essa parte desordenada dessa equipe matrimonial?
8. Complete essa frase: Você jamais terá problemas com os parentes de seu (sua) noivo(a) se você __________.
9. Geralmente, os noivos recebem bastantes sugestões de onde passar a lua-de-mel. Que sugestão vocês dão e por quê?
10. Algumas vezes, se as pessoas soubessem o que dá origem às brigas, elas evitariam essa situação. Você pode nos dizer três coisas sobre as quais os casais mais discutem?

*Par no casamento*

Agora, inverta o processo e ponha a noiva e o noivo nas cadeiras em frente do grupo e permita que os convidados façam perguntas para eles. Deixe que o casal saiba que eles têm o poder de veto, isto é, eles não têm de responder todas as perguntas.

Já fiz isso em vários chás e ninguém jamais fez perguntas de gosto duvidoso. Ao contrário, as pessoas fazem perguntas como: "Onde vocês se encontraram"; "O que você achou da Rita quando a viu pela primeira vez?"; "Como você se sentiu a primeira vez que encontrou sua sogra?"; "Quem fez o pedido de casamento?"

*Um pacto de oração*

Um chá é uma ocasião divertida para que os cristãos digam: "Sim, nós confirmamos nossa decisão de nos casarmos". Um pacto de oração pode ser uma parte importante dessa confirmação. O anfitrião fará cópias de um pacto para as pessoas presentes, que devem ler juntos para o casal e Deus. Eis aqui um exemplo. Faça uma edição para que ele se ajuste mais perfeitamente a sua situação.

## Pacto de oração

*Tudo direcionado ao casal*: Nós, parte de sua família cristã, estamos felizes com o fato de que vocês vão se casar. Observamos o relacionamento de vocês crescer e sorrimos com vocês nos dias felizes em que estavam se conhecendo melhor.

O casamento é uma vocação difícil, mas totalmente recompensadora. Duas pessoas não podem compartilhar suas vidas nem expandir seus ministérios juntos de outra forma melhor do que essa. Sabemos, alguns de nós por experiência própria, como os dias futuros podem ser difíceis. É bom que nestes dias vocês se lembrem de que não estão sozinhos no casamento. Nós — seus amigos, sua família da igreja — amamos e nos importamos com vocês.

Em contrapartida, vocês têm uma responsabilidade em relação a nós, a saber, contar conosco sempre que necessitarem ou quando quiserem ser sustentados por uma oração especial. Vocês são responsáveis, perante Deus e nós, para tentar fazer com que o casamento de vocês dê certo — para torná-lo um exemplo da obra de Cristo em nossa comunidade.

*Anfitrião*: Pai, apresentamos ______ e ______ diante do Senhor. Hoje celebramos a aproximação do casamento deles. Dê-lhes um amor especial que continue a crescer ao longo dos anos. Obrigado meu Deus, nosso Senhor, pelo seu maravilhoso plano do casamento. Obrigado Senhor por todas as bênçãos e responsabilidades que fazem parte do casamento. Derrame suas bênçãos sobre ______ e ______ da mesma maneira como, esta noite, derramamos sobre eles nossos presentes e celebração. Amém.

*Refrescos*

Qualquer coisa, desde um jantar completo com pratos surpresas até uma simples sobremesa, é perfeita para a ocasião. Talvez seja o momento para apresentar algumas novidades. Eis aqui algumas idéias que colecionei ao longo dos anos. Elas exigem tempo, mas são divertidas e parecem se ajustar à alegria dos chás-de-panela.

*Cenoura de pimenta-da-jamaica*

Queijo com pimenta-da-jamaica enrolados na forma de uma cenoura — adicione uma folha da salsinha como talo.

*Cesta de casca de ovos*

Pegue cascas de ovos vazias e ponha-as em uma cesta. Encha com um doce e amarre um laço.

*Candelabro*

Amarre uma fita em volta de um *marshmellow*. Ponha uma pequena vela sobre ele.

*Cachos de aipo*

Corte talos de aipo com cerca de sete centímetros cada; depois faça cortes paralelos em uma das extremidades, que, à medida que se aproximam da outra extremidade, se estreitam. Cubra com água gelada e refrigere até que as extremidades fiquem parecendo cachos.

*Rabanete recheado*

Pegue rabanetes de um tamanho razoável e tire o miolo, preenchendo com manteiga doce ou pasta de queijo.

*Cachos de cenoura*

Use cenouras grandes e crocantes. Raspe a pele da cenoura e corte fatias longitudinais para deixar a cenoura com algumas superfícies planas. Com um descascador de legumes, corte pequenas fatias finas e longitudinais na cenoura. Mergulhe em água gelada para que elas formem cachos.

*Cesta de frutas*

Selecione algumas laranjas grandes com cascas grossas. Corte a fruta na metade e remova os gomos e polpa. Misture as laranjas com outras frutas e encha novamente as cascas em forma de concha. Ponha no refrigerador. Um pouco antes de servir, borrife cada "cestinha" com guaraná. Cubra com creme chantilly.

## Chá de tangrama

***Objetivo*:** Homenagear o casal de noivos e afirmar que a igreja apóia a decisão deles de viver juntos para Cristo.

Um tangrama é um pedaço de papel quadrado cortado em pedaços que você monta novamente de maneira diferente, muitas vezes, de forma simbólica. No chá de tangrama para Amy e Ron, ficamos espantados com a variedade de formas que transmitiam os conselhos que lhes foram dados. Pusemos as folhas em um álbum de recortes para eles. Acrescentamos também os tangramas de pessoas que não puderam comparecer à festa.

Lembre-se, você deve cortar os pedaços de papel para cada convite e incluir uma amostra de tangrama acabado para que as pessoas tenham uma idéia.

Se as pessoas forem colar as partes em papel cartão, faça seu tangrama a partir de quadrados não maiores do que 10 cm x 10 cm.

## Sugestão de convite

*Jamais vá para a cama sem dar um beijo de boa noite.*

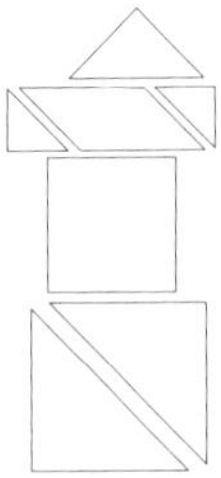

*O casamento é um troféu brilhante que sempre cresce desde que esteja apontado para Cristo.*

Chá de tangrama para:

Data:

Local:

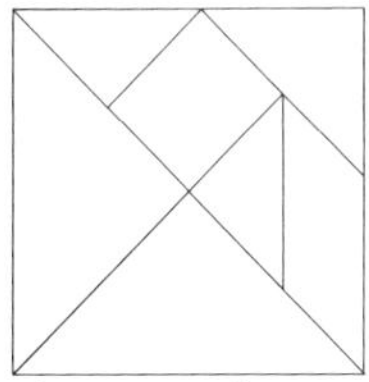

Tangrama: um quadrado que foi cortado em sete peças.

Neste convite você encontrará um tangrama já desenhado. Por favor, organize as peças sobre um papel cartão para ilustrar algum conselho que você tem para dar aos noivos.

*Escreva seu conselho em seu tangrama.*

## Sugestão para a ordem da festa

*Tangrama recomendado*

Cada pessoa pode dar a volta à sala e compartilhar o tangrama e o conselho que preparou para os noivos. Encoraje as pessoas a escrever o conselho sobre o tangrama e assinar seu nome, pois dessa maneira os noivos terão esses conselhos alegres e sérios como uma recordação da noite. Assegure-se de que cada pessoa diga o significado de seu tangrama. Muitos tangramas são simbólicos e não farão sentido até que a pessoa que o desenvolveu compartilhe o que quis dizer por meio do arranjo das peças.

## Sugestão de cardápio

Por que não servir bolos com pouca espessura que tenham sido cortados em forma de tangrama? As pessoas poderiam cobrir seu pedaço de bolo com forma de tangrama com várias coberturas — creme chantilly, frutas ou calda de chocolate.

**Bolo padrão**

*1 xícara de margarina*
*2 xícaras de açúcar*

*4 ovos, separados*
*3 xícaras de farinha de trigo*
*3 colheres de chá de fermento*
*1 xícara de leite*
*1 1/2 colher de chá de baunilha*

Faça um creme com a margarina e o açúcar, mexendo bem. Adicione as gemas de ovo batidas. Peneire o trigo e o fermento. Adicione essa mistura alternadamente com o leite. Acrescente a baunilha e depois a clara de ovo batida em neve firme. Asse por trinta e cinco a quarenta minutos em forno à temperatura de 375°.

## Mini idéias

Você pode estruturar a festa toda em torno de idéias que serão fornecidas a seguir ou simplesmente acrescentar quaisquer outras idéias que você tenha para esse tipo de festa.

*Presentes de noivado ao balanço das horas*

Para cada pessoa é designada uma hora qualquer das vinte e quatro horas do dia — não é necessário preencher todas as horas. A pessoa será responsável por escolher um presente para os noivos que eles poderiam usar na hora do dia que foi designada para ela. Portanto, se a pessoa for designada (ou sorteada) com o cartão 7:00 horas da manhã, poderá trazer um suporte para ovo cozido. Os presentes serão abertos na seqüência, iniciando-se com o escolhido para 1:00 hora da manhã.

*Engorde o casal*

Cada convidado trará seu prato de comida favorito e uma cópia da receita. As receitas serão colecionadas e postas em um livro para os recém-casados. Essa idéia é excelente para grupos nos quais a compra de presente poderia causar dificuldades ou quando os presentes não são apropriados.

*Festa do calendário*

Cada convidado assina no calendário, escolhendo a noite em que gostaria de fazer algo com os recém-casados, que serão seus convidados. Esta é uma boa idéia, especialmente se o casal for conhecido de todos, pois o primeiro ano de casamento normalmente é cheio de percalços econômicos.

*Árvore do dinheiro*

Com freqüência, nada é mais necessário e apreciado do que o dinheiro. Peça para cada pessoa trazer um presente em dinheiro em notas de um real. Dobre cada nota, longitudinalmente ao meio e amarre-a firmemente no meio com um fio. Depois abra as pontas para que se pareçam com folhas. Amarre o dinheiro a um galho de uma árvore e dê de presente ao casal.

## Papai e mamãe de primeira viagem

### *Um chá para o primeiro bebê*

***Objetivo:*** Amigos cristãos celebrarão a chegada do bebê e orarão juntos pela nova família.

Para muitas mulheres que estão tendo bebês, o pai não faz parte da celebração. Uma mãe solteira que estará cuidando sozinha de seu bebê precisará de muito mais apoio do que um casal em que um pode depender do outro. Com um pequeno ajuste, essa idéia de chá pode ser perfeitamente adaptada para a mãe solteira e a celebração de seu novo bebê.

Outras mulheres farão a decisão de dar seus bebês para adoção.* Uma mulher enfrentando esse trauma talvez precise uns três ou quatro meses antes do nascimento do bebê de um chá com presentes que ela possa usar até o final da gestação. No chá, celebre a nova vida que está crescendo em seu ventre e ore pelos pais que estarão educando essa criança tão especial.

* Essa prática é comum nos Estados Unidos.

## Sugestão de convitSugestão de convite

# Mamãe e Papai de Primeira Viagem

Chá para ________ e _______ que logo serão pais.

Data:

Local:

Estaremos dedicando esta noite para treinar os pais — dando aos novos pais um início que se estenderá pelos próximos dezoito anos.

## Presentes de bebê

Seja criativa aqui. Há muitos presentes que custam muito pouco e acrescentam muito à vida dos novos pais. Sei de um estudante de medicina que deu um chá de bebê para seus melhores amigos. Ele lhes entregou um punhado de "tíquetes de babá por uma noite totalmente grátis". Não apenas seu presente valia uma fortuna com o preço das babás por uma noite de hoje, mas representou uma abordagem criativa à maneira de presentear. E imagine o que um presente como esse significaria para uma mãe solteira.

Talvez você queira considerar dar apenas um presente bem substancial no chá de bebê, em vez de pequenos presentes individuais. O presente único leva apenas alguns minutos para abrir e permite que haja mais tempo de interação com o casal e os outros convidados do que a bastante demorada abertura de presentes individuais.

Algumas vezes, comprar um presente grande pode ser um problema. Mais uma vez, seja criativo. Tinha uma amiga que estava tão empolgada com o chá de bebê, que comprou praticamente tudo que o bebê poderia precisar. Portanto, todos os convidados do chá contribuíram com dinheiro para uma conta bancária em nome do bebê e deram de presente essa conta poupança na festa.

Eis aqui a ordem que sugiro para o chá "Mamãe e Papai de Primeira Viagem". Corte ou adicione as coisas que farão com que sua festa seja perfeita para o grupo e o casal homenageado.

## Mímicas para pais de primeira viagem

A palavra mímica é originária da palavra grega "imitar". Em uma mímica, a pessoa representa uma ação ou experiência sem usar palavras. A mímica permite que usemos nossas expressões faciais e corporais para comunicar o significado da ocasião.

O anfitrião deve anunciar que um número de especialistas em cuidados de bebê farão a mímica de atividades distintas que serão úteis para os pais de primeira viagem.

Talvez você queira designar essas mímicas antes da festa, para que as pessoas tenham tempo para praticar, pelo menos, uma vez diante do espelho. Não dê dicas, a não ser que seja absolutamente necessário. As mímicas são grandes oportunidades para fotos.

Você anuncia o tópico, e o ator faz a demonstração da atividade. Encoraje os participantes para que sejam tão engraçados quanto possível.

Eis aqui algumas atividades que você pode escolher para essa mímica.

1. ____ demonstrará como mudar uma fralda — uma fralda muito suja. (Quanto mais exagerado, melhor! Afinal, vale tudo para o aprendizado dos pais.)
2. ______ demonstrará como empurrar espinafre goela abaixo de um bebê que não está a fim de comer.
3. ______ e ____ demonstrarão aos novos pais a rotina apropriada a seguir quando o bebê começa a chorar no meio da noite.

   (Para essa atividade, talvez o casal queira pôr duas cadeiras em frente do grupo. As cadeiras representam a cama. O engraçado da situação acontecerá à medida que cada uma dessas duas pessoas fizer o melhor que puder para conseguir que o outro saia da cama para cuidar das necessidades do bebê.)
4. ______ demonstrará como vestir o bebê para sair no frio.
5. ______ demonstrará as atitudes dos pais enquanto tentam persuadir o bebê a dar o primeiro passo.
6. __e ___ demonstrarão o que acontece na primeira vez que um bebê vai ao restaurante. (Talvez você queira utilizar cadeiras. Arrume-as de forma que uma esteja de frente para a outra, como se estivessem à mesa de um restaurante. O casal que fará a mímica deve fingir que o bebê está em uma cadeira de bebê. Outras pessoas imaginárias incluiriam o garçom ou garçonete e clientes.)

7. Seu bebê terá de aprender a gostar de muitas pessoas diferentes. Suponhamos que os orgulhosos pais levaram o bebê para um passeio a pé no parque. _______ representará três pessoas distintas que se aproximam para olhar o bebê no carrinho. Primeiro, uma vovó muito doce. Depois, um adolescente durão. Por fim, uma mãe com um bebê aproximadamente da mesma idade.
8. ____ demonstrará como você se sente à noite quando observa o querido bebê dormindo profundamente no berço. (Utilize esta como a última mímica. O ator deve simplesmente ficar de pé e suspirar de alegria para depois sentar-se novamente.)

## Dê os presentes aos futuros pais

Planeje uma pequena cerimônia para os pais de primeira viagem. Peça-lhes que venham até a frente do ambiente. Explique-lhes que essa atividade os ajudará a se preparar para as grandes coisas por vir — uma preliminar do que significa tomar conta de um bebê.

Você entregará aos pais várias coisas ao longo dessa atividade. Explique para o que cada um desses itens serve à medida que você vai sobrecarregando os pais. Quando você completar a atividade, você deve tirar uma foto do casal que será uma grande contribuição para o livro do bebê.

1. Entregue ao pai algo que pese cerca de dez quilos. Explique-lhe que não vai demorar muito para que ele seja capaz de carregar esse peso por quilômetros sem nem pensar duas vezes.
2. Presenteie a mãe com um avental bem manchado. Aponte para cada mancha e explique como ela foi adquirida. Por exemplo: "Esta é de pudim de ameixa. O bebê arrotou na hora errada. E esta é esmalte rosa. Você estava ninando o bebê ao mesmo tempo em que tentava pintar suas unhas, quando uma de suas mãos sujou o avental! E essa mancha amarela com cheiro estranho — bem, isso é uma outra história!" Realmente procure entrar nessa representação.

Por fim, peça que a futura mãe vista o avental. (Certifique-se de que ele é bastante grande.)

3. Selecione um dos convidados e peça para que ele puxe o cabelo da mãe um pouquinho só, mas ininterruptamente. Os bebês conseguem fazer isso e é bom estar preparado.
4. Dê ao pai uma toalha bastante grande e úmida. Explique que o vazamento de bebês é a norma, e um pai sábio tem de se acostumar à sensação de umidade e ligeiro desconforto.
5. Presenteie o pai com alguns alfinetes de fralda e peça-lhe que os segure na boca. Explique que esta era a forma como muitas pessoas conseguiam cuidar dos alfinetes de fralda enquanto trocaram os bebês molhados.
6. Dê à mãe um livro sobre como educar filhos. Peça que ela o segure aberto. Explique-lhe que este é um livro sobre praticamente tudo que ela precisa saber sobre seu bebê. É muito importante saber o que o livro diz em cada passo desse caminho. (Talvez você queira escolher um bom livro e adicioná-lo aos presentes que serão dados aos pais nessa noite.)
7. Dê à mãe uma chupeta para que ela segure em sua boca. Explique-lhe que a chupeta geralmente é para o bebê, mas que haverá dias em que ela também gostaria de ter uma.
8. Dê ao pai uma mamadeira e peça-lhe que a teste "nas costas da mão" da esposa para verificar se está na temperatura certa para o bebê. Se ficar vermelho, o leite está muito quente. Se ficar azulado, está muito frio. Se a esposa mal puder perceber que o marido está borrifando leite em sua mão é porque a temperatura está absolutamente perfeita.
9. Entregue um estandarte para os pais, preso em cabo de vassoura, com as seguintes palavras: "Prontos para serem pais!"

**Oração pelos futuros pais**

Peça para vários pais orarem pelo casal. Encoraje-os a orar especificamente pelos problemas e alegrias nos anos por vir. Eis aqui dois exemplos. Leia-os para os pais que estarão orando a fim de dar-lhes uma idéia do quão pessoal você quer que eles sejam.

"Pai, lembro-me de como me senti maravilhoso quando descobri que seria pai. Fiquei apavorado. Os bebês são tão pequenos e parecem tão frágeis. Seja com (o nome do futuro pai) enquanto se ajusta a esse novo papel. Que ele desempenhe essa função com amor e consideração. Que ele saiba que o dom da paternidade é proveniente do Senhor e é uma das mais preciosas dádivas que o Senhor nos dá."

"Querido Pai celeste, quando nosso bebê nasceu, eu não fazia questão se era menino ou menina, nem que os olhos fossem azuis ou o cabelo encaracolado. Tudo o que queria era que ele fosse sadio. O Senhor respondeu a minha oração. Oro para que o Senhor derrame saúde sobre este bebê. Que a criança seja perfeita mental e fisicamente. Obrigado por esta pequena vida, um presente maravilhoso."

## Lanches

A futura mãe provavelmente gostará de algo leve, que não fará com que a balança suba em sua próxima visita ao médico. Portanto, que tal:

**SOBREMESA *LIGHT* DE QUEIJO *COTTAGE***

*1/2 pacote de gelatina de limão de baixa caloria*
*1 1/2 colher de sopa de adoçante líquido, sem calorias*
*1/4 de colher de chá de sal*
*3 ovos separados*
*1 1/2 xícara de leite desnatado*
*3 xícaras de queijo cottage*
*1 colher de sopa de suco de limão*
*1 colher de chá de baunilha*
*1 lata de abacaxi picado, sem a calda*

Ponha a gelatina, o adoçante e o sal em banho-maria. Bata as gemas dos ovos com o leite, até que estejam bem misturados. Misture à gelatina. Cozinhe mexendo constantemente até que a mistura esteja levemente grossa. Resfrie até que esteja parcialmente assentado. Bata o queijo na batedeira ou no liquidificador até que fique homogêneo. Adicione o suco de limão e a baunilha, mexendo bem. Adicione a mistura de gelatina e o abacaxi. Bata as claras em neve e misture à gelatina. Coloque em uma travessa de vidro de 20 cm x 20 cm x 5 cm. Leve ao refrigerador até ficar firme.

Algumas calorias a mais, contudo, talvez a futura mamãe queira consumi-las.

**Pêssegos recheados**

*6 pêssegos grandes e firmes*
*1/2 xícara de farelo de marzipã*
*1/2 xícara de amêndoas*
*4 colheres de sopa de açúcar*
*1 colher de sopa de casca de laranja cristalizada*
*1/3 de xícara de suco de pêssego*

Corte os pêssegos ao meio. Misture os farelos de marzipã, as amêndoas picadas, as duas colheres de sopa de açúcar e a casca de laranja cristalizada. Preencha cuidadosamente as metades dos pêssegos. Coloque na assadeira. Derrame o suco sobre os pêssegos. Salpique o restante do açúcar. Asse por quinze minutos em forno à temperatura de 350°. Sirva quente ou frio.

**Salada de frutas da tia Lillian**

*1 ou 2 latas grandes de salada de frutas*
*1 lata de abacaxi em pedaços*
*1 pote de cerejas ao marrasquino*
*1 1/2 xícara de uvas*
*2 xícaras de marshmellow miniatura*

*6 bananas*
*100 gramas de nozes picadas*
*1 caixa de creme de leite*
*150 gramas de cream cheese*

Abra as conservas de salada de frutas, de abacaxi e de cereja. Retire a calda. Corte as cerejas em quatro. Corte as uvas ao meio e retire as sementes. Adicione o *marshmellow*, as bananas e as nozes amassadas às outras frutas. Bata o creme de leite — não muito firme, apenas até ficar bastante cremoso. Pegue o *cream cheese* em temperatura ambiente e o adicione em pequenas porções enquanto bate o creme. Coloque as frutas nesta mistura. Se esse creme estiver muito grosso, adicione leite o suficiente para alcançar a consistência desejada.

E caso você queira estourar a reserva de calorias, eis aqui algumas sobremesas que seus convidados magrinhos certamente apreciarão.

*Brownies* CARAMELADOS
*50 gramas de chocolate sem açúcar*
*1/3 de xícara de óleo de milho*
*1 xícara de açúcar*
*2 ovos*
*3/4 de xícara de farinha de trigo peneirada*
*1/2 colher de chá de fermento*
*1/2 colher de chá de sal*
*1/2 colher de chá de nozes picadas*

Derreta o chocolate e o óleo em banho-maria. Bata o açúcar e os ovos. Peneire os ingredientes secos e misture-os. Misture as nozes. Espalhe em uma panela untada e asse de trinta a trinta e cinco minutos em forno à temperatura de 350°. Não asse demais. Quando a mistura do *brownie* estiver levemente fria, corte em dezesseis quadrados de 5 centímetros.

**Bolo de três camadas *fudge***

*2 1/4 xícaras de farinha de trigo peneirada*
*1 colher de chá de bicarbonato de sódio*
*1/2 colher de chá de sal*
*100 gramas de chocolate*
*1 1/4 xícara de leite*
*3/4 de xícara de açúcar mascavo*
*1 colher de chá de baunilha*
*2/3 de xícara de margarina*
*1 xícara de açúcar refinado*
*3 ovos*

Peneire a farinha, o bicarbonato de sódio e o sal. Aqueça o chocolate e o leite em banho-maria até que o chocolate derreta. Adicione o açúcar mascavo e misture bem até ficar homogêneo. Esfrie e adicione a baunilha. Faça um creme com a margarina e o açúcar refinado até ficar bem macio.

Adicione os ovos, um de cada vez, batendo bem depois de cada adição. Adicione alternadamente, e em pequenas porções, os ingredientes que foram peneirados e a mistura de chocolate, mexendo bem depois de cada adição. Asse em três assadeiras redondas por meia hora em forno à temperatura de 350º. A cobertura pode ser a de sua escolha.

**Torta de pasta de amendoim e banana**

*1 pacote de 80 gramas de mistura para pudim e torta de baunilha*
*1 1/2 xícara de marshmellow miniatura*
*1/2 xícara de creme de leite encorpado batido*
*2 bananas fatiadas*
*Suco de limão*
*Massa de pasta de amendoim*

Prepare o recheio das tortas conforme as indicações do pacote, mas não use 1 3/4 de xícara de leite. Cubra com papel celofane e refrigere.

Misture os *marshmellows* e o creme batido. Mergulhe as bananas no suco de limão, e adicione à massa de pasta de amendoim. Derrame o recheio sobre as bananas. Refrigere por algumas horas. Se desejar, guarneça com as fatias de bananas que sobraram, creme de leite batido e amendoim.

**Massa de torta de pasta de amendoim**

*3 xícaras de marshmellow miniatura*
*1/2 xícara de pasta de amendoim crocante*
*1/4 de xícara de margarina*
*4 xícaras de flocos de milho*

Derreta os *marshmellows* com a pasta de amendoim e a margarina em fogo baixo. Mexa até que derreta e esteja bem misturado. Retire do fogo. Adicione os flocos de milho até que estejam bem cobertos. Pressione sobre a base e os lados de uma assadeira de torta de 20 cm e resfrie.

## Mini idéias

Você pode estruturar a festa toda em torno das idéias que serão fornecidas a seguir ou simplesmente acrescentar quaisquer outras idéias que você tenha para esse tipo de festa.

## Crescimento da árvore genealógica

Faça um pouco de pesquisa familiar, contatando os pais e avós do casal. Escreva uma breve história para o bebê e faça a leitura para "ele" na festa. Você pode iniciar dessa forma: "Bebê, você está prestes a nascer nesta maravilhosa família. Você sabia que seu bisavô, do lado de sua mãe, foi considerado o melhor marceneiro da região? E, do lado de seu pai, seu bisavô era um fazendeiro que amava tanto a Deus, que estava disposto a desistir da fazenda e mudar-se para um outro país quando seu governo quis limitar a quantidade de tempo que ele poderia passar na igreja".

Você pode acrescentar um toque do tipo: "Esta é sua vida", com o comparecimento de alguns convidados surpresa enquanto você lê a história do bebê. Por exemplo, os futuros avós podem ficar em um outro cômodo até que chegue a hora de eles "aparecerem" inesperadamente e contar sobre o papel que desempenharam na história do bebê.

**Adivinhar a chegada**

Adivinhar a chegada é uma maneira perfeita para adicionar um pouco de empolgação ao evento que está prestes a acontecer quando não há dinheiro para fazer o chá de bebê. Ou, talvez não seja o primeiro bebê, mas você gostaria de fazer algo um pouco especial para os pais. (Nossa igreja estipulou a regra de que a igreja patrocinaria apenas o chá de bebê para os primogênitos. Antes da regra tínhamos a inconveniência de comprar vários presentes por mês.)

Para "adivinhar a chegada", procure descobrir para quando foi estipulado o nascimento e faça uma folha calendário com os dias antes e depois da data que o médico estipulou. Pergunte às pessoas se elas gostariam de adivinhar em que data o bebê vai nascer. Cobre um real de cada palpite. Larry e eu trabalhamos em conjunto, e sua esposa, Juanita, estava para ter o terceiro filho. Exibi uma folha com calendário no quadro de anúncios dos empregados e fiquei surpreendida ao perceber o quanto as pessoas levaram a sério esse jogo. Quase todos fizeram perguntas antes de dar seu palpite. "O que aconteceu em relação à data prevista para o nascimento dos outros dois filhos?", "O que o médico disse na última consulta?" Recolhemos cerca de cento e vinte reais, e a quantia toda foi direcionada ao casal. Também providenciamos um pequeno prêmio para a pessoa que deu o palpite mais próximo da hora e data do nascimento do bebê. Brian, que estava prestes a ser pai pela primeira vez, ganhou o prêmio.

Organizamos a folha calendário dessa forma:

**QUARTA-FEIRA**

1:00 hora

3:00 horas

7:00 horas – *Jim Townsend*

10:00 horas
14:00 horas – *Brian Dill*
17:00 horas – *Gabby Garcia*
22:00 horas

E depois a do dia seguinte.

Esta pequena técnica exige muito pouco tempo e praticamente nenhum dinheiro. Mas gerou muito entusiasmo e apoio para os pais. Todos demonstraram interesse bastante pessoal com a chegada do bebê.

## Presentes do bebê ao balanço das horas

(Também sugerido para uma festa de noivado.)

Cada pessoa é designada com uma das vinte e quatro horas do dia (nem todas as horas têm de ser preenchidas). Supõe-se que esta pessoa tem de comprar um presente que possa ser usado pelo bebê ou pelos pais do bebê naquela hora do dia ou da noite. Por exemplo, se Myra tivesse recebido 4:00 horas da manhã, ela poderia dar aos pais um aquecedor de mamadeiras. E, obviamente, as fraldas podem ser adequadas para qualquer horário.

## Adivinhar a foto

Cada convidado deve trazer uma foto de quando era bebê. A anfitriã deve pôr as fotos sobre a mesa e numerar cada uma delas. Todos recebem um lápis, papel e a tarefa de adivinhar que adulto aquela foto retrata.

## Jogos de chá de bebê

Há muitos jogos bobos que podem tornar uma festa mais animada. Eis aqui três sugestões.

*Revezamento de fraldas*

Você precisa de duas bonecas do tamanho de um bebê e duas fraldas. Os dois times fazem uma fila e, quando o apito for soprado, a primeira pessoa de cada time corre até o bebê e põe a fralda nele, com dois alfinetes para fralda e tudo o mais. Esse competidor volta para sua fileira e bate na mão da próxima pessoa que está na fila. A segunda pessoa vem até a boneca e tira a fralda. Este último competidor volta para a fila e bate na mão da próxima pessoa que tem de pôr a fralda, e assim por diante até que a fila acabe.

Você pode adicionar todo tipo de extras — como um pouco de mostarda na fralda!

*Exposição sobre a alimentação do bebê*

Vende os olhos do futuro pai e peça que um dos convidados, que também estará com os olhos vendados, se voluntarie. (Você pode selecionar a última pessoa a se tornar pai.) Depois, peça para que cada um alimente o outro. Pegue um potinho de comida de bebê que tenha uma cor bem horrível. O resultado é engraçado — se você gosta de pais lambuzados.

*Testando a comida do bebê*

Divida o grupo em pares. Ponha uma venda em uma das pessoas de cada par. A outra dará àquela que está com os olhos vendados comidas de bebê para que experimente e as identifique. O competidor deve sussurrar a resposta ao seu parceiro que manterá um registro das respostas corretas. A pessoa com o maior número de respostas corretas vence e ganha o prêmio — que tal um pote de comida de bebê já aberto?

Você não deve ter mais de um pote com o mesmo sabor. E para que as pessoas não tenham que experimentar a mesma comida todas as vezes, apenas passe os potes de par em par.

## Hospitalidade

***Esta pode se tornar uma de suas palavras favoritas.***

Amo a história da pequena menina que citou uma paráfrase de seu versículo favorito:

*...para que todo aquele que nEle crê não pereça, mas tenha a vida eterna risonha.*

Esta é a "versão" que quero utilizar quando as pessoas estiverem reunidas em minha casa.

— Que o tempo esteja cheio de risos... o riso claro, divertido e que derrama cuidado.

— Que Jesus esteja presente e que os convidados saibam disso.

— Que os que buscam possam dar os primeiros passos que o levem a uma vida eterna risonha.